2009.07

第五届两岸经贸文化论坛文集

中共中央台湾工作办公室海研中心
中国国民党国政研究基金会

九州出版社
JIUZHOUPRESS

图书在版编目(CIP)数据

第五届两岸经贸文化论坛文集/中共中央台湾工作办公室海研中心，中国国民党国政研究基金会. —北京：九州出版社，2009.8

ISBN 978-7-5108-0144-0

Ⅰ.第… Ⅱ.①中… ②中… Ⅲ.①一国两制—经济合作—中国—文集②一国两制—文化交流—中国—文集 Ⅳ.F124-53 G12-53

中国版本图书馆CIP数据核字(2009)第148158号

第五届两岸经贸文化论坛文集

作　　者	中共中央台湾工作办公室海研中心　中国国民党国政研究基金会
出版发行	九州出版社
出 版 人	徐尚定
地　　址	北京市西城区阜外大街甲35号(100037)
发行电话	(010)68992190/2/3/5/6
网　　址	www.jiuzhoupress.com
电子信箱	jiuzhou@jiuzhoupress.com
印　　刷	三河市东方印刷厂
开　　本	787×1092毫米　16开
印　　张	16.5
字　　数	235千字
版　　次	2009年9月第1版
印　　次	2009年9月第1次印刷
书　　号	ISBN 978-7-5108-0144-0
定　　价	52.00元

目　　录

三、专题研讨之推进两岸文化产业合作

四、专题研讨之拓展两岸教育交流合作

贾庆林在第五届两岸经贸文化论坛开幕式上的讲话

（2009 年 7 月 11 日）

尊敬的中国国民党主席吴伯雄先生、各位副主席，

尊敬的新党主席郁慕明先生、亲民党秘书长秦金生先生、无党联盟主席林炳坤先生，各位嘉宾，各位朋友：

大家上午好！

仲夏的湘江之滨，万木葱茏，荷花飘香。来自海峡两岸的各界有识之士，相聚在素有“楚汉名城、屈贾之乡”美誉的长沙，隆重举办第五届两岸经贸文化论坛，共商两岸文化教育交流合作的大计，很有意义。首先，我谨代表中国共产党中央委员会，代表胡锦涛总书记，对本届论坛的举办表示热烈的祝贺，向与会各位嘉宾表示诚挚的欢迎！

举办两岸经贸文化论坛，是落实“两岸和平发展共同愿景”的重要举措。2006 年 4 月以来，国共两党有关方面以经济议题为主，先后举办了四届论坛，达成了许多重要共识，对推动两岸关系摆脱危机，迈入和平发展轨道，直至实现历史性转折，发挥了重要作用。论坛是国共两党对话的重要平台，两党高层领导在这里发表意见，引领两岸关系发展的潮流。论坛也是两岸各界人士交流互动的重要平台，党派团体代表、业界精英、专家学者在这里直接交流，赋予论坛广泛的代表性，汇集了各方面的真知灼见。论坛还是反映民意、政策先导的重要平台，达成的共识和提出的建议很多已经化为两岸双方的政策，为两岸同胞带来了实实在在的利益。总之，论坛已经成为两岸交流的一个重要品牌。

今年 5 月，胡锦涛总书记与吴伯雄主席会谈时都认为，国共论坛是一

个成功的论坛，应该继续办下去，而且要越办越好；都赞同要积极促进两岸文化教育交流，举办以文教交流为主题的两岸经贸文化论坛。根据双方的共识，本届论坛首次以推进和深化两岸文化教育交流合作为主题，重点研讨中华文化传承与创新、推进两岸文化产业合作、拓展两岸教育交流合作等三项议题。这样的设计顺应了新形势下推动两岸关系和平发展的需要，反映了两岸大多数民众的共同意愿。出席本届论坛的嘉宾来自两岸文化教育界和产业界，具有很强的代表性。我们希望通过本届论坛，谘诹善道，博采众知，凝聚共识，进一步推进两岸文化教育交流合作，不断开创两岸关系和平发展新局面。我相信，在大家的共同努力下，本届论坛一定能够成为促进两岸文教交流合作的盛会。

各位嘉宾，各位朋友！

文化是一个民族的灵魂，孕育着民族的生命力、凝聚力和创造力。文化与教育相伴而生，相随而长，文化给教育以社会价值，教育给文化以生机活力。纵观古今中外，文化的光大昌明莫不始于交流、基于教育。中华民族历来强调人文化育，早在两千多年前的古老经典《周易》中，就有“观乎人文，以化成天下”的论述。两岸文化教育事业的进步需要交流，两岸关系发展需要来自文教交流的动力，更需要强有力的文化认同、民族认同的支撑。开展两岸文化教育交流合作，对推动两岸关系发展具有基础性、全局性、长远性的重要作用。

去年 12 月 31 日，胡锦涛总书记在纪念《告台湾同胞书》发表 30 周年座谈会上发表了重要讲话。这一讲话的主旨，就是号召两岸同胞携手推动两岸关系和平发展，同心实现中华民族伟大复兴，充分体现了我们为两岸同胞谋福祉、为台海地区谋和平、为中华民族谋复兴的决心和诚意。讲话全面系统地阐述了两岸关系和平发展的思想，提出了推动两岸关系和平发展的六点意见，描绘了新形势下两岸关系发展的美好蓝图。其中，专门提出了关于弘扬中华文化、加强精神纽带的意见，号召两岸同胞共同继承和弘扬中华文化优秀传统，凝聚推动两岸关系发展的共同意志，形成共谋中华民族伟大复兴的精神力量；倡导协商两岸文化教育交流协议，推动两岸文化教育交流合作迈上范围更广、层次更高的新台阶。这是我们与台湾方面共同推动两岸文化教育交流的基本思路。

长期以来，两岸文化教育交流从无到有，从单向发展为双向，活动日渐频繁，内容丰富多彩，形式多种多样，领域愈益拓宽，规模不断扩大。据不完全统计，自 1991 年至 2008 年底，仅大陆应邀赴台的文化交流项目就达 4500 多项、44000 多人次。截至 2008 年底，大陆 298 所高校与台湾 108 所高校签署了校际交流与合作协议，约有 2 万名台湾学生来大陆高校就读。两岸文化教育交流蓬勃发展，推动了中华文化在两岸的传承与创新，增进了两岸同胞的理解和感情，特别是在两岸青少年之间架起了心灵沟通的桥梁。同时也要看到，相对于两岸经济交流合作，两岸文化教育交流合作还显得滞后，两岸同胞之间仍然存在着诸多隔阂和误解。这种局面应当改变，需要两岸有识之士积极寻求解决之道。

当前，两岸同胞大交流方兴未艾，两岸各界大合作势不可挡，两岸关系大发展前景光明。全面推进和深化两岸文化教育交流合作，是两岸同胞的一致愿望，是两岸关系和平发展的迫切要求。同时，两岸关系的改善与发展，也为拓展两岸文化教育交流合作提供了更好的环境和条件。两岸同胞要抓住难得的机遇，大力加强两岸文化教育交流合作，提高层次，扩大领域，丰富内涵，增进中华文化认同、中华民族认同，建设好我们共同的精神家园，推动两岸关系和平发展，促进中华民族伟大复兴。为此，我提出以下五点意见：

第一，维护两岸共同的中华文化传承，加强两岸同胞的精神纽带。中华文化源远流长、多元一体，在五千年的历史长河中，既异彩纷呈，形成诸多各具特色的区域文化，又相互融合，构成丰厚多姿的中华文化统一体，并决定着各区域文化的发展方向。中华文化是台湾文化的根基。千百年来，随着大陆居民不断迁徙台湾，中华民族的语言、文字、价值观念、思维方式、生活习俗、节日礼仪等早已传播至整个宝岛，使中华文化深植台湾、茁壮成长。两岸同胞同属中华民族，血同缘、书同文、语同声，亘古未变。即使在日本殖民统治期间，台湾同胞仍然以各种方式顽强地延续中华文化传统，勇敢地坚守中华儿女的气节。台湾光复后，中华文化在台湾再次焕发出新的生机。中华文化在台湾根深叶茂，已深深溶入台湾同胞的血脉之中，内化为台湾同胞的精神品格。台湾人民尊崇祖先的历史传统、爱土爱乡的真挚感情、抵御外侮的壮烈情怀，闪耀着中华民族敬祖爱国精神的光芒。台湾人民筚路蓝缕，勤奋打拼，将台湾开发建设成富饶的宝岛，展示了中华民族刚健有为、自强不息的崇高精神。长期以来，台湾同胞不断吸收和借鉴外来文化元素，丰富了中华文化内涵，发扬了中华文化海纳百川、兼收并蓄的优秀传统。独具特色的台湾文化，为中华民族绚烂多姿的文化殿堂贡献了一块夺目的瑰宝。台湾同胞因近代以来特殊的历史遭遇而形成的台湾意识，反映的是爱乡爱土的炽热情怀和自己当家做主的朴素愿望，这与图谋分裂中华民族的所谓"台独"意识有着本质区别，不容歪曲和利用。历史的创伤割不断中华文化的精神血脉，人为的破坏除不去中华民族的核心价值。中华优秀文化曾经创造了五千年灿烂文明，成就了泱泱大国的历史地位，今天仍然是两岸中国人共同实现民族富强的宝贵资源和强大动力。在中华民族迈向伟大复兴的新时代，两岸同胞应当携手面向未来，踊跃投入到两岸交流合作的大潮中去，共同发扬中华文化优秀传统，共同铸造中华文化新的辉煌。

第二，推进和深化两岸文化交流合作，增强对中华文化和中华民族的认同。中华民族是具有非凡智慧和伟大创造力的民族。中华文明是世界古代文明中始终没有中断、连续五千多年发展至今的文明。中华文化是两岸同胞共同的宝贵财富，是激励海内外中华儿女团结奋进的精神源泉。诚然，由于近代以来两岸历史道路不同，社会制度、意识形态不同，两岸同胞在政治思想观念上存在某些差异。但是，我们有一个最大、最基本的共同点，就是两岸同胞都是中华文化的传人，都是中华民族大家庭的成员。新形势下，两岸同胞应该大力开展各种形式的文化交流，不断增强对中华文化的认同和对中华民族的认同，凝聚携手推动两岸关系和平发展的共同意志，形成共谋中华民族伟大复兴的精神力量。要共同继承中华文化优秀传统，挖掘和提炼有益思想价值，发扬光大中华文化的民族性和包容性，推动中华文化走向世界。要共同吸收借鉴世界各民族文化的优秀成果，创新和发展中华文化的时代内涵，提升中华文化的先进性，增强中华文化的吸引力、聚合力、亲和力。中华文化认同是中华民族认同的精神基石，两岸同胞有责任反对一切违逆中华文化核心价值、违背中华民族根本利益的行径，在共同的中华文化和中华民族认同的基础上求同存异、聚同化异，克服形形色色的偏见和误解，超越政治分歧，不断增进相互了解，融洽彼此感情，大踏步地推动两岸关系向前发展。

第三，推进两岸文化产业合作，提升中华文化的国际影响力。当今世界，文化的经济功能越来越强，经济的文化含量日益提高。经济与科技的进步也为文化的交流和传播提供了愈来愈多的机会。文化产业已成为世界经济的主流产业之一，成为软实力的重要体现。发展两岸文化产业，不仅有利于中华文化的创新和发展，而且有助于实现两岸互利双赢、增进中华民族整体利益。两岸文化产业各具特色，合作潜力巨大。大陆文化产业拥有深厚的底蕴、丰富的资源和广阔的市场，已进入快速发展的阶段，呈现出良好发展态势。台湾文化产业起步较早，在创意、研发、营销、品牌经营、资本运作等方面具有优势。同时，两岸又共同面临着发达国家文化产业的竞争压力和推进科技升级、产业升级的紧迫任务。我们要抓住机遇，迎难而上，推动文化产业合作实现优势互补，共同做强做大中华民族文化产业，大力提升在国际上的影响力和竞争力。要深入发掘中华传统文化资源，共同打造一批具有中华民族特色、风格、气派和原创性的知名文化品牌，向国际社会展示中华民族的精神风貌和中华文化的独特神韵。要积极整合两岸文化产业资源，优化资源配置和布局结构，共同打造产业链，形成产业群。要转变发展方式，大力推进两岸文化业态创新，加强文化与科技结合，发展新兴文化产业，建设现代文化产业体系。要加紧培养两岸文化产业人才，积极引导人才合理流动，建设一支规模大、素质高的从业队伍，培养一批领军人物。要共同研究制订两岸文化产业标准，健全文化市场，加强知识产权保护，为两岸文化产业发展营造良好的环境。

第四，加强两岸教育交流合作，增添两岸关系和平发展的蓬勃活力。中华民族历来有兴学重教的传统。两岸教育各具特色，互有所长。改革开放以来，大陆确立了教育优先发展的战略地位，实现了教育事业跨越式发展，基本形成了现代化的教育体系。台湾教育体系完整，教育普及率高，对教育改革做了很多探索。在两岸关系迈入和平发展轨道的时期，两岸学校、教师、学生及其家长对加强两岸教育交流合作提出了更强烈的呼吁、更高的要求。两岸要发挥各自优势，努力实现教育资源相互开放、相互共享，为两岸教育交流合作创造条件、拓宽道路。两岸各级各类学校要积极深入开展交流合作，构建多种交流合作平台。教育大计，教师为先。“师者，所以传道、授业、解惑也。”两岸教师既要严谨笃学、为人师表，更要志存高远、传扬民族精神，为两岸关系发展提供不竭的人力和智力资源，为中华民族的未来培养优秀人才。青少年是民族的希望和未来，有着蓬勃向上的生命活力和无穷的创造力。两岸年轻人应早接触、多交往，加深了解，增进友谊，携手共进，为创造中华民族的美好明天而努力奋斗。

第五，协商签订两岸文化教育交流协议，建立两岸文化教育交流合作机制。商签两岸文化教育交流协议，建立两岸文化教育交流合作机制，是推动两岸关系不断向前发展的客观需要。建立这样的机制，要考虑到两岸的实际状况，立足于两岸现实，既要适合台湾，又要适合大陆；既要面向两岸同胞、面向中华民族未来，又要面向世界。建立这样的机制，主要是订立制度规范和搭建稳固平台，商讨交流合作的重大问题，协调两岸双方之间的相关政策，以利于发挥各自优势、整合各种资源，实现两岸文化教育交流制度化、规范化、长期化。建立这样的机制，需要确立正确、长远的发展目标，规划切实可行的推进步骤。当前，两岸双方可以组织人员先就商签两岸文化教育交流协议进行研究和规划，就其具体内容、形式、步骤等问题提出建设性意见。如时机成熟，可将商签两岸文化教育交流协议纳入协商议题。我相信，两岸中国人有智慧、有能力探讨出并建立起惠及两岸同胞的文化教育交流合作机制。

各位嘉宾，各位朋友！

100 多年前，孙中山先生提出了“振兴中华”的口号。经过一代又一代中华儿女不懈奋斗，中华民族伟大复兴展现出灿烂的前景。伟大的复兴需要伟大的文化，伟大的事业需要人才辈出。我们希望，两岸同胞一起高擎中华民族伟大复兴的旗帜，沿着两岸关系和平发展的正确方向，不断谱写两岸文化教育交流合作的新篇章，努力建设两岸同胞共同的精神家园！

最后，祝第五届两岸经贸文化论坛圆满成功！

谢谢各位。

贾庆林在第五届两岸经贸文化论坛闭幕式上的致辞

（2009 年 7 月 12 日）

尊敬的吴伯雄主席及夫人，尊敬的郁慕明主席，秦金生秘书长，各位嘉宾、各位朋友，女士们、先生们：

由国共两党有关方面共同举办的第五届两岸经贸文化论坛，完成了各项议程，就要落下帷幕了。我代表中共中央，对于论坛的圆满成功，表示热烈的祝贺！对各界人士冒着酷暑，付出了辛劳，贡献了智慧，表示衷心的感谢！

本届论坛是在两岸关系步入和平发展轨道的新形势下举办的一次盛会，吴伯雄主席以及包括两岸主管部门的特邀人士在内的各界有识之士，踊跃出席本次盛会，说明有关方面对本次论坛的高度重视，本次论坛紧紧围绕着推动和深化两岸文化教育交流与合作这一主题，就中华文化的传承与创新、推进两岸文化产业合作、拓展两岸教育交流与合作进行广泛研讨，寻求共识。

本届论坛期间还就两岸共同应对金融危机、支持大陆中部地区崛起以及深化两岸经贸合作举行了座谈，发表了很好的意见。主管部门在汇集大家的真知灼见的基础上形成的“共同建议”，我认为是立足当前，着眼长远，内容丰富、可操作性强，既指出了为何两岸要推动文化教育交流与合作，又回答了怎样推动、如何推动两岸文化教育的交流与合作。为我们两岸有关部门的决策提供了重要的参考，也为我们两岸探讨、商签文化教育交流协议做了很好的铺垫和准备。

本次论坛的成功，再一次证明两岸经贸文化合作论坛，是一个两岸进行沟通、增进了解、凝聚共识的一个重要的平台、一个重要的渠道，它可以发挥促进两岸关系和平发展不可替代的先导作用，两岸经贸文化论坛应该继续办下去，而且越办越好。

各位嘉宾，各位朋友！自从去年12月份举办第四届两岸经贸文化论坛以来，在短短的几个月时间里，两岸关系在和平发展的轨道上又取得了积极的进展。两岸经贸交流与合作更加紧密，各个领域的交流与合作更加频繁，两岸同胞的共同利益在不断扩大。展望未来，只要遵照我们商定的先易后难、先经后政、掌握节奏、循序渐进的思路，推动两岸的商谈，推动两岸经济关系的制度化、经济合作的机制化，推动两岸文化教育的交流与合作，推动两岸民间的大交流、大交往，就一定会不断取得新进展。

我们深信，只要两岸双方不断巩固和深化政治互信，努力创造条件，我们就能够不断地破解两岸关系中的其他难题。为者常成，行者常至。两岸同胞共同选择了两岸关系和平发展的道路，方向是正确的，前景是光明的。让我们共同努力，不断开创两岸关系和平发展的新局面，携手共创中华民族伟大复兴的美好未来！谢谢大家！

吴伯雄在第五届两岸经贸文化论坛开幕式上的讲话

（2009 年 7 月 11 日）

尊敬的贾主席、王主任，以及大陆、中央及湖南省的领导，来自台湾的林主席、郁主席、秦秘书长，以及国民党的各位副主席，最重要的是参加这次论坛的各位女士、各位先生、各位学者、各位专家，大家好。

两岸经贸文化论坛已经成功地举办过四届，过去四年间，惠及两岸各界的智慧，在经贸与文化的领域达成了 29 项共同的意见，大陆方面还借着四届的论坛宣布了 58 项的措施。而两岸协商的恢复，各界期待多年的三通愿望终于实现。

我在三年多以前来过长沙，从台北到长沙花了六个多小时，而昨天我们只花了两个小时十分钟，和贾主席从北京来到长沙时间差不多。这个不同，证明了是短时间两岸关系和平发展的成果，双方本着互信双赢的共识，造就了一系列建设性的成果，也共同见证了两岸关系朝着和平发展的大方向稳步前进。虽然过程中是有波折，虽然每个步骤有时候显得举步维艰，但是我们一直很有信心，因为我们看到两岸未来的光明前景，更因为我们坚信两岸关系是诚信的协商，寻求共识，认真落实，创造成果的发展方向是明智而正确的。

接下来我们所应该做的，就是要珍惜这得来不易的交流现状与协商成果，扩大沟通与合作的领域，为台海两岸的人民共谋福利，为两岸关系的推动增添新的动力。

2005 年，胡总书记与连战荣誉主席在一场历史性的会谈中共同提出了两岸和平发展的五项愿景，为此后的两岸经贸文化论坛的主题设定了基调。此后的三届论坛，探讨过金融风暴中的企业融资与地区合作、推动两岸直航与旅游开放、强化两岸农业合作，这次把教育与文化内容作为大会的主要议程。

记得5月26号，就是一个多月以前，胡总书记在北京，与我们有一个会谈，双方都建立了共识，这个论坛有它的价值、有它的积极的意义，不但要继续主办，而且要越办越好。

本届经贸文化论坛以“推进和深化两岸文化教育交流合作”为切入点，同时具有重要的历史和现实意义。全球金融风暴下的此刻，当我们重新审视两岸关系的未来时，我们意识到两岸关系是否能持续且长远地发展，是否能在不远的未来产生实质性的更大突破，文化平台上的沟通、往来与融合是问题解答的一个关键所在。

什么是文化？一个民族的风俗、习惯、语言、文字、饮食、服饰、宗教、艺术、文学、教育，举凡生活的内容，一动一静，莫非文化。作为一种无形的财富，文化是一个民族共同分享的记忆与感情，是任何价值观的总和。

对我们每个人来说，文化就像阳光、空气、水一样自然，从衣食住行到一言一行都有文化的要素在其中，就因为文化像阳光、空气、水一样自然，我们常常忽略了它的重要性。

文化其实和阳光、空气、水一样有品质的面向，当空气、水的品质不好的时候，我们会关注到环保的问题，同样的，当文化的品质出现警讯的时候，我们也会注意到文化建设的问题。

我记得很清楚，我有一位老长官，他在二三十年前“经济部”和“行政院”的任期内，对台湾的经济发展建设是付出最大贡献的。但是在他的晚年，他曾经说过一段话，他说他觉得有一点遗憾的就是当他全力推动经济建设的时候，没有同等的关心到文化建设的问题。

我想我的老长官这番话，我们现在在两岸仍然听得到相同的语言，这是值得我们深思的一个问题。文化为什么重要？因为任何政体的建设，如果没有了文化的内涵，只是冷冰冰的一个政体，任何的制度运作如果没有了文化的支撑，任何经济建设如果没有文化的建设做基础，也无法提升社会的品质，中华民族有丰富的文化基础，古人所谓的“一无之变”也是以文化作为判断的标准，中华之本，就是文化之本，我们中华子孙勿忘了文化的重要性。

从经贸的角度来看两岸，大家追求的是经济的利益，从文化的角度来看两岸，大家重视的是品质与价值的问题，包括制度的改革，生活的方式，以及社会的活力与创造力等等。

伯雄认为，经贸与文化是连接两岸的两大桥梁，缺一不可，现在该是搭起文化桥梁的时候了，要搭起两岸的文化桥梁，两岸可以共朝几个方向努力。

第一，共同推动文化创意的产业，文化产业之后，它的影响力是非常深远的，两岸的优势可以互补，引导社会对多元价值的尊重。

2004 年以来，大陆文化产业平均年增加值达到 1000 亿元左右，增长的幅度在 15 到 20 个百分点上下。在此刻，全球消费领域增幅普遍下滑的情况下，大陆地区的文化产业可以说是一枝独秀。

今年 1 到 3 月间，平均的增幅达到 17%，为市场贡献，为文化的产业内容，制作和提出新的要求，这也为两岸文化者的携手合作提供了难得的契机，据一项调查研究显示，从 2005 到 2020 年的 15 年，大陆人均文化消费需求年增长将达到 6.7%，文化产业和增加值的年增长速度将保持在 14% 左右，文化产业作为今后 20 年两岸支柱产业的地位是非常明显的。

相对而言，台湾地区的文化产业岂不是稍早，其中由于影视、广播、新闻出版、流行音乐、舞台艺术等领域比较引人注目，但是内需市场的狭小，同业竞争激烈的原因，整体产业的发展速度是趋缓的，令我们有一些隐忧。

今后两岸文化界在文化界在频密交流之余，共同创建文化产业的平台。同时纳入大陆广阔的市场，厚实的传统文化底蕴，以及台湾比较成熟的营运经验，与活泼开放的创意人才，必将为 21 世纪华文文化产品的全球竞争力争取到最大的优势。

第二方面，加强教育的交流，教育是文化传承、交流、创造的重要的媒介，今天大家都谈软实力，而教育正是孕育软实力的土壤。

伯雄认为，两岸青年学子的交流可以扩展学生的眼界，刺激学生对文化问题的共同思索，有助两岸形成共同的文化追求。因此我们本着文化与交流的立场，我们主张开放陆生到台湾求学，并且承认大陆学历，同时也鼓励两岸学校与学生之间展开研究与教学的合作，并推动交换学生计划。

从两岸教育的交流来看，虽然签约高校的数量不断增长，大陆到台湾交流以及台湾学生到大陆攻读学位的学生日渐增多，但从总体上看，虽然仍处于缓步发展的水平，从趋势的潮流来看，很有提升的空间。

第三方面，推动媒体的合作。现代的社会因为媒体的发达与进步，使得文化所能产生的力量更为惊人。媒体本身既是文化的媒介，也是文化创造的园地。回顾两岸传媒事业近数年来的交流历程，充满了波折与坎坷。两地电视节目的落地政策至今尚未有令人满意的结果出现，优秀的电视节目资源难以实现真正意义上的广泛普及。凡此均为阻碍两地媒体高效沟通对话的现实障碍。

综上所述，我们认识到，两岸文化的交流，必须要在教育、艺术、传播、语言文字等领域通力协作，互补互促。至于，我们应如何在现有体制框架下，尽快完成相应的配套政策，由政府引导、民间配合，建立高效对等的影音制播与发行合作机制，使两岸传媒产业形成紧密联合的产业链，发挥协同互促的效果，有效地为两岸同胞搭起咨询沟通的桥梁，并大幅提升彼此的素质与竞争力？

同时我们应如何把文化交流纳入到制度化、常态化的发展轨道之上，使多年来文字沟通的障碍也能得到圆满的解决？又该如何通过体制化的平台搭建促进两岸青少年的相互了解、活络两岸人才资源的互动与共用？这些都是目前亟待解决的迫切而现实的问题，希望与会的学者、专家与业界精英，能够集思广益寻求切实有效的对应策略，为两岸文化的交流发展提出新的看法、新的视角、新的思路。

另外本届论坛的经贸议题，集中在我们过去较少触及的领域，尤其是新能源产业和节能环保方面的合作，对两岸具有高度的意义。两岸都面临气候变迁和能源日益减少的威胁，过去在这些领域的合作也都相当有效。如果能建立合作的机制，共同应对《京都议定书》协议的演变，拟定减少二氧化碳排放的策略，开始新能源产业的研发、合作，相信必有助于两岸环境的永续发展，甚至开创新的商机，促进两岸互利双赢、和平共荣，并为更洁净的地球村付出贡献。

本届论坛分组讨论的议题，除了两岸在文化、教育与经贸等方面的交流以外，还包括中华文化的传承与创新，都是两岸之间疗伤止痛，化干戈为玉帛过程中的当务之急，也同时备受广大民众的高度期待。

我个人深信，本届论坛必将获至丰硕且具有前瞻性的方案与计划，为中华文化道统的传承，为两岸人民情感的融合再度扮演强而有力的推手的角色。

最后，本人以论坛共同主持人之一的身份再一次欢迎贵宾的亲临与会，也向所有辛勤参与筹备工作的同仁致以最高的敬意。谢谢大家，谢谢各位！

吴伯雄在第五届两岸经贸文化论坛闭幕式上的致辞

（2009 年 7 月 12 日）

尊敬的贾主席、王主任、张书记，以及来自台湾的郁慕明主席，以及秦秘书长，以及所有参加这次论坛的两岸的各位女士、各位先生，大家好。

感谢大家这两天来的热烈参与以及讨论，使大会圆满成功，并获得丰硕的成果。

两岸经贸文化论坛自从举办到今，两岸经贸、文化人士每年齐聚一堂，就两岸的经贸文化交流与合作提出非常有建设性的意见，在促进两岸的互信和互惠上有相当重要和具体的贡献。

今年论坛最重要的特色是以推进与深化两岸文化教育交流与合作为重点，我们首次为两岸文化与教育的代表人士建立直接沟通与对话的平台，并因为这难能可贵的机会，使我们对中华文化的未来，尤其是中华文化能否屹立于全球多元文化之中，并发挥领导角色的愿景，更充满了信心和希望。

文化是立国之本，文化的传承与扎根须靠教育，我非常赞赏大陆知名人士成思危先生在两个月前台北同我见面时候说的一句话："经济能够帮助我们今天，科技可以保障我们明天，教育才能保障我们后天"。透过教育的发展，提升人民思想与文化水平，借由经济成长与贸易交流，更加速了两岸文化的传播与交流，进而创造文化产业，以达到福国利民的目标。21 世纪起，两岸不约而同地专注于提倡文化产业的发展，这不仅是顺应世界潮流，同时非常重要的一点，就是希望能透过"软实力"把中华文化的深远内涵传播到世界各地，让大家都认识到它的价值与魅力。

这两天来，两岸许多专家们的发言、思索，一方面对我们的文化有了新的领悟，一方面也深深感觉，我们正处于开创新局的起点。我们知道，中华文明是四大古文明当中硕果仅存的两大文明之一。过去几千年来，历经一次又一次的外族入侵，总能维系道统于不坠，并吸收外来文化，重新融合出新的面貌。而它最根本的伦常价值，永远屹立不摇。历史告诉我们，中华民族就是全世界最坚韧不拔的民族，中华文化是最具包容性的文化。

一百多年前，列强入侵，中国面临前所未有的屈辱与挑战，甚至濒临民族自信心的崩解，而台湾，更在西方列强横肆全球、疯狂掠夺资源的情况下，历经了荷兰、西班牙与日本的殖民统治，这是台湾历史的悲情与伤痛，但值得骄傲的是，即使存在异族统治，台湾文化反而更加茁壮、新生，使中华文化更加丰富。

我们常说，两岸同文同种。所谓“同种”，是血脉相连，源自同一祖先；而所谓“同文”，不仅意指使用相同的文字、语言，其深层的意义更是表示两者拥有相同的文化。虽然由于地理因素及长期的隔绝，两岸文化呈现出若干的差异，但它们的本质却是一样的，正因为这样的同质异貌，双方透过截长补短的频繁交流，更有助于刺激文化的新生与发展。

台湾有句俗语，“一样米养百种人”。社会的多元价值来自于众人的参与以及对话，而这种多元性、活泼性，正是文化产业发展的有利后盾。因此我们在制订文化政策时应该把握住重点，就是如何让民间的文化活力源源不绝，并且建立完善的机制，才能引导产业走向康庄大道，我们的生活也能因此而更加丰富美好。

21 世纪是两岸合作共创新局的契机。在全球的金融风暴之后，相较于欧美先进国家与诸多新兴市场的大起大落，两岸的经济状况显得相对稳定。当全球都在寻找景气复苏的合作交流与共荣互惠，或许就能创造双赢的崭新局面。我想，经过论坛的意见交换与讨论，未来两岸在新能源产业发展中，期待会有更多的互补效应与合作机会。

其次，我要强调一个理念，就是我一直主张的“人民最大”的信念，人民幸福永远是第一优先。我们不要忘记，人民才是文化的主体，政策制定的最终目的就是要为全民服务，必须时刻谨记在心的一个重点。

此次我在紧凑的行程中还乘车300公里到岳阳，主要是想看洞庭湖边的岳阳楼，而看岳阳楼主要是想体会北宋时期范仲淹写的《岳阳楼记》，记得50多年前，我还是中学生的时候，这篇文章我就背得滚瓜烂熟。现在年纪大了，记不起来了。但是对于范仲淹这篇文章里所写下的景色体会是越来越深，尤其他说“不以物喜，不以己悲。居庙堂之高则忧其民，处江湖之远则忧其君。是进亦忧，退亦忧。然则何时而乐耶？其必曰先天下之忧而忧，后天下之乐而乐乎。”这种胸襟是何等伟大。

今天在座的与会人士，都有希望两岸关系和平发展的理想，有理想才有胸襟。我们在两天的论坛中是“座而言”，在论坛之后就是“起而行”。我们希望看到这次论坛的成果，一个一个在不久以后能够落实。

最后我要再次感谢海峡两岸文化界、文创产业界、教育界、经贸界的各界先进和精英，以及辛苦筹备这次会议的工作同仁，包括湖南卫视精心制作晚会，这是我参加的晚会中记忆最深的一次。

第五届两岸经贸文化论坛在这里圆满结束。我也期盼下次大家再聚首时，此次大会的具体成效已能甜美收割，并且继续检讨改进。昨天开幕式我强调，两岸除了经贸的桥梁外，开始建立第二座文化的桥梁。两岸的和平要稳定发展，让我们共同加强后面的工作。我相信，两岸通过畅通的对话平台，必能缔造永久的和平，携手共创未来，为中华民族打造超越新盛世。谢谢大家。

第五届两岸经贸文化论坛通过六点“共同建议”

（2009年7月12日）

一、加强两岸文化交流合作，共同传承和弘扬中华文化

——不断推进两岸在文化、艺术、宗教及民间信仰等各领域的交流合作。

——加强两岸在文化古迹和非物质文化遗产的保护、传承和利用等方面的交流合作，共同做好文化典籍整理工作，建立维护文化资产的沟通合作平台，切实保护好中华文化瑰宝。

——共同促进中华文化创新，激发创造活力，不断增强中华文化的时代性。

——鼓励两岸各地各有关机构加强文化交流，轮流举办或相互参加各种主题的文化节、艺术节等大型文化交流活动。协助台湾文艺团体参加上海世博会展演。

——支持两岸文化艺术机构、团体、院校和艺术家开展艺术教学、联合创作、互访巡演及合作演出、商业演出等交流合作。

——鼓励两岸图书馆、美术馆、博物馆、文物保护机构和文化研究机构开展多种形式交流和合作研究、联合办展等活动。

——两岸使用的汉字属于同一系统。客观认识汉字在两岸使用的历史和现状，求同存异，逐步缩小差异，达成更多共识，使两岸民众在学习和使用方面更为便利。鼓励两岸民间合作编纂中华语文工具书。

——支持两岸学者就术语和专有名词规范化、辞典编纂进行合作，推

动异读词审音、电脑字库和词库、地名审音定字及繁、简字体转换软件等方面的合作。

——支持制订有利于两岸文化交流的政策，简化相关行政手续，为交流合作营造良好的环境。

——发挥双方的优势，共同推动中华文化同世界各民族文化的对话与交流，促进中华文化在全球传播。

二、深化两岸文化产业合作，增强两岸文化产业的国际竞争力

——积极整合两岸文化产业资源，优化资源配置和布局结构，培育文化市场，共同打造文化产业链，形成产业群。

——深入发掘中华传统文化资源，共同打造具有民族特色、风格、气派和原创性的知名品牌。

——共同加强推进文化与科技融合，发展新兴文化产业，建设现代文化产业体系，促进两岸文化产业发展。

——共同推动制定两岸文化产业标准，加强保护知识产权，建立沟通合作平台，优化两岸文化产业发展条件。

——加强文化创意产业合作。合办两岸文化创意产业博览会。推动成立促进两岸文化创意产业交流合作的权责单位。

——扩大及深化两岸广播电影电视领域的交流合作。在两岸影视剧合拍、影视剧及电视节目之市场准入、影视演职人员交流等方面，积极探讨扩大交流合作。

——建立两岸出版交流机制，积极扩大出版物贸易与版权贸易，加强出版合作，并共同开拓海外华文出版市场。

三、促进两岸教育交流与合作，提升两岸教育品质

——促进两岸教育发展，在教育中展现中华文化的精神与精髓，加强交流，相互切磋砥砺，培养具有文化内涵的优秀人才。

——发挥两岸各自优势，努力实现教育资源相互开放和共享，并营造

有利于两岸学术交流的环境。

——支持两岸各级各类学校深入开展交流合作，构建多种合作平台，通过校际交流合作，共同提高办学水准。推动两岸院校建立学分转换承认及累积机制。

——两岸互认学历有利于推动两岸教育交流与合作向实质性阶段迈进。

——鼓励两岸学生互至对岸学习，并为此创造良好条件。

——加强两岸教师和学生互访、交流。鼓励举办两岸青少年学生大型交流活动，并逐步构建交流平台。

——鼓励两岸相关团体和学校合办以诵读和书写中华经典为主题的中小学生交流活动。

四、共同探讨协商签订两岸文化教育交流协议，建立两岸文化教育合作机制

——支持两岸相关机构和专家学者就协商两岸文化教育交流协议进行研究规划，以利建立两岸文化教育交流合作机制，实现两岸文化教育交流制度化、规范化、长期化。

五、加强两岸新闻交流

——扩大两岸资讯交流，促进尽快实现两岸新闻媒体互设常驻机构，鼓励两岸新闻界加强交流合作。

六、支持台资企业在大陆发展壮大，推动两岸在节能环保和新能源产业领域的合作

——支持台资企业积极因应全球金融环境剧烈变动，进一步运用大陆实施中部崛起等区域发展战略和扩大内需市场的有利时机，结合自身实际情况，调整发展策略和市场布局，加快转型升级和产业转移步伐，努

力实现更好更快发展。

——加强两岸节能环保、新能源产业在技术研发、产品应用、市场推广、双向投资等方面的合作，鼓励两岸企业积极研究、使用和推广节能环保产品和新能源技术，定期召开两岸研讨会，建立沟通平台，推动两岸建设节能、环保社会。

——促进两岸共同研究及合作因应气候变化；进行气象观测及预报技术和资料的交流；共同提高对暴雨、台风等灾害性天气的预报预警水平；针对环保议题，加强交流合作，建立沟通机制。

林丰正在第五届两岸经贸文化论坛开幕式上的主持词

（2009年7月11日）

尊敬的贾主席、吴主席、王主任，大陆的各位领导，台湾的各位嘉宾，两岸的各位好朋友：

大家早上好！

首先，丰正要代表中国国民党、代表中国国民党智库国政基金会感谢中共中央及中央台办、湖南省长沙市各位领导对两岸经贸论坛的全力协助与支持，使得这个论坛能够顺利的进行，表达最诚挚的敬谢之意。尤其是对于全体幕前幕后的所有工作人员的辛劳付出表示由衷的感激，非常谢谢大家。

现在让我介绍台湾出席大会的几位贵宾，首先介绍中国国民党主席吴伯雄先生及其夫人吴戴美玉女士；国民党副主席蒋孝严先生；国民党副主席吴敦义先生；新党主席郁慕明先生；亲民党秘书长秦金生先生；无党联盟主席林炳坤先生。

各位都知道，两岸论坛已经举办了四届，由于双方的重视、努力、用心，我们曾经获得好几十项的结论和共识，包括经贸、农业、教育、文化、交通、旅游、金融等各个领域，使两岸关系持续朝向更稳定、更互惠、更双赢的大方向推进，为两岸未来和平发展发挥了极大的效用。

过去一段时间是两岸关系大步发展的时期，在吴主席的领导之下，中国国民党所推动的两岸政策获得广大台湾同胞的支持，所以两岸关系正走在良性发展的轨道上，非常值得我们欣慰。尤其吴主席担任中国国民党主席两年多以来，承续胡连会五项愿景的基础，对促进中国国民党和中国共产党双方的沟通、互动和两岸之间的交流合作尽心尽力，贡献良多，获得很大的绩效，值得我们对吴主席表示敬佩。

现在让我们以热烈的掌声恭请吴伯雄先生为第五届两岸经贸文化论坛致辞。

王毅在第五届两岸经贸文化论坛开幕式上的主持词

第五届两岸经贸文化论坛7月11日上午9时在湖南长沙开幕。中共中央台办主任王毅和中国国民党副主席林丰正共同主持开幕式，并致开幕词。致词全文如下：

尊敬的贾庆林主席，尊敬的吴伯雄主席，来自海峡两岸的各位嘉宾、各位朋友：

大家上午好！

由中共中央台湾工作办公室所属海峡两岸关系研究中心和中国国民党国政研究基金会共同举办的第五届两岸经贸文化论坛，今天在湖南长沙隆重开幕。

今天上午的开幕式，由我和中国国民党副主席、国政研究基金会副董事长林丰正先生共同主持。我们首先代表论坛主办单位，对各位嘉宾、各位朋友莅临本届论坛，表示热烈的欢迎和衷心的感谢！

本届论坛是在两岸关系步入和平发展轨道的新形势下举办的。论坛首次以“推进和深化两岸文化教育交流合作”为主题，并设立了三项研讨议题，分别是中华文化的传承与创新，推进两岸文化产业合作，拓展两岸教育交流合作。论坛期间，还将举办两岸经贸合作座谈会。

今天，贾庆林主席和吴伯雄主席亲自出席论坛开幕式，与会的两岸各界代表多达500余人，这充分说明了两岸各界对本届论坛的高度重视，也表明本届论坛顺应两岸民众的共同愿望，也符合两岸关系发展的必然趋势。论坛由国共两党牵头举办，但目的是为两岸各界提供一个开放、包容的平台，以增进了解，汇集民意，凝聚共识，从而为推动两岸关系保持发展势头发挥应有的作用。

出席今天开幕式的贵宾有国共两党的高层人士和台湾其他党派人士、两岸文化界、教育界、新闻界、经贸界的专家学者。两岸文化和教育主管部门的人士也以特邀嘉宾和特邀专家的身份出席论坛。两岸青年学生代表也首次应邀参加论坛。

现在,由我来介绍出席论坛开幕式的大陆方面的主要嘉宾。稍后,请林丰正副主席介绍台湾方面的嘉宾。在主席台上就座的大陆方面的嘉宾有:中共中央政治局常委、全国政协主席贾庆林先生;全国政协副主席兼秘书长钱运录先生;中共湖南省委书记张春贤先生;中共湖南省委副书记、省长周强先生;中共中央台湾事务办公室常务副主任郑立中先生。出席开幕式的大陆方面人士还有:作为特邀嘉宾与会的文化部、教育部、新闻出版总署、广电总局、宗教局的负责人,湖南、江西、湖北、安徽、河南、山西等大陆中部地区省份的负责人。对大家的到来,我们再次表示热烈的欢迎!

现在,有请林丰正副主席主持。

王毅在第五届两岸经贸文化论坛闭幕式上的讲话

第五届两岸经贸文化论坛7月12日下午在长沙闭幕，中共中央台办主任王毅出席闭幕式并发表讲话。讲话全文如下：

各位嘉宾、各位朋友：

蒋孝严副主席刚刚对本届论坛做了很好的概括，同时宣读了论坛形成的“共同建议”。现在，请允许我代表大陆方面的主办单位也对论坛做一个小结。

本届论坛内容丰富、气氛和谐、成果显著。有三个特点：

一是参与人数最多、规模最大。出席论坛的正式代表超过530人，前来采访报道的两岸记者超过400人。这种盛况是前所未有的。它表明，论坛在海峡两岸得到越来越多的关注和支持，在促进两岸关系方面发挥着日益重要和积极的作用。

二是首次集中研讨了文化和教育课题。论坛主题的设计，把握住了两岸关系走向和时代脉搏，呼应了两岸民众加强文化教育交流的迫切要求。论坛的研讨丰富多元，开放活跃，共识广泛，启示良多。

三是代表性更为广泛。参加论坛的既有党派高层人士，也有来自两岸文化、教育、新闻、经贸界的代表和专家学者，还有大陆中部地区6省负责人。两岸有关主管部门人士也以特邀嘉宾和特邀专家身份出席。两岸青年学生代表首次出席论坛，受到欢迎和注目。我们知道，有些朋友来到这里并不容易，还需要克服一些困难和阻力。但我相信，历史将会证明，他们的选择是正确的。我愿在此重申，两岸经贸文化论坛是一个开放、包容和平等交流的论坛。大家的观点可能不尽相同，但只要赞同两岸关系改善，希望两岸关系和平发展，愿意为两岸民众做些实事，我们就可以坐在一起,心平气和地讨论,真诚友善地沟通。今后,我们仍将一如既往地热诚欢迎更多的台湾各界人士与我们共同探讨促进两岸交流合作的各种问题。

此外,这次论坛还首次就金融危机挑战下如何寻求新的发展,尤其是两岸节能环保和新能源产业合作进行了有益探讨。这也是当前两岸经济发展中的一个新议题,体现了两岸产业调整的重点方向,适应了世界经济发展的崭新潮流。

各位嘉宾、各位朋友,

蒋孝严副主席刚才宣读的论坛"共同建议",是与会各界人士集思广益的结晶。这份文件共提出了6个方面的29条建议,充分体现了两岸各界的共识。概括起来有四个方面:

首先,"共同建议"充分肯定了两岸关系和平发展的正确方向,充分肯定了新形势下加强两岸文教交流合作的重要意义。

其次,"共同建议"揭示了传承和弘扬中华文化在两岸文教交流合作中的核心地位,强调了文化和民族认同是凝聚两岸同胞共同意志的根基所在。

第三,"共同建议"提出了加强两岸文教交流的总体思路,为推动两岸文教交流迈上新台阶描绘了蓝图,也为今后两岸协商文化教育交流协议打下了基础。

第四,"共同建议"提出了两岸文教交流的具体合作项目和可操作的政策建议,涉及20多个领域,展现了两岸文化教育大交流、大合作、大发展的广阔前景。

此外,"共同建议"还就支持台资企业在大陆发展,两岸在节能环保、新能源产业和气象领域的合作,提出了很好的政策性意见。

"共同建议"作为论坛交流研讨的成果,反映的是两岸各界的认知和期待,它不代表决策,也不取代两岸协商。但实践已经证明,论坛提出的建议对两岸双方研究和制订政策十分有益。我们相信,这次的建议也一定会得到两岸有关部门的重视,并将逐步转化为实际的政策措施。论坛期间,大陆有关主管部门还分别宣布了多项促进两岸文教交流和进一步便利两岸人员往来的新举措。所有这些,都会为两岸关系的和平发展增添新的动力。

各位嘉宾、各位朋友,

文化是民族存在的血脉和灵魂,教育是民族振兴的基石和希望。两岸同胞同根同源、文承一脉,让我们同心协力,共同传承和弘扬中华文化,共同开创中华民族的伟大复兴。

值此论坛即将闭幕之际,我谨代表论坛主办单位,向贾庆林主席、吴伯雄主席表示衷心感谢!向出席本届论坛的两岸各界人士,表示衷心感谢!向为本届论坛提供大力支持的中共湖南省委、省政府,表示衷心感谢!向辛勤工作的两岸媒体记者和其他各界朋友,表示衷心感谢!

现在我宣布,第五届两岸经贸文化论坛圆满闭幕!

王毅在机场欢迎吴伯雄一行的讲话

前来出席第五届两岸经贸文化论坛的中国国民党主席吴伯雄，7月10日下午率团抵达长沙黄花机场。中共中央台办主任王毅到机场迎接并发表讲话。以下是王毅主任的讲话全文。

尊敬的吴伯雄主席、各位副主席，两岸新闻界的朋友们：

大家好！

今天，吴主席率团抵达长沙，前来出席第五届两岸经贸文化论坛。我代表中共中央台办，对你们的到来，表示热烈欢迎！

一个多月前，吴主席对大陆进行了成功的访问，取得了重要成果。今天，吴主席又不辞辛劳，亲自前来出席两岸经贸文化论坛，体现了对论坛的高度重视。这几年，吴主席为促进两岸关系发展倾注了大量心血，作出了重要贡献，令人敬重，令人感佩。

本届论坛以加强两岸文化教育交流合作为主题，这是胡锦涛总书记与吴主席今年5月会谈时达成的重要共识。两岸关系的和平发展不仅需要经济动力，也需要文化动力。在这里我要告诉各位的是，经过两党的共同努力，在中共湖南省委、省政府的大力支持下，本届论坛各项筹备工作已经就绪。两岸各界对论坛的举办十分关注，前来出席论坛的各界代表达530多人，开创了论坛成立以来的新纪录。两岸新闻媒体也派出了400余名记者前来采访。本届论坛，将成为两岸各界交流对话的又一次盛会，也将为新时期两岸文化教育交流拉开精彩序幕。

两岸经贸文化论坛已成为两岸交流互动的重要品牌，大陆的许多省份都希望论坛能够在他们那里举办。这次湖南之所以脱颖而出，因为这里是个富有文化底蕴的地方，也是个现代文化创意产业蓬勃发展的省份。同时，中部崛起战略的实施也为湖南的全面发展插上了腾飞的翅膀。

吴主席到过大陆许多地方,湖南对您也并不陌生。但我还是建议吴主席及各位台湾朋友借此机会,多到湖南各地走走看看,充分领略湘楚大地的历史文化、风土人情。我相信,湖南乡亲的热情、开朗和直率,将会和这里火热的天气一起,给大家留下深刻和美好的记忆。

最后,祝吴主席和各位朋友在湖南出席论坛和参访期间一切顺利!谢谢大家。

传统与现代的对话

——谈古典今诠的文化产业

淡江大学中文系教授　王邦雄

一、前言——"中学为用"已在两岸的文化土地中失落

自清中叶洋务运动以降，面对西潮东渐的冲击，传统士大夫为了救亡图存，在"体常而尽变"，权变以求通的大前提下，高举"中学为体，西学为用"的大纛，此一者扞卫中学之体的文化尊严，以保住千年传统的主体地位，二者又开出西学之用的科技实效，以回应时代的变局，这是中国知识分子在感情与理性上都可以接受的应变模式。

不过，张勋复辟与袁氏帝制，让西化派的学人，质疑中学之体，根本开不出西学之用，在体用有隔之下，西学的引进是无本的，因为本质上是道德的中学之体，如何可能开出本质上是知识的西学之用？为了让"西学为用"成为可能，西化派喊出了"打倒孔家店"与"全盘西化"的激进理论，已直以西学为体了。此或许为"西学为用"扫除了老传统的习气障碍，却无端动摇了"中学为体"的长根大本。

传统派以中学之体，试图开出西学之用，固属不相应，也不可能；西化派为了有效地引进西学之用，而打垮了儒教常体的中学本位，更属非理性。此所以当代新儒学，在传统派与西化派的两极间，建构了"一心开二门"之说，以中学为体的德性心，在良知的自我坎陷之下，开出西学为用之

所以可能的认知心，德性心保住中学为体的长根大本，认知心显发西学为用的功利实效，这是当代新儒学返本以开新的殊胜处。

统观传统派、西化派与当代新儒学之间，都肯定了“西学为用”的必要性，争论点集结在，是“中学为体”，还是西学为体，或是中学的超越之体（德性心）自我转化而为西学的内在之体（认知心），就在救亡图存的迫切感之下，西学为用的大浪潮，席卷一切，却遗忘了“中学为用”的文化教养。如是“中学为体”的护持，只是虚构悬空的理想，生发不出教养化成的作用。

反观西方，在知识理性的内在之体之上，还有基督信仰，作为道德理性的超越之体，而近代中国却让自家的中学之体，束之高阁，作为中国文化的精神象征，而未能落实在家居日常，去发挥价值规范与人文养成的功能。此所以两岸在走向现代化之开放改革的路上，都出现了诸多无法无天的失序乱象，那不是科技与法制的架构问题，而是人品人格的教养问题，我们不能靠基督，也不能靠佛陀，而仅能回归“中学为体”的文化心灵，并重振“中学为用”的人文化成。

就风格独立的人文学者来说，古典今诠就是参与文化产业最直接、最相应，也最有效的管道，把千年传统引向当代街头，引导民间进行传统与现代的心灵对话，依据千年智慧来过百年人生，这样的话，文化产业不是可大可久，有生产线，也有行销网，且深入生命底层。其产值虽属无形，却是难以估计的，故愿就几十年来在台湾乡土的民间讲学与文化讲座的经验与心得，做一回顾性的说解。

二、《缘与命》——福报来自德行的价值贞定

中国文化的主流，儒道两家的天道，只赋予人的德性，而不管人间的福报，而将福报归之于命。孔子说“死生有命”而穷达也是命；庄子也说死生穷达是“事之变，命之行也”。人生在自求多福之余，只好靠江湖术士来算命，与江湖好汉来救命了，人间福报就此流落江湖，而难以修成正果。

命是天生的气禀材质，气有清浊，才有高下，这一父母生成的遗传基因，决定了人活一生的福报。身材相貌与性向才情，都是命，而命牵动了人生的走向与成长的可能空间，气质导向气运，而气运决定气数，所以福报根本就是天生命定。

气运总在人间展开，就碰上了气质是否相应的问题，后天机遇的缘会，从合不合说幸不幸，故幸运与遇合的人间缘会，也主导了人生的福报。故“命定”说之外，又有“缘起”说。父子是命，夫妇是缘，而“天下肇端乎夫妇”，故人的前半生靠父子的“命”，后半生靠夫妇的“缘”。

《老残游记》有一句临别赠言：“愿天下有情人，都成了眷属；是前生注定事，莫错过姻缘。”前生注定是命，有情人是两命相知交感，成眷属则是“缘”，故有所谓姻缘天生的说法，实则是有命才有缘。《红楼梦》也有一段话，假如说没有缘的话，偏又遇着她；假如是有缘的话，为什么落空呢？这说的是贾宝玉跟林黛玉的情爱世界，所以说一个是水中月，一个是镜中花，如梦如幻，而幻化成空。贾宝玉是女娲炼石补天，被天地遗落的一块顽石，有如天地的逸气，在人间飘荡，看到一株干枯的绛珠仙草，就用甘灵去灌溉，那绛珠仙草是林黛玉的前身，她要还报这块顽石的深情，而甘露就是泪水，一生注定要以泪水来还报宝玉顽石，整部《红楼梦》说的就是这段因缘，命本如此，尽管人间有缘，也不能长久在一起。此外，薛宝钗有一块金锁，贾宝玉有一块通灵宝玉，上面各刻了八个字，而八字是一对，好像他们的“命”有先天的神秘感应，然宝玉与黛玉缘会遇合在先，尽管天生有命，也成不了一段好姻缘。

此佛门义理说“缘起性空”，依外缘而起现，故无自性。因为缘起缘生，缘尽缘灭，缘生灭无常，又怎么能定住福报？且缘会美感，仅存当下，瞬间即逝，而空留遗憾。故我们的文化传统，不讲缘会缘起，而转说缘分，孟子有云：“君子所性，虽大行不加焉，虽穷居无损焉，分定故也。”大行穷居的穷达，对人的性分来说，不能增损分毫，因为性善本分早定，儒家就以性善本分的“分”，来定住佛门生灭无常的“缘”。此之谓有分才有缘。世俗民间的福报，已往“分定”的德行修养去寻求奠基了。

依民间的传统“一命、二运、三缘分、四积阴德、五读书”的福报排序，重新做调整，浓缩而为“一命、二运、三缘分”，因为风水属自然无心，仅给出静态的空间，而缘分乃人文有心，会生发生命的感动，且将积德与读书消融在缘分的“分”里，更根本的理由在，此人间福报的一、二、三，可与天道德行的一、二、三连线。《老子》有云：“道生一，一生二，二生三，三生万物。”此“道生一”是“无”，“一生二”是“有”，“二生三”是又无又有的“玄”，“三生万物”则是“众妙之门”的“妙”了。而一命是天生命定，看似已“无”空间，二运是未定之天，“有”百年人生的运转，三缘分是天作之合，两命在人间遇合，命往缘中“运”，且缘守命中“分”，可以生发命底相合，而分定缘会的人间美好，“妙”在天下有情人，都成了眷属，既是前生注定事，岂可错过好姻缘。

综上言之，所谓改命，就在改变气数，而气数由气运而定，故改命要改变一生走的路；而气运从气质而来，故改变气运，得从变化气质下工夫。变化气质之道，一在修养积德，二在读书成长，凡此皆学术、教育与文化界所当担负的使命，教育的功能不就在变化气质吗？不论是儒家的“分定”，或道家的“玄妙”，都是“中学为用”之人文教化所凭依的经典，故讲论传统经典，引入当代生活，堪称最深刻，最丰富，也最能普遍化的文化产业。

三、《人生关卡》——三代一起过关的人生修行

人间社会，由老中少三代构成，人生行程，都要历经少中老三个阶段。孔子说：“君子有三戒，少之时，血气未定，戒之在色；及其壮也，血气方刚，戒之在斗；及其老也，血气已衰，戒之在得。”血气是命，戒是关卡，故人生的命运，可能过关，也可能被卡住，人人皆在过自己“命”的关，人人也可能被自己的“命”卡住。

《论语》开宗明义云：“学而时习之，不亦乐乎，有朋友自远方来，不亦乐乎，人不知而不愠，不亦君子乎！”另孔子自道：“吾十有五而志于学，三十而立，四十而不惑，五十而知天命，六十而耳顺，七十而从心所欲，不踰矩。”三者统合求解，少年关从“十有五而志于学”到“三十而立”，中年关

从“四十而不惑”到“五十而知天命”，老年关从“六十而耳顺”到“七十而从心所欲，不踰矩”。少年学习过成长关，中年交友过事业关，老年隐退过休闲关。而成长关可能被情爱（色）卡住，事业关可能被名利（斗）卡住，休闲关可能被心结（得）卡住，“戒”是过关而不被卡住，少年要“志于学”的成长，而不被青春迷惑，中年要“不惑”的创业，而不会恶性竞争，老年要“耳顺”的隐退，而不想抓住不放。此从“自我的成长”，推扩而为“天下的事业”，再翻越而上“天地的境界”，不仅过关，且修成正果。

此外，人生是人物走向人间，人物有限，而人间复杂，有限是“命”，复杂是“缘”。庄子有云：“天下有大戒二，其一命也，其一义也。子之爱亲，命也，不可解于心；臣之事君，义也，无适而非君，无所逃于天地之间。”人间天下有两大难关，一是“吾生有涯”的“命”关，一是“知也无涯”的“义”关。人间子女发自内心的爱自己的父母是不可解的“命”，天下人民要认同国家的体制规范，是无所逃的“义”，“命”不可解，也就无须解，“义”无所逃，也就不必逃，人生的苦难就在想解想逃，认了爱的命，又把“无所逃”的义，当做“不可解”的命，不就可以“知其不可奈何，而安之若命”了吗？爱是命，义也是命，不求解也不想逃，那爱就不再是负累，而义也不再是重担了。

且儒道两家担负的人间道义，在历史传统中被柔性化而为缘会，因为义是道理的必然，缘是缘会的偶然，人间情爱婚姻不说不义，只说无缘，就不会那么不可解的沉重，与无所逃的压迫了。

在此，人生关卡与人物的命，人间的缘，已联结一体，人生两大难关，一在人物有命，二在人间有缘，命是你不想定的它已经定了，缘是你想定的它偏不定。故“戒”之扭转之道，就在人生有心，心生善缘，而缘造好命，一边过关，一边改命。每一个人要过自己少中老的关，整体社群也要老中少一起过关，此三代一边过关也一边传承的价值理想，正可以消化已成社会主流的佛门三世因果之说。我的前世，决定我的今生；我的今生，又开启我的来生，前世的业今生报，今生种了因，来生结了果，因果业报自证自了，故今生两大事，一在了前生，二在修来生，此一福报来自德行的说法，相当理性而干净。问题在，在前世、今生、来生的谱系中，都只有我，而我最爱的父母、儿女，却被遗落，所以，要以儒家的三代传承，来消化佛门的三世因果，父母是我的前生，儿女是我的来生，了前生，要孝敬父母，修来生，要教养儿女，这一来三代一起过关，三代也一起得好报了，而这也是文化产业所给出来的无形产值。

四、“从孔家来”——两岸互动的文化认同

《论语》有一儒门与隐者的人间对话：

子路夜宿石门。晨门曰：“奚自？”子路曰：“自孔氏。”曰：“是知其不可而为之者与！”

子路是儒门的豪杰人物，在石门这个地方过夜，隔天清晨，大步跨出城门，而藏身于此打开城门的隐者，当下被他的英雄气概吸引，忘了隐藏自己，冲口问道：“先生何处来？”子路知道眼前出现的是另一家派的高人，不敢等闲回应，为了表达敬意，对等的释放出生命的讯息，答道：“从孔家来。”而这位别具慧眼的隐者高人，也立即做出英雄相惜的知心回应，说道：“是明明知道事实不可能，还要坚持理想奋力向前的那个人吗？”

这一段生命对话，甫在天地展开，而人间情节却匆匆落幕，子路还得追随孔子，行道人间，而晨门依旧藏身城门一角，不问世事。萍水相逢，顿成知己，心灵交会而天各一方，没有流连，也没有遗憾，一个守得住，一个走得开，真的是你记得也好，最好把我忘记，无须带走一片云彩。

这是《论语》最有存在感，也最具震撼力的一则传奇，原来生命的美好，就在每一当下互发的光亮，虽说人间缘会不定，而世事生灭无常，然发自真性情的生命火花，却长留天壤间。

今天两岸中国人已前进世界各地，正开拓华人的精神天地，或许出席在学术文化会议与歌舞演出的现场，或许坐上三通直航与经贸交流的谈判桌间，不论何年何月，只要有缘会面，彼此致意，要有道家隐者的真性情，问道：“奚自？”也要有儒门子路的豪情，答道：“自孔氏。”笑谈间会心相知，不都在“知其不可而为之”的儒门教养之下长成的中国人吗！这不仅是随缘是善缘，更是认命是好命了。

不说从台北来，也不说从北京来，避开政治现实的两岸隔离，而转出文化认同的两岸一家，这是超离在政统之上的道统，孔庙圣教永远超拔在历朝各代的王室君权之上，不管那一位大皇帝，都要祭天祭孔，他们的牌位永远进不了孔庙的殿堂。

中国人有两把火，永不可熄灭，一在家门的香火，二在师门的薪火，香火要永传，薪火也要永传，三代传承是香火永传，文化传承是薪火永传，但愿随中国崛起的国学热，也能朝向“自孔氏”之薪火永传的大道走去。这一分文化认同的价值自觉，恐怕是两岸华人最大的文化产业了。

五、“现代新禅七”——道在乌龙普洱间

在台湾乡土，禅七风行，佛门独领风骚，俨然时代主流，实则佛门本在舍离，而不在担当，修行离开生活，等同逃避，在家常日常中修出道来，才是“现代新禅七”。七不是打坐七天，而是开门七件事的柴米油盐酱醋茶，禅不是禅定，而是茶中有道。开门七件事既烦琐又庸俗，问题是它是家常日常，你不能不要它，只有化解柴米油盐的烟火气，而品出酱醋的味道，柴米油盐是必需品，酱醋是调味品，而茶则是可有可无又有又无的妙品。

“妙”在把“无”的茶引入生活，饭后茶余，会让柴米油盐“有”余地，酱醋“有”闲情，此无异起死回生，生出生机情趣来，禅七是禅悟，新禅七则是道妙，在若有若无间，由艺进于道，在生活中活出道来。

老子云：“挫其锐，解其纷，和其光，同其尘。”人活一生的道，要挫损自己的锋锐，以解开自己的纷扰，且消融自己的光芒，而混同自己于人间尘土。吃茶等同道行，“龙井”风姿伸展如飞龙在天，而灵气韵味如甘泉涌现，但茶道有一段修行的进程，龙井之后喝“乌龙”，“挫其锐”要挫损自己的高贵，忘了我是一条龙，人间那里有龙；乌龙之后喝“武夷”，“解其纷”要放下自己的尊严，把武功放平，散掉自己的功力，只做个茶仙散人；武夷之后喝“铁观音”，“和其光”要解消自己的亮丽光彩，观音总放光，而光耀刺眼，故要以铁的姿态出现，而涵藏自己的光彩；武夷之后喝“普

洱”,“同其尘”要与世俗民间同行,普洱深浓,茶色犹如药汤,别具深厚风味,有补养之功,不刺激伤胃,人人可喝,时时可喝,可堪回味而与众生同在,这不是体现“道”的生成之理了吗?现代新禅七,开门七件事自有门道,道融入生活,生出品格,活出味道,是所谓新禅七,今两岸中国人,大陆同胞喜好乌龙,台湾朋友热衷普洱,道在乌龙普洱间,这是两岸最善意的互动,你看到我的优点,我也看到你的优点,你肯定我,我也赏识你,由乌龙而普洱,忘掉我是一条龙,而与人间尘土同在同行,此由文化认同,到两岸一家。凭借千年文化产业的产销经营,而化成两岸一家的文化产值。

六、结语——乡土情与文化心的统合并行

相对于大中国情结,台湾政界有的专注文化心,有的专注乡土情,而风土人情根源在文化传统,二者一体不可分。从重要感而言,是文化心重于乡土情,从亲切感而言,是乡土情亲于文化心。心与情可以相容并行,而不必老在二者间,拔河拉扯,甚至冲决断裂,因为不管往那一边倾斜,甚至割舍那一边,都是生命的伤痛,注定是一场自己打自己的悲剧。

当前两岸善意启动,观光直航正逐步加温,投资创业也在解冻,透过学术文化的交流,乡土情与文化心统合并行,这是不可解于心的命,也是无所逃于天地间的义,故千年道统的古典今诠,可以导入当代人心,而架构出两岸一家的桥梁。道在乌龙普洱间,不仅有现代化的经济效益,更是乡土情与文化心的文化产业,此有待开发的无形产值,当真无可计量。

从文本传承到精神传承

上海戏剧学院前院长　余秋雨

中华文化的世代传承，可以分为"文本传承"和"精神传承"两个层面。

文本传承：主要表现为文本的递遭、字体的改变、繁简的演革、经典的隐显、方言的吐纳、雅俗的循环；精神传承：主要表现为由先秦诸子合力锻铸的兼爱、仁义、操守、达观、戒谤、知耻等人生原则和社会公约，可简称为君子风范。

文本传承是精神传承的基础，但历史证明，这两者的区别很大。前者偏向技能技术，可触可摸，容易吸引民众视听，成为社会敏感点；而后者则缺少标准，难于鉴别，容易流于空泛，因此常常因政治操弄、族群争斗、民粹暴力、小人伎俩而遭到破坏。

中华文化的文本，可以因时间和地点的不同而发生重大变化，但是，中华文化之所以成为世界上唯一没有湮灭的古文明，主要还有赖于由屈原、司马迁、魏晋名士、唐宋巨匠所延续的精神传承，即君子风范的千年一贯。中华文化在今天必须与其他文明相融共处，但它的核心尊严，还在于这种精神传承。因此，梳理、筛选并普及这种精神传承，是当代世界各华语地区的共同责任。

台湾教育发展的省思

台湾大学名誉教授　孙　震

教育是个人成长与国家发展的重要投资。个人借教育增益智能，培养健全人格；国家借教育造就人才，提升科技，发展经济，丰富文化。台湾自光复以来，经济快速成长，政治民主化，社会开放化，教育发展成功是一个重要因素。

1949 年大约 150 万军民渡海东来，为台湾以后的建设增添生力军。根据户籍统计，1946 年底，台湾人口总数中受过高等教育的人口只有 0.3%，1950 年底增加为 1%。

直到 1950 年，台湾的高等教育学府只有一所大学、三所独立学校和三所专科学校，学生总数只有 6500 人。1950 年代和 60 年代教育发展主要为基础教育的普及和提升。6 岁到 11 岁儿童的就学率，1950 年代初期不到 90%，至 1960 年代末接近 98%。从 1968 年起国民教育从 6 年延长到 9 年，包括小学 6 年和中学 3 年。1960 年代和 70 年代初期，正是台湾发展劳动密集产业，进军国际市场，经济快速成长的时期，国民教育的普及和延长，为经济发展提供了素质优良的人力。

1960 年代后期，台湾采用人力规划的理念，将人力计划纳入经建计划之中，根据经济发展需要，规划人力供给。在高中教育方面，将一般高中和高职学生人数的比例从 1960 年代的 6∶4 至 1970 年代逐步调整为 3∶7。五年制专科学校的前三年计入高职之中。在高等教育方面，根据经建计划的成长目标、产业结构，预估对不同教育阶层（大学或研究所）、不同系所人力需要的数量，作为教育部门增设系所和招生人数的参据，主计部门并据以编列预算。

此一政策的优点在于以最少必需的教育经费，达成最大可能的经济成长，其缺点则在于完全将教育当作经济发展的工具。虽然人在社会不免要受名缰利锁的驾驭，成为达成社会目的的手段，然而人为了自己的利益组成社会，社会为其组成分子的利益服务，社会的目的只是一种中间目的（intermediate end），个人的目的才是最终目的（ultimate end），个人是社会的主人而非仆人。对个人而言，教育虽然会产生经济利益，但并非只为了经济利益。孔子说："君子谋道不谋食。耕也，馁在其中矣；学也，禄在其中矣。君子忧道不忧贫。"（论语·卫灵公）

随了经济成长，所得增加，人民对高等教育的需要增加，大家都想读大学。然而大学提供的名额有限，学生必须通过层层入学考试的关卡。第一关是初中毕业到一般高中的入学考试；第二关是高中毕业到大学的入学考试，由所有大学组成联合招生委员会，举办联合招生考试。虽然高中、高职3∶7的分流已经将大部分初中毕业生排除于大学入学竞争之外，但考生仍然逐年增加，增加了考试命题、阅卷与评分的难度。考试领导教学，影响高中、初中，甚至小学教学的内容。传统德、智、体、群、美的理想教育内容被扭曲，五育并重成为独尊智育，教学只为升学作准备。青少年快乐成长的机会被剥夺，很多家庭为有子女升学而改变正常生活方式。至于其对青少年人格发展与社会风气的影响，尚未见严肃的学术研究。

1988年教育部门决心改革大学入学联考制度，与各大学院校校长研商，成立"大学入学考试中心"。"大考中心"邀集专家，经三年研商，提出多元入学方案，包括推荐甄选、预修甄试与申请入学，教育主管部门将"大考中心"改组为"财团法人大学入学考试中心董事会"付诸实施。根据新制，高中毕业学生可凭在"大考中心"之学测成绩申请理想之大学，大学可依学测成绩选择理想之学生。此外亦可接受推荐，再经甄选决定取舍。不过如大学招生名额有限，而想进入大学的学生过多，则不论入学制度如何改变，都不能使名额以外的学生进入大学，也不能解除激烈入学竞争所造成的社会伤害。

1994年"教育改革审议委员会"成立，由中研院李远哲院长担任主任委员，全面检讨台湾的教育问题。"教改会"于两年后提出《教育改革总谘议报告》，其中最主要的改革意见有三：(1)大学供给应增加，以满足社会对高等教育的需要；大学院校应分殊化，以顺应学生的适性发展，并为社会培育多样的人才。(2)降低高职及五专比例，以拓宽升大学之通路，大学采多元入学以消除联考之弊端。(3)创造有利环境，使国民教育阶段学童得接受德智体群美五育均衡之教育，快乐学习并养成健全人格，以奠定做人、做事、终身学习的基础。在这三项改革建议中，最具关键意义的为第(1)项，如大学的容量不增加，大家争挤大学教育的窄门，则第(2)项改革纵然做到也无济于事，而第(3)项目标在升学第一的要求下，根本不可能实现。

大学供给增加，使大学从副英教育转变为普及教育，使大学教育从作为经济发展的手段转变为人民应享的权利，大学供给增加也改变了教育市场与就业市场供需的形势：

教育理念	教育市场	就业市场
视教育为经济发展的手段	需要 > 供给 = 需要	
视教育为人民应享的权利	需要 = 供给 < 需要	

不过上表只考虑数量问题，未考虑价格问题。就业市场的价格是薪资水准，教育市场的价格是学、杂、生活费用。不容许价格调整，只期待数量调整，使全面均衡的达到遥遥无期；何况此外尚有不同职业的薪资差距、社会之职业观念等因素，也影响对大学教育的需要。

如今(1)、(2)两项意见大抵已经实现，至少形式上是如此。目前台湾的大学院校超过160所，足以容纳所有高中、高职毕业想要进入大学的学生。然而大学的品质有很大的差距，并且有公私立大学费用高低的不同，学生争相进入品质高收费低的公立大学，因此升学竞争依然激烈，国民中小学五育并重、教学正常化的理想依然无法达到。“教育改革”后的新形势反而引发新的疑虑和问题，包括：(1)大学增加，学生素质下降的问题，(2)毕业生失业的问题，(3)学生来源的问题，(4)教育经费的问题，(5)高中以下教学正常化、学生健康成长、快乐学习的问题，以下分别简单加以检讨。

(1)学生素质

大学增加，招收的学生增加，入学考试的平均分数降低，而后段学生的分数更低是必然的结果；不久前有18分录取的报导引起社会关注。不过平均分数低和后段学生分数低并不代表前段学生比过去对应的学生成绩低。大学增加的重要意义在于让原本没有机会接受高等教育的学生有机会读大学。大学的任务在于提升他们的教育水平，不是因为他们的水平低而加以排斥。

进一步探究，我们以什么水准衡量学生的程度？人有不同的禀赋、不同的性向、不同的才华，社会对其组成分子也有不同的需要，社会因此应有不同的标准衡量天下英才。

（2）失业问题

大学普及化改变了大学的理念，从过去的经济导向转变为教育导向，从满足经济或职场的需要转变为满足人民追求知识的需要，就业不应继续成为教育发展优先考虑的目标。在长期中，大学程度的人力供给增加，使他们的薪资水准降低，因此使需要的人数增加，另一方面读大学的人数减少，使就业市场供需向均衡的方向移动。更重要的，知识进步是经济成长的活水源头，优质人力运用其获自教育的才能，创造自己的事业，也为他人提供就业。若干接受高等教育的人力委身于传统视为卑微的工作，改善工作的品质，并使职业的社会地位提升。教育发达，知识水平提高，不仅促进经济成长，也促进社会进步。不过大学必须分殊化，以因应社会需要，培育经济与社会发展所需要的多样人才。

（3）学生来源

担心大学增加而人口出生率下降使学生来源不足的人士，很少注意到大学教育普及化改变了大学教育的理念，也改变了学生或大学“顾客”的性质。过去读大学大多数是为了追求功名利禄的世俗目的，或者是为了更崇高的目的经国济世，也许只为学习卑微的谋生技能。然而大学教育普及后，可以容许更多人为了知识，为了求真、求善、求美，或者只是为了兴趣，甚至为了玩一玩，又有什么不可？因此大学的入学制度应改变，使各种年龄的人都有方便入学的管道，进大学读学位、读学程，或只读一两门喜欢的课。谁说教育只应提供给年轻人？知识不断进步，我们都需要不断接受教育。韩愈早就说：“弟子不必不如师，师不必贤于弟子。”

(4)经费问题

教育有个人的功能,也有社会的功能,个人与社会都从教育中获益,因此教育经费由个人负担或政府负担都可言之成理。不过教育经费如全由受教者负担,则若干关乎国家发展和全民福利目的的教育可能投资不足,也会因社会所得分配不均,限制了经济弱者受教育的机会,使他们在生涯发展的竞争中居于不利的地位,以致富者常富,贫者常贫,形成恶性循环。惟如全由政府负担,则涉及全民负担租税的能力和意愿,以及对投资意愿和经济发展的影响等问题。而且"花别人的钱不心痛",免费造成需要增加,更增加租税的负担。此外,政府不但收税需要支付成本,花钱同样需要支付成本,由政府支付教育经费不如由个人支付节省成本。

因此教育经费由政府和个人共同负担应是大家都可以接受的原则,纯粹为了个人目的付出教育代价更应是理所当然。不过高等教育是成本昂贵的事业,昂贵的成本必须付出昂贵的代价,否则只能得到低品质的教育。政府如果限于预算,只能负担部分大学教育的经费,就不应管制大学收费,而由大学间的竞争自己节制。高品质的教育自有人愿付高代价,很多人付更高学费到外国念大学就是明证,而这些人并非一定富有。

(5)教学正常化

考试领导教学。国民教育五育均衡,让学童健康成长,快乐学习,只有隔离大学入学考试对高中教学的影响才能做到。现在台湾的大学虽然很多,应可容纳所有高中职毕业的学生。但大学品质的差距大,收费的差距亦大,而品质较优者都是收费较低的公立大学。学生想进入品质好、收费低的公立大学,特别是其中少数名校,因此增加大学未能化解升学竞争的问题,也未能达成国教教学正常化的理想。

社会由各个不同的部门组成,各自承担不同的社会任务。这些不同部门共同形成类似联立方程式的关系,单一部门的重要问题,并非都能以单一方程式求解。教育部门的问题也不是都能在部门内自己解决。例如所得分配不均,虽然与教育有关,但平均所得分配主要并非教育部门的责任,而且某种程度的所得分配不均为社会奖惩制度(incentive system)的一部分,自有其重要的社会意义和经济意义。再如社会对高等教育的热切追求也有其文化的、经济的、历史的背景，需要社会条件改变、职业平等、价值观、人生观、薪酬结构改变才能缓和，并不是光靠教育部门的改变可以奏效。

2006 年 9 月 12 日《经济学人》(The Economist)的一篇报导指出，世界最成功的高等教育是美国，上海交通大学所作大学排名前 20 名顶尖大学有 17 所在美国。这篇报导说："美国高等教育全世界最好，是因为没有制度。"这篇报导又说，美国大学的成功有三个原因：(1)联邦政府参与少，干涉亦少；(2)竞争，大学从学生到教授到篮球明星都竞争。教授竞争研究经费，学生竞争奖学金；(3)务实，即可以帮助社会解决问题。台湾行政部门对教育参与甚多，干涉亦多，根本就是管制太多。上世纪 90 年代教改最重要的主张是"松绑"(deregulation)，可以说完全没做到。政府如果少干涉，学校就会有较大的活力，发挥较大的创意，寻求自己的生存发展之道，而大学的生存发展之道正是社会需要所在。政府纵然要管制，也应自知能力有限，资讯不足，因而网开一面，让民间的无限生机可以蓬勃发展。

感悟中国智慧

北京师范大学教授　于　丹

一、文化传承的当代意义

“观乎人文以化成天下”(《周易传》),文化的意义在于以动词的方式“化”入人心,在现代化语境下以民族化方式构建价值体系。文化基因实际上积淀在血液中、骨髓中,它是一种生活习惯、一种伦理判断。今天,我们应该在“为用”层面上去重新尊重经典,把它们还原到生态之中,回到它本初的面目。而我们对自己文化的传承,永远都是尊敬的,但是不一定要保持畏惧和膜拜。

二、中国哲学与中国人的生命坐标

1. 儒家学说

认知人与社会的关系,完成社会人格的自我实现。

中国儒学的核心思想就是和谐,讲究的是天与人的和谐、个人与社会的和谐,讲究的是每个人“天下己任”、全社会“和而不同”。这有助于建立后工业时代的稳定秩序。

2. 道家学说

认知人与自然的关系,完成自然人格的自我超越。

儒家给了我们土地,让我们能够站在这个地上行走,但是如果没有天空的话,我们就没有思考,不能飞翔。道家给了我们天空。

3. 佛家学说

认知人与心灵的关系,完成生命觉悟的自我建立。

基于社会与群体，我们期待制度建设；基于道德和个人，我们期待心灵的统合和发现。

三、多元文化时代中国文化的核心价值

健康的文化生态，一定是多元的、富于建设性的、生生不息的。文化的语言是国际的，语法是民族的，只有传统文明与当代背景融合，东方文明与西方文明沟通，精英文化与大众文化共谋，在现代制度日趋完善前提下，中国文化的核心价值才能得到最充分的开发。教育在弘扬中华文化中的功能发挥。

大力推动两岸文化交流
共同传承中华优秀文化

文化部部长　蔡　武

延绵五千年而生生不息的中华文化是连接海峡两岸中国人最牢固的精神纽带，是海峡两岸人民共同的血脉。她不但是我们整个中华民族凝聚力的坚实根基，是海峡两岸华夏儿女的精神家园，也是我们中华民族对这个世界的宝贵贡献，是全世界人民的共同财富。在我们中华传统文化的宝库中，有许多闪耀着人文之光、智慧之光的文化思想，可以与全人类共同分享。实际上，世界各地各民族的人民，已经或正在同我们分享。作为中华儿女，我们不能不感到自豪。同时，也不能不感受到肩负着的一种沉甸甸的责任。

海峡两岸的繁荣发展，离不开我们对中华优秀文化传统的继承。中华民族是一个崇尚以和为贵、和衷共济的民族。我们向往人与自然、人与社会、人与人之间的和谐相处；我们崇尚“和而不同”的人生境界，主张“和实生物，同则不继”，提倡不同事物在相互作用中生长发展、共存共荣。在当今世界的多元文化境遇中，我们倡导的这种“和而不同”的理念，不论在政治、经济、文化、艺术领域都具有普遍的适用性。我们的民族在历史上又是一个锐意进取、自强不息的民族，“天行健，君子以自强不息”，是炎黄子孙的永恒追求。无数优秀中华儿女，为了民族的振兴、江山社稷的昌盛，黎民百姓的幸福，前赴后继，发愤图强，用他们的热血与生命谱写了中华民族生生不息的辉煌历史。这也是我们中华民族能够自立于世界民族之林的最深刻的根源。

海峡两岸的发展繁荣，离不开我们对于中华传统文化的创新。中华文化的历史长河之所以能够绵延不断，奔腾向前，就是因为它能以海纳百川的博大胸怀，通过不断的吸收、消化、创新来充实自己，在同世界各种文化的交流、交锋、交融之中丰富和发展自己。我们这个民族是最善于学习的民族。中华文化之所以成为唯一延续几千年而从未中断过的文明，其奥秘就在于创新，文化的创新是使我们民族血脉生生不息的重要保证。这也是我们今天需要继承、弘扬的中华文化最重要的文化个性和品格。

在科学技术日新月异的今天，新生事物层出不穷。如何在中华文化传统的基础上走向现代化，海峡两岸都进行了不懈的探索，也形成了各自的特色。中华优秀的传统文化是两岸现代化进程的共同文化基础，已是不争的事实。因此两岸通过交流相互借鉴、相互促进，推动我们共有的中华文化的不断创新、发展，使中华民族能够傲然屹立于21世纪的世界民族之林，难道不应成为我们两岸的共同责任吗？

海峡两岸的和平稳定与共同繁荣不能仅仅依赖物质方面的互利。经济合作与贸易往来固然十分重要，它不但带给两岸福祉，也成为两岸关系重要的物质基础，但它却不能够替代文化的交流与思想的沟通。今天，在经过双方共同努力，两岸经贸合作和各领域务实交流取得巨大成就的时候，尽快扩大和加深两岸文化的交流，应该也必须成为我们共同的话题，是今天在座的两岸文化界同仁对两岸同胞所承担的一负重任，我们义不容辞。

自1987年底台湾开放民众到大陆探亲以来，尽管台海关系跌宕起伏，两岸文化交流的规模却在不断扩大，涉及领域日益广泛，影响所及日益深入，遍及文学、艺术、民俗、文物、图书馆、美术馆、博物馆、艺术教育及文化产业，渐次成为两岸交流各领域中最活跃、最具影响力的方面之一。至今人们无法忘记："秦兵马俑特展"、"三国演义文化艺术展"在台展出的参观人潮，云门舞集、青春版《牡丹亭》在两岸演出的盛况，而今大陆举办的"情系"系列两岸文化联谊行、"两岸城市艺术节"、"两岸民间艺术节"等也已成为两岸文化交流的重要平台。可以说，两岸文化交流已不仅仅局限于一场演出、一场展览、一次参访或者一次研讨，它已经深入到两岸民众生活的方方面面。这种交流，满足着两岸人民渴望接近、渴望沟通的急切心情，满足着两岸人民彼此寻根问祖、找回骨肉亲情的美好愿景。

当前，两岸关系呈现良好发展势头，面临难得的重要机遇。随着两岸关系不断朝向和平稳定方向发展，两岸文化交流与合作的领域将愈加宽广。作为大陆文化主管部门，文化部将秉持中华文化一脉相承的品格，愿意以更加开放、务实的态度，构建两岸文化交流平台，促进两岸文化交流与合作的不断深入，为增进两岸同胞的相互了解与认知，为推动中华文化在海峡两岸的传承与发展贡献自己的力量。在此，我愿意提出四点意见和建议。

一、推动交流制度化，构建两岸文化交流新格局

所谓建立交流制度化，就是推动两岸建立更为密切、经常性和规范性的联系与往来机制。胡锦涛总书记去年 12 月明确提出，“大陆将继续采取积极措施，包括愿意协商两岸文化教育交流协议，推动两岸文化教育交流合作迈上范围更广、层次更高的新台阶”。如果海峡两岸适时商讨签署两岸文化交流协议，将有效地集中双方的资源、资金和智慧，推动两岸文化交流由感性交流向理性交流阶段跨越，增进互信，累积共识。

二、鼓励和支持两岸文化交流，营造互利共赢的新局面

两岸文化交流的不断发展需要有宽松的政策和良好的氛围。不可否认的是，当前两岸文化交流尚存在一些人为的壁垒和障碍需要双方共同克服。近期大陆将出台一些新的惠及台湾同胞的文化政策，为此，我们衷心希望海峡两岸一方面基于互利双赢的精神，减少政策性壁垒，让交流更加顺畅，合作更加广泛；另一方面相应出台鼓励政策，支持、扶持从事两岸文化交流的文化机构、艺术团体、文化企业，广泛吸收社会资金和企业赞助，推动两岸文化交流持续稳定向前发展。

三、全面开展两岸文化交流与合作，不断拓展交流的深度和广度

我们将广泛开展两岸人员交流、演出、展览、研讨、联谊等活动，促成海峡两岸定期轮流举办各种主题的两岸艺术节、两岸艺术展演等综合性文化交流活动；积极倡导两岸文化界在相互尊重的基础上相互借鉴，共同打造艺术精品；大力支持大陆各地与台湾各县市开展文化往来，促成更多的两岸图书馆、美术馆、博物馆、文物保护机构和文化研究机构开展馆际交流，全方位推动两岸文化交流与合作。

四、优势互补，不断深化两岸文化产业合作

两岸文化产业基于共同的中华文化母体基础之上，其合作潜力巨大，前景非常广阔。加强两岸产业合作，不仅符合两岸文化产业发展的需要，也符合两岸同胞的共同利益。我们将积极鼓励海峡两岸文化企业界人士通过参访、举办论坛、参加文博会等各种方式，探讨文化产业的经营理念和运作模式。发挥两岸各自优势，整合两岸资源、创意、资金、人才、市场，推动两岸文化产业对接，构筑两岸文化产业走向国际市场的桥梁，为繁荣两岸文化产业做出应有的贡献。

两岸关系发展的实践充分证明，海峡两岸合则两利、分则两伤。深化交流合作是推动两岸关系和平发展的重要途径。两岸同胞是血脉相连的命运共同体。包括大陆和台湾在内的中国是两岸同胞的共同家园。实现国家的富强和中华民族的伟大复兴是人心所向、大势所趋，历史潮流，浩浩荡荡，顺之者昌，逆之者亡。通过两岸炎黄子孙的共同努力，和解、和平、和谐、和美之风必将吹遍海峡两岸，“潮平两岸阔，风正一帆悬”，我们共有的中华文化一定会光耀于世、更加辉煌！

两岸文化交流的愿景

中国国民党国政基金会特邀嘉宾　张誉腾

台湾与大陆同属中华文化传统，经过60年的隔绝，在不同思想观念和社会制度下，双方在文化上各有不同调适而分途发展，彼此隔阂不可能在一夕间消除殆尽，唯有借着一步一步地交流才能促进相互了解，并尊重彼此的差异。过去的几次国共论坛主要从经济贸易交流着手，这次的论坛，在过去基础上进一步强调文化交流，应该是两岸交流深化的一个契机，让我对这个论坛充满殷切期盼。

还记得我1988年在英国念书时，第一次在学校里接触到来自北京、上海、重庆和福州等地的一批大陆留学生，我们的接触也是从小心翼翼地摸索试探开始，四年交往下来，从把对方当成共匪蒋帮的防备心态，到后来逐渐和其中的一些留学生变成到现在还经常联络的好朋友，这段交往，成为我在英国留学生涯中非常美好的回忆。

过去20年来，两岸文化的交流日趋频繁，在双方持续推动下，文化交流项目不断发展。粗略统计，从1991年至2008年底，两岸文化交流范畴遍及文学、美术、音乐、戏剧、舞蹈、曲艺、杂技、文物、民俗、艺术教育和博物馆等各个领域，交流项目多达5000多个，5万多人次，成果斐然。

以博物馆展览为例，从早期的《秦兵马俑特展》、《汉代文物特展》、《敦煌艺术大展》等，到最近的《丝路传奇——新疆文物大展》等一系列来自大陆的精彩展览，一再在台湾社会造成轰动，吸引众多人潮，大饱台湾民众的眼福。

相对的，台湾的云门舞集、汉唐乐府、国光剧团、朱宗庆打击乐团等演艺团体，刘国松、李锡奇、欧豪年、李奇茂、柯锡杰等艺术家，也同样受到了大陆观众的热烈欢迎。

在文化产业方面，台湾杰出业者如杨惠珊、王侠军等，流行音乐歌手如蔡琴、周杰伦等,各自以独特方式在大陆市场上深耕,也都取得丰硕的成果。第一届两岸文化产业博览交易会去年在厦门举办,交易金额达58亿元人民币,成功达成搭建两岸文化产业合作平台,共创双赢的目的。

去年5月以来,两岸关系逐渐正常化。两岸文化交流也正朝向更开放、更积极、更高层次的方向发展。以我所服务的部门为例,在沈春池文教基金会的协助之下,今年3月下旬曾邀请大陆文化部港澳台文化事务司的十几位文化部官员来台参访,并举办了“两岸文化交流前瞻”座谈会。

以此次座谈会的结论为基础,今天五月中旬我借带领“台湾文创产业发展与合作考察团”参访深圳、上海、北京各地文化产业相关设施之便,与大陆文化部就如何建立长期性合作进行预期性协商,初步选定了11项未来可以共同努力的文化交流课题。此外,双方并达成共识,希望今年9月与明年1月分别在北京和台北举办部长层级的“两岸文化高峰论坛”。

就理念而言,两岸文化在过去60年的分隔过程中,因为独特的历史、地理条件,在传统中华文化基底之下,各自融入了不同文化元素,呈现出各具特色的风貌,在中华文化传统的保存、维护与创新的课题上也各有心得与视野,形成在文化交流上优势互补、互利双赢的局面。尊重及善用两岸文化的差异性,共同为创建中华文化的多元、包容、创新的面貌而努力,应该是双方共同努力的目标。

在实务方面,面对当前两岸积极互动的崭新局面,除了善用民间既有交流经验与资源外,两岸文化部门应该建立直接的对话平台,以更高的视野,塑造更封良好的交流环境、掌握更精准的交流课题,在两岸交流上开创出更具前瞻性的贡献。以下试提出几个我们可以共同努力的方向:

1. 积极商谈签署两岸文化交流协定,提出共同推进两岸文化交流的方向。

2. 研议互设民间文化办事机构,负责处理与两岸文化交流相关的服务、推广和权益保护等事务。

3. 深化两岸文化古迹及非物质文化资产的保护、传承与利用等方面的交流与合作。

4. 推动两岸美术馆、博物馆、群众艺术馆及地方文化馆的交流与合作。

5. 加强两岸文化创意产业领域的交流与合作，相互给予政策扶持和投资保护。

6. 根据两岸文化交流协定，每年签署具体的年度交流计划落实执行。

两岸文化的交流，最终目的是要为两岸和平发展创造更好的条件和更坚实的基础。搁置争议，寻求双赢，是两岸当前领导人的共识，历史常是偶然而非必然的结果，善用这有利于两岸人民的历史机遇，是两岸文化人士共同的责任，期待与大家一起努力。

“敬”是中国文化的终极价值

中国艺术研究院中国文化研究所研究员兼所长　刘梦溪

信仰指的是一种带有宗教意味的终极关怀。

信仰之境的“敬”，可以使一个人的意志不发生动摇。

孔子对宗教与信仰，似乎有所保留。对“敬”则笃信不移。他强调“执事敬”、“行笃敬”、“修己以敬”。与其说孔子信仰鬼神，不如说他更信仰内心的诚敬。宋儒深悟此理，大张旗鼓地提出“主敬”的概念。

诚和敬是连同在一处的。不诚则不敬，不敬也就没有诚。而且诚与信可以互训。按《说文》：“信，诚也。”段注曰：“诚，信也。”无诚则不信，反之，无信亦无诚可言。中华文化立国之大本和立人之大德，无非诚信二字。益信“敬”之为德具有终极价值，是不诬也。

“敬”还与礼仪密切相关。“礼以敬为本。”中国自古号称礼仪之邦，主要是有“敬”存焉。

信仰是终极，诚敬是本体，功夫在约束。孔子“克己复礼”一语，释证缤纷，莫衷一是。其实“复礼”就是复性，也就是恢复诚信，重构“敬”的价值本体。而做到了诚敬和诚信，也就达到了“仁”的境界。

“敬”既是道德伦理，又是中国人和中国社会永恒的人文指标，也是中国文化背景下具有终极价值的道德理性。

我们中国人不是没有信仰。我们的信仰不在彼岸，而是在此岸。即事即理，即心即理，即性即佛。不必登舟，无须拾筏，此岸同样可以实现超越。

诚敬充实内美，“志”坚不可“递夺”，身心获得自由，精神自然欢畅。

中国人有信仰吗？照说不是个问题。其实一直是一个问题。所以成为问题，是由于迄今为止，绝大多数西方人都认为中国人没有或者缺少信仰。中国人自己回答这个问题，也没有十足的把握。学术界长期存在争论，至今仍未能在这个问题上给出真切的答案。

中国不是有佛教和道教吗？难道不是信仰吗？

这里，需要对信仰一词稍作分疏。所谓信仰，应该指一种带有宗教意味的终极关怀。佛教自东汉传入中国之后，经历了繁复的本土化的过程。它在中国社会裂分为两条途径。往知识阶层里面走，出现禅宗，禅宗流于智辩，其信仰的成分大大减低。往民间社会走，出现世俗化的趋向，香火虽盛，信仰却不能说是牢固不移。民间宗教的适用性取向和为我所用的特点甚为明显。至于道教，属于自然宗教性质，神出多门，不易取信。如果以西方的宗教理念来衡量，终极关怀一词宜乎与佛道二教无缘。

问题是应该对这种现象作怎样的解释。

我个人多年研究学术思想史和文化史，特别关注20世纪一些大儒的思想脉络。史学家陈寅恪和新儒学的圣者马一浮，是我集中研究的两个个案。他们对与此相关的一些问题的论说，无意中给我打开了思考的理路。

陈寅恪认为，中国思想文化的建构，如果要吸收北美或者东欧的思想，必须和本民族的思想资源结合起来，不忘记本来民族的地位。而中国思想史上最能体现此种精神取向的，是道教和新儒学。

儒家思想从先秦两汉一直到宋代，经历了几个发展阶段。春秋战国时期是思想家的思想，也就是孔子的思想、孟子的思想、荀子的思想。到汉代武帝听从董仲舒的建议独尊儒术，儒学成为和社会制度结合起来的学说。宋代大儒朱熹出来，使儒学成为不折不扣的哲学思想体系。这个哲学体系的名称叫理学，特点是它吸收了道教和道家的思想，又吸收了佛教特别是禅宗的思想，实现空前的思想大融合大汇流。宋代的理学是先秦两汉儒家的承继，又不同于先秦两汉的儒家。他们是儒释道三家融合过的思想成果，所以称作“新儒学”。

陈寅恪说：“中国自秦以后，迄于今日，其思想之演变过程，至繁至久。要之只为一大事因缘，即新儒学之产生，及其传衍而已。”按佛教的说法，佛陀出世是一件“大事因缘”。陈寅恪先生把宋代新儒学的产生与传衍，看作是中国思想史的“一大事因缘”，可见他对宋儒是何等看重。看重者何？在于通过宋儒的改造融解过程，终于使外来之佛教完成了实现中国本土化的最关键的步骤。

而道教作为中国的本土宗教，它的文化之根始终牢牢扎在中国固有文化的土壤之上。

以此我们不难明白，陈寅恪为什么那样重视外来学说的“吸收改造之过程”。第一他主张“吸收”，第二他主张“改造”。两者缺一不可，而不能简单套用照搬。所以陈寅恪得出一个明晰的结论：“此二种相反而适相成之态度，乃道教之真精神，新儒家之旧途径。”（陈著《冯友兰中国哲学史下册审查报告》，见《金明馆丛稿二编》页285）

陈寅恪先生的结论，足以启发当时后世：我们华夏子孙，我们中华儿女，当我们与世界上其他民族、不同的文化系统相接触和打交道的时候，心里面要装有中华民族，要记得我们中国的历史地位。虽然，文化应该高于种族，对待文化问题的态度应该秉持孔子“有教无类”的通博朗畅的态度，向一切异质文化学其所长，同样是我们的文化长策。此又与今时所谓的“民族主义”不能同日而语也。了解这个问题的难点是，儒家思想为什么能够具有如此宽博巨大的包容性？

这涉及学术界的一个争论，就是儒家到底是不是宗教。我个人不赞成把儒家宗教化。我找到一个旁证，陈寅恪先生在他的《陶渊明之思想与清谈之关系》一文里面，白纸黑字写道：“儒家不是真正的宗教。”他为此做了一个对比，当佛教传入中土之后，攻击佛学最力的不是儒家，而是道教，即当时的天师道。最有典范意义的是写《神灭论》的范缜，他的家世，从曾祖到父尊到他本人，都是天师道的信徒。

儒家虽不是宗教，但儒家一向有重“教”的传统。“教”是儒家思想的应有之义。其“教”应解释为教化之“教”。因此唐宋以还盛行“三教合一”的说法，可以看作是“教化”思想的殊途同归。今天以此一观点概括传统文化或传统学术思想的多元品格，可视为成立。

中国文化的这一特异之点，使得中国历史上从来没有宗教战争，中华民族也从来不排外。这也就是，孔子的弟子子夏为什么能够讲“四海之内皆兄弟也”。孔子还说：“夷狄入中国，则中国之。”试想这是何等气魄！

《易经》的系辞则说:“天下同归而殊途,一致而百虑。”这是儒家的文化态度,也是儒家的包容精神,同时也是中华民族的文化态度和中华民族的包容精神。

中国人精神信仰的特点,是不离开自身,不着意外求。

要问信仰自身的什么物事?是诚和敬。何谓敬?是自性的庄严。也可以叫做人的本性的庄严。二程子说:“当大震惧,能自安而不失者,惟诚敬而已。”(《二程集》下,页1227)当一个人遇到某种不可抗拒的意外,遭遇大的变故,身心受到大的震撼,却能够安稳自定,而不手足无措,只有牢固秉持诚敬之心的人,才有可能做到。

这种情境之下,诚敬已经成为当事人的不可移易的信仰。

所以二程子说:“君子之遇事,一于敬而已。”(《二程集》下,页1221)切忌“简细故以自崇”,也就是不用一些无关紧要的细琐之事来安慰自己。也不自作聪明,“饰私智以为奇”。也就是不施用一些小技巧来搪塞蒙蔽自己。因为这些都是内心缺乏诚敬的支撑,亦即没有信仰。

信仰之境的“敬”,可以使一个人的意志不发生动摇。所以孔子说:“三军可以夺帅也,匹夫不可以夺志也。”怎样使得自己的“志”不被夺去?按马一浮先生的解释,“敬”就有这种奇妙的作用。他说:“何以持志?主敬而已矣。”(《马一浮集》第一册,页108)又说:“以帅气言,谓之主敬;以不迁言,谓之居敬;以守之有恒言,谓之持敬。”这是告诉我们,如果要让此一“诚敬”之心守之有恒,不迁不易,则“居敬”和“持敬”是必不可少的修持功夫。“居敬”、“持敬”,才能“主一”。这也就是二程子之一的弟弟伊川所说的:“主一者谓之敬。”(《二程集》上册,页315)如此来解释、界定“敬”,显然已使“敬”的价值义涵带上了终极的意味。

孔子对宗教与信仰的问题,似乎有所保留。他的名言是“祭神如神在”、“敬鬼神而远之”、“未能事人,焉能事鬼”、“未知生,焉知死”,以及“子不语怪力乱神”等。他雅不情愿在信仰问题上多发表意见。“祭神如神在”,那么不祭神呢?难道神就不存在了吗?当孔子这样说的时候,已经对信仰对象作了一种假设。而信仰对象是不能够假设的。“祭神如神在”是要求当祭祀的时候,应该对“神”保持一种虔敬的态度,即使不相信神的存在，也不妨假设神已经在那里享用你的祭品。这样才能不失内心之敬。依照程颢的解释，也就是“不渎”，即不亵渎。“不渎”就是敬。

《论语》里的孔子，对鬼神的态度未免马马虎虎，对“敬”则是笃信不移。他强调“执事敬”、“修己以敬”、“行笃敬”。与其说孔子信仰鬼神，不如说他更信仰内心的诚敬。孟子在释“义”的涵义的时候，也说“行吾敬而已”。早期儒家事实上把“敬”视作社会人伦甚至生之为人的基本精神价值。宋儒深悟此理，大张旗鼓地提出了“主敬”的概念。所以宋代儒学的集大成者朱熹说：“敬字工夫，乃圣门第一义，彻头彻尾，不顷刻间断。”(《语类》卷12)我们以此看到了孔子和儒家思想在宗教与信仰问题上，能够有的东西和所没有的东西。有的，是礼仪和礼敬。没有的，是离开人的自性主体另外去寻找信仰的对象。

孔孟等先秦儒家和宋儒提倡“主敬”，目的是要使中国人的文化性格庄严起来。如果说在宗教与信仰层面，儒家思想尚留有某种空缺的话，那么“主敬”思想的提出，应是一种恰如其分的补充。今天我们重提儒家“主敬”思想，是非常必要的。因为晚清以还的百年中国，特别是经历过文革劫难而又为经济大潮所冲刷的中国大陆，人们的信仰与礼敬之心严重流失，世俗化和粗鄙化成为流行的时尚。而中国大陆以外的地区，本来文化传统的流失尚称冲缓，但政党政治所掺杂的私心和机心的变乱，使二程子所批评的“简细故以自崇”和“饰私智以为奇”，成为公开的权谋手段，作为中国人信仰的诚敬精神，也就变成人伦社会的紧俏稀缺之物了。

诚和敬是连同在一处的。伊川“主一者谓之敬”的“一”，其实即是诚。不诚则不敬，不敬也就没有诚。二程子说：“诚然后能敬，未及诚时，却须敬而后能诚。”(《二程集》上，页92)诚敬，诚敬，一而二、二而一而已。而且诚与信可以互训。按《说文》：“信，诚也。”段注曰：“诚，信也。”无诚则不信，反之，无信亦无诚可言。中华文化立国之大本和立人之大德，无非诚信二字。益信“敬”之为德具有终极价值，是不诬也。

“敬”还与礼仪的重建密切相关。孔子说：“为礼不敬，临丧不哀，吾何以观之哉？”如果用一个概念范畴来表达礼仪的内涵，那就是“敬”。所以马一浮说：“礼以敬为本。”中国自古号称礼仪之邦，主要是有“敬”存焉。百年以来在饱经反传统的伤痛之后，近来我们又开始讲“孝”了。但传统社会处理父子之间关系的“孝”，今天是否可以直接搬来使用呢？今天的父子关系，已经超越了“孝”所规定的那些具体的道德内涵。比如“父为子纲”、“不孝有三，无后为大”、“父母在，不远游”等理念，显然已经不完全适用于今天。但孔子对“孝”的解释，颇值得我们深思。

《论语》“为政”篇，记载子游问“孝”的义涵，孔子回答说：“今之孝者，是谓能养，至于犬马，皆能有养，不敬，何以别乎。”孔子说如今的所谓“孝”，以为能够养活父母就可以了，其实狗和马也能够得到饲养，如果对父母不怀有“敬”这种道德，和饲养犬马有什么区别呢。可见孔子把“敬”视作了“孝”的基本内涵。如果我们不能原封不动地把“孝”搬过来，当作处理今天父子关系的准则的话，那么作为“孝”的伦理内核的“敬”，我们却可以高高兴兴地拿过来，作为我们躬行“孝道”的精神指归。

“敬”的反面是放肆，是怠惰，是滮漫。故马一浮说：“圣狂之分在敬与肆之一念而已。”所谓“一念”，即是内心深处的灵明信仰。因之，信仰是终极，诚敬是本体，功夫在约束。所谓“约束”，就是“约之以礼”。也就是建筑在理性自觉基础上的自省之道，其内容自然包括“为人谋而不忠乎？与朋友交而不信乎？”忠信有疑，就是诚敬有疵。改变之道，在于“克己”，在于“修己”，目标是“修己以敬”，成为君子。《论语》“宪问篇”子路问怎样才能成为君子？孔子的回答直接明了，曰“修己以敬”。孔子“克己复礼”一语，释证缤纷，莫衷一是。其实“复礼”就是复性，也就是恢复诚信，重构“敬”的价值本体。而做到了诚敬和诚信，也就达到了“仁”的境界。然则圣人“克己复礼为仁”的“六语掾”，意在斯乎？意在斯乎？

此可见“敬”之一字，足可唤醒个体生命的人性尊严，足以维持社会人伦的基本价值。“敬”既是道德伦理，又是中国人和中国社会永恒的人文指标，也是中国文化背景下具有终极价值的道德理性。当我们今天为重建业已流失的文化传统而竭诚竭力的时候，“敬”之一字的提升、布化、推展、重构，最是必不可或缺的前提条件。

我们中国人不是没有信仰。我们的信仰不在彼岸，而是在此岸。即事即理，即心即理，即性即佛。不必登舟，无须拾筏，此岸同样可以实现超越。马一浮说："儒佛等是闲名，心性人所同具。"（《马一浮集》第一册，页743）二程子说："居处恭，执事敬，与人忠，此是彻上彻下语"。不需防检，不须穷索，"以诚敬存之而已"。二程子还说："反身而诚，乃为大乐。"马一浮也说："敬则自然虚静，敬则自然和乐。"诚敬充实内美，"志"坚不可"递夺"，身心获得自由，精神自然欢畅。此亦如马一浮先生所说："敬也者，所以成始而成终也。"

生命性与生活性

——台湾在中华文化传承上具现的根本特质

佛光大学艺术所所长　林谷芳

两岸文化是一个母体在不同环境下发展出的两个子体，之所以形成今日样貌，以何种态度看待原有母体正乃其中的关键，就此，两岸前期的确体现了彼此相当的差异。一般来说，台湾对待传统文化的态度是比较一贯，带有持续性的，而大陆则在不同阶段间显现了高度反差。

诚然，一个文化在变迁时对固有者总难免有所批判，但发展出来的东西能否沉淀生根，也必牵涉到与原有者的接轨以及时间的积累。以此，台湾在中华文化传承发展上的经验与成果就有着我们不能小觑的地方。

对传统文化，我们可以有博物馆式的保存，橱窗式的展现，阶层性的传承，但这些都是片面、局限的，相对于此，台湾的中华文化传承则较为全面，而比诸于大陆，除了态度、发展上的持续性外，我们更可以从生命性与生活性看到它在此的根本特质。

一、生命性

（一）均衡性：较全面、整体地传承儒释道三家

大陆前期有过近乎反传统的运动，尤其对关联于较多知识精英的儒释道三家更是否定，近年来，传统文化的肯定则又特别聚焦于儒家，连弘扬中华文化的机构也直接以“孔子学院”为名。

相形之下，台湾20世纪五六十年代虽有一些知识分子承续五四的基调否定传统，但整体而言，对中华文化仍持高度肯定。70年代不仅认为发展必须以此为基石，甚且所要发展者正就在彰显自己文化内在的价值。80年代中期后，本土—中国虽常被某些人型塑成一组对抗的概念，但除

极端分子外，中华文化的种种早于生活中生根。

这种对中华文化的肯定，在官方，与目前大陆相同的，主要聚焦于对儒家伦理的提倡，蒋介石在对抗文革发起的“中华文化复兴运动”中直接标举“伦理、民主、科学”，虽然五四所标榜的后两者，他也希望能在传统文化中找到根源，但以伦理为中华文化的核心则至为明显。

政治上如此，影响所及，教育上 50—80 年代的台湾高中生所必修的“中华文化基本教材”，其内容即是《论语》与《孟子》。然而，相对于官方的独偏儒家，民间则又显现了更丰富的样貌。以道家而言，它是中国艺术从美学至实践最大的影响者，中国水墨以山水为宗，诗中尽多田园隐逸，体现的正是道家的自然哲学，而山林的道家与钟鼎的儒家在传统上不仅颉颃消长，它更为儒家社会提供了一个生命出口，让人不致在过度的社会制约中丧失自我，这成就了中国生命的“外儒内道”，直言之，若缺了这一块，中国人生命与文化的失衡也可想见。

在台湾的道家依旧体现着原有的特色，扮演着原有的角色，即便官场中人，台面下的生活亦率多以此为依归。在五六十年代，两岸严峻的形势虽使道家容易被赋上消极的色彩，但也正因生命的紧张，它反而成了更重要的出口。

在台湾，道家的思想及生活态度不只在学界，更在艺术界。以自然为内涵的艺术，无论水墨、音乐自来即是大宗。生活上，台湾高度发展的茶艺及常见的布衣生涯也都受到道家极深的影响。

犹有进者，道家的传承不只在思想、生活态度，更及于实际的丹道修行，尽管台湾纯粹的道观极少，但道家修行的书籍却在五六十年代因道门中人而得以在台作大幅的刊行。

相较于道家的传承，佛教的发扬更是台湾文化发展的一个特色，可以说，它已成为显学，影响渗透于社会文化的各个层面，去除它，几乎无法谈及台湾三四十年来的发展。台湾信佛者遍及各阶层，人数尤众，这情形使 30 年来的天主、基督教徒一直无法增长。而一改清末以来视宗教为落后象征的态度，在台湾，知识精英的学佛非常普遍，情形可比拟于历史的盛世。

学佛的普遍，使台湾有着强大的稳定力量，大量的志工撑起了台湾，这力量发自于信仰，发自于对生命的观照，谦卑、如实、自省恰于媒体人物的张扬、浮夸、斗争形成对比，有人以“隐性台湾”与“显性台湾”称之，这隐性台湾所最得力者并不在儒，而在佛。谈佛教振兴，六七十年代知识分子之认识禅，主要系受日人铃木大拙等著作的影响，而80年代佛教的蓬勃一定程度则因于秀异的宗教人格：慈济的证严法师、佛光山的星云法师、法鼓山圣严法师、中台山惟觉法师、灵鹫山心道法师，信众皆以十百万计，虽各有不同着墨，但都强调人间佛教，其中：慈济专注于慈善，佛光山则关注教育文化，法鼓山于知识佛教多所着墨，灵鹫山则强调宗教的融合与对话。

正因佛教普及，台湾艺术创造乃都观照于此，以佛法为主题创作在美术界极为普遍，表演艺术界的重要作品更都与此有关，如云门舞集的《流浪者之歌》，表演工作坊的《如梦之梦》，优剧场的《金刚心》等。可以说，去掉了佛教的观照，台湾艺术的成就也将大大地削减。

（二）体践性：重视儒释道三家的生命体践

儒释道三家，是哲理，也是生命态度，而即使谈生命的超越，佛道之修行也直指生命可以实质地转化到另一境界，这种本质使它们所言皆具有强烈的实践性。离开体践，生命的学问即不成其为学问，而只是戏论。

台湾的中华文化传承较之大陆，体践性强是它的一个特征，不能以体践印证者，在台湾皆无法产生信服度，也所以学院的哲学思辨始终也只能止于学院，无法发挥社会的能量。在大陆，许多学者对中华文化的诠释称得上精辟，但与他实际的生活可以是两回事，社会也不要求这种学问与生命的相合性，台湾不然，像于丹般签书庄子者，必然遭受极大的质疑。

体践性使得台湾社会可以有真实的行者直接活在日常，你可以看到历史就是当代，典籍并不只是典籍，台湾的茶馆就是茶人生活方式的直接显现，不少人以修行作为生活的重心，儒家的伦常更体现在台湾人的待人接物上。

体践性使台湾许多事物带有道场或修行的意味，这在华人世界中可说是绝无仅有的。

二、生活性

（一）日常性：中华文化自然出现在各阶层的日常生活中

讲体践性，必然论及生活，但中华文化在台湾之渗入生活，还可以自两面观之：

一是它的人间性本质，也就是在日常生活实践的可能性。一是它遍及各个阶层。

即使琴棋书画，在台湾也非被特别标举为专业，它是生活中自然之事，许多人学此，也不以习得一种才艺切入，而是一种生活。

生活使台湾发展出不同于日本的精致中国茶艺与中华花艺，生活使许多人回归纯朴自然，生活也使志工成为许多人的生命选择，在这里，董事长与工友、教授与计程车司机可以成为“道友”。

生活也使台湾社会“十步之内，必有芳草，陋巷之中，就有春天”，台湾文化的“藏富于民”也是它相对于其他地方的一个特色。

（二）相融性：与当代生活的相融无碍

生活，是全面的，有形而下的需要，有形而上的追求，有传承过去的，有应对将来的，而中华文化传承在台湾的生命性与生活性，乃使它出现的样态不可能是完全复古的，以传统应对当代在台湾更绝非理念之事，它是生活之事，也因此，谈传统文化如何有机地切入现代生活，台湾乃可以提供一个重要的参照。

切入出现在艺术的创造，重要的艺术作品无不奠基于传统或自传统汲取养分，但表现却可以是很现代方式的。

切入出现在人间佛教的弘扬，从教理到弘法，许多的样态都因对应当代而生。

切入也出现在教育，古典一直是教育的重要内容。

切入甚至出现在许多科技人身上，因为物理世界的研究与生命学问可以完全不冲突，甚至因这生命性的学问才使极大的竞争压力可以得到疏解。

小 结

以大陆之大与台湾之小,两岸之称除了海峡划分之外,最重要的当然来自于政经制度的不同,而就中华文化的传承而言,台湾更可无愧于“两岸”二字,因为它的持续性、均衡性、体践性、日常性、相融性使这种传承显得真切而不虚妄。

的确,两岸过去因政经制度及对待原有母体态度的不同,在中华文化上乃有了不同的传承发展,许多地方更呈现出长短互见的情形,例如:以艺术而言,大陆功力深厚者众,台湾则在与生活的贴切与创意上见长;以学问而言,大陆学力根深或巨细靡遗者不乏其人,台湾则在体践性上彰显。彼此互补、合成即是一个完整的圆。然而,尽管如此,生命性与生活性,这台湾在中华文化传承发展上的根本特质,仍应该成为全中国人在此的一个根底样貌与坚持。

探索中华文化的创新

世界宗教博物馆馆长　汉宝德

一、中华文化的创新精神

中华文化的基本精神是创新。这不是基于民族主义的高傲之词，是我个人的体会。几十年前我到美国留学，教书及考察，曾访问很多建筑系，发现中国的留学生在以创造为主轴的课程中都名列前茅，远远超过日本同学。我思索其原因，觉得并非国人都有天生的才能，而是我们的文化背景所形成。

我的结论是，中国人习惯于横向思考，不为常规所绳。外国人在一百多年前接触中国人，说我们“机诈”（tricky），这是“足智多谋”的恶意的说法。与外国人比较，他们多半循规蹈矩，依礼行事，倒像孔圣人的信徒。我们反而遇事东张西望，寻找突破规矩的机会。所以红绿灯对我们都只供参考，道路上一团混乱，却乱中有序。

我们为什么有这样的文化背景？希望学者告诉我们。但事实是，我们一方面口口声声的尊重传统，一方面却绕着圈子寻求满足。在行为规范上或伦理道德上这也许不是好事，但在创新观念上却完全是正面的。

我们是一个变通的文化，“穷则变，变则通”是我们认可的做事方法。实际上这是与我们的造字之法相关的。在六书中可以看到，大多都是变通而得。指事、会意、形声都属于横向思考的结果，转注与假借就是纯粹的变通。文字使我们习惯了创造的方法，并习以为常，变革才是常态。

在我的专业上可以看出，中国的建筑传统自汉朝开始几乎在不停地变化中。表面上，匠人们尊重一定的规范，建筑的原则似乎没有改变，但每隔一段时间，建筑就出现完全不同的面貌。这个过程缓慢，但却十分明确。南北朝的建筑、唐代的建筑，到宋代、辽金，都有其特色。演变到明清，简直就是全新的面貌了。所以当我们看到日本的古建筑，自中国学来，却一直忠实的保留其传统，就觉得是异国的风味。相对地说起来，日本是努力于保存的民族，我们是致力于革新的民族。“革命”是自古以来的行为指标，要我们抱持求新的精神，勉励我们“苟日新，日日新，又日新”。只有日本人才会把一个千年古庙，为免走了样，每二十年依样重建一次，一直保存到现在。

我们既然是这样一个歌颂创新、在骨子里一再求新求变的文化，为什么没有把创新的精神充分发挥出来，在世界的各民族中占领先地位，却在历经数千年的光荣历史，最终却落在西方之后，几乎亡国呢？

在我看来，这是两个原因造成的。第一个原因是我们的中华道统的力量。这个力量历经尧、舜、禹、汤，周公孔子，加上道家与后世佛家的思想，构成了一个强大的磁性力量，使我们的创新力无力挣脱。第二个力量则是政治与社会的制度自封建走上专制极权，使真正的创新力受到意识形态的约束。下面容我简单加以说明。

二、中华文化对创新的制约

中华文化的基本精神原是以维新为主体的。所以在春秋战国时期，百家争鸣，各种学说互别苗头，供大家思考、选择。最后为了维护社会的秩序才定为一尊。这种以儒家为正统的观念是与政治上的专权制度并存的。

在百家中选出“正统”来是必要的。其正面的意义是建立文化的主体。这个主轴，儒家的学说，历两千余年不变，是中华文化的主心骨。我们的头脑再灵活，也只能围着这个主轴求变化，绕着主轴转，最终还是回归正统。这好像建筑，不论怎么改变，终究还是离不开对称轴，离不开层层院落的组织。有了这个主轴，就万变不离其宗，使中华文化数千年一以贯之，即使有外族入侵仍维持正统精神不堕。

这一文化特色与我们的文字与书写传统是相关的。文字与书写成为文化传承的主要工具,才能保持道统于不堕。有文字,就有经典,有经典就有传承的体系。由于创造的文化本质,使主流思想具有包容性,才使中华文化能大能久。这两者是相辅相成的。

但不能否认的是,儒家的正统思想,确实有效地限制了“旁门左道”的发展。一切具有创意的观念,都无法离开主轴太远。学问以孔孟为主轴,科技发展不起来,即使有所创发,也得不到鼓励。因此天文观测只能用在历数上而无法形成学问,永远无法出现伽利略这种人物。

当然,正统思想是以政治权力为支柱的。政治把思想转变为意识形态,扼杀一切不能相容的思想与观念。在这种情况下,变革也只能在有限的范围内进行。汉唐以后,政治权力集中,文字的变化就停止了,因此汉代之前的多种丰富的文字形式都成为过去,自此而后不再改变。所能变的不过是个人书写的风格。到了后期,随着专制权力的集中,连书写风格经由考试的方法都予以固定了。

可是凡是王权不及的地方,民间创新的活力仍然蓬勃地发展着,只是得不到鼓励,无法形成规模,进而影响主流文化而已。

三、自由与人文价值是创新的基础

在专制时代,王权是无处不在的。但是中华文化中,帝王总为民间保留一些自由的空间。这就是欢逸文化产生的原因。中国绘画与文学基本上是远离政治的,所以成为传统文化的精髓。但是无可讳言的,诗文与书画仍然会流传于当朝,无可避免地受到些政治的干预。所以传统的创新力量最明显的是表现在王权不会触及的民间工艺之中。

宋代以后,庶民生活开始主导工艺的发展。除了皇家的官窑器外,民间陶瓷得到自由的发展。景德镇与南方的窑场都有些创新的器型出现,配合着民间的需要。元明之后,最引人注目的,是广为庶民阶级所使用的两种日常用具:宜兴茶壶与铜香炉。自明中叶到清末,宜兴茶壶创造出无数的式样,每一式样都别具特色,既好用又好看,真是琳琅满目。这些式样经过大量的推广到民间,成为生活艺术的重要角色。

在这里我试举宣德炉为例，说明一种官方倡导的生活工艺品，一旦推广到民间，会产生怎样美好的结果。宣德炉开始时是承袭宋代瓷器的做法，把上古鼎彝之类的重器，改为小型器物，供燃香之用。这种器物经生活化以后，进入民间，到了清代，宣德炉成为专有名词，而非指宣德朝所制之炉，因此使工艺家发挥创造力，型制变化之多，几乎难以统计。与宜兴壶相类，每一式样均兼具功能与形式之美，令人叹为观止。若以生活之需要看，实无如此多式样之必要，可知在清代，宜兴壶与香炉皆以制作吸引使用者的兴趣，美感与创意乃主要的价值所在。直到庶民生活之休闲方式改变，才被放弃。

以上的说明志在陈述一个事实，在自由没有约束的情形下，中华文化创新的活力就会自然地发挥出来，是任何其他文明所无法相比的。因此在今天讨论如何促进文化的创新，其实毋需他法，只要不干预就可以了。当然不能不强调的是，这个民族太聪明了，自由的环境一定要有维持纪律的机制，使这些聪明用到创新上去，否则不免寻找捷径，不顾他人的利益，被国际嗤笑为山寨版的祖国。民族的自尊心要发挥在以创意服务人群的精神上。

中华文化的人文精神实际上是创新文化的重要基础。西方文明的飞跃发展始自文艺复兴时代，因为以人为中心的文明蕴含了博爱的精神，也就是孔子所说的仁心。而仁心是中国传统中逐渐流失的价值，有待我们在普及教育中力求恢复。

全球化时代的中华文化认同:两岸的视角

北京大学中文系教授　张颐武

一、从“抽象”到“具体”的传统文化认知

随着中国经济的高速成长和中国新的和平发展的进程,中国传统文化复兴的浪潮也引起了全球的关切。而两岸最近以来沟通和交流的活跃,也为这一复兴提供了历史条件。

这一波传统文化的复兴热潮是以许许多多具体形态的传统文化表征的复活为标志的,其深刻的背景是中国30年来改革开放所取得的巨大的经济成就带来的新的文化自信和中国和平发展所带来的国际地位的迅速提高。这种新的现实使得我们感受到在中国追求“现代化”的20世纪,传统文化有一种“空洞化”的状态。在20世纪的历史中,一方面,我们为了追求民族复兴而高扬“民族精神”,激励我们在逆境中追求富强的努力。我们往往需要像岳飞、文天祥等民族英雄来振奋我们的精神,鼓舞民族的斗志。我们往往仅仅接受“现代性”的标准下的一部分“抽象”的传统。而另一方面,我们则将许许多多传统文化的“具体”的表征视为“落后”、“封建”的标志而加以批判。在这一波新的“国学热”中受到肯定的“儒家”以及像传统的节庆文化、祭祀文化和传统服饰等等都曾经受到过激烈的否定和批判。

近代以来,由于中国在西方冲击下国家主权的不完整,以及民族的屈辱和失败的痛苦记忆,也由于中国在19世纪中叶以来所显示的贫穷和积弱,使得中国“现代性”不得不在一种对于传统文化的批判和反思中建构

自身。所以,"五四"新文化就是以对于传统文化的反思和批判为标志的。对于传统的反思和批判当然是一种对于民族危机深重的文化焦虑为基础的。而20世纪后半叶"冷战"的世界格局,也造成了两岸的历史状况和全球华人在政治方面认同的差异。而这些其实也造成了文化上诸多的焦虑和困扰。

这种文化焦虑正是一种深刻的矛盾的结果:一方面,我们不断回到民族的光荣之中寻找民族奋起的支点,这种光荣可以说是一种"抽象";但另一方面,我们也在批判传统中寻找民族新生的可能,这种对于传统的批判可以说是一种"具体"。于是,我们对于不平等世界秩序的反抗和我们向西方学习,正是中国"现代性"赖以存在的基本的二元对立。于是,中国人深重的"民族悲情"不得不以"落后就要挨打"的痛苦留在我们的记忆中,这种"落后"和"挨打"的关联正是中国"现代性"最为深刻的痛苦:"落后"是历史造成的困境,"挨打"却是无辜者受到欺凌;"落后"是我们自己的历史困境,但"挨打"却是弱肉强食的不公不义;"落后"所以要学习和赶超,"挨打"所以要反抗和奋起。反抗和奋起来自一种"抽象"的民族精神,而学习和赶超却是"具体"的文化选择。这就造成了中国"现代性"的文化焦虑的难以克服。一方面,我们时刻肯定民族存在的理由和民族的辉煌传统,以改变"挨打"的屈辱;另一方面,却又在尖锐地批判和否定传统文化对于我们的限制和困扰,以克服"落后"的难题。

这就形成了一种矛盾的状态:在"抽象"的"民族精神"的高扬方面,我们曾经做过许许多多努力;而对"具体"的许多传统的表征加以批判和否定,简单地以"移风易俗"等方式将中国传统的具体生活形态加以抛弃。所以,我们有关20世纪中国面对传统文化的态度一直有争论。有些人认为我们过度地强调传统,也有人认为我们在"全面反传统"。其实这是在"抽象"的传统和"具体"的传统之间的不同的选择。冯友兰先生20世纪50年代提出的对于传统文化的"抽象继承"的说法,其实是当时中国的文化选择的一种表述,道出了20世纪我们继承传统的现实选择和方向。(有关"抽象继承"的详细表述和当时的历史情势可以参看《冯友兰学术自传》人民出版社2007年8月第二版241－258页)

这种选择正是由于20世纪中国的历史情势所决定的，是一种历史的必然。而今天的“国学热”或者“传统文化热”其实正是在新的历史情势下，在一个经济相对富裕和社会环境相对宽松，告别了民族悲情和屈辱的背景下，我们开始认识到“具体”的传统文化对于我们的日常生活和价值选择的意义。所以，这一波的“国学热”其实有其深刻的历史背景，和以往的一些传统文化弘扬的运动有很大的区别。如果说，新中国的建立改变了我们“挨打”的历史，那么，改革开放30年的历史则在相当程度上让我们有机会告别“落后”。而两岸之间的相互认识和深入的了解，也为我们提供了新的历史的条件。我们终于有了在具体的层面上再度回到传统去寻找中国人的文化认同的历史机遇，而全球化的冲击又让我们感到一种强烈的“具体”的文化传统“空洞化”的危机感。这是“现代性”历史留下的问题，一说起传统，我们往往可以“抽象”地谈论五千年的文明，谈论自强不息的民族精神，但一旦我们在现实中寻找“具体”的传统文化的表征，却发现我们的传统在日常生活中或者在象征性的表现中都显得相当空洞，反而不及一些历史没有我们悠久、文化不如我们深厚的国家在这一方面对传统的保留更充分。

因此，这一波的“传统文化热”其实有其深刻的历史的合理性，也是一种“文化自信”的具体而微的表征。所以，这一波的“传统文化热”往往来自对于传统的许多具体方面的弘扬，如“祭祖”、“读经”、“含服”的流行其实正是试图将传统的仪式、服饰乃至教育方式等等历史的具体形态加以复活的表现，这些行为是否得体和合适当然可以讨论，但毕竟显示了我们对于传统的“具体”的需求。应该说，“抽象”的民族精神从来也没有在现代化的进程中丧失，但“具体”的文化形态的流失则是我们所讨论的中国“现代性”的必然。今天的经济成长和和平发展让人们有了在文化的具体性上寻找传统复活的机会。这种“文化自信”当然也有相当的合理性，这正是人们告别民族悲情，克服今天传统的“空洞化”的努力。

当然，海峡两岸的交流，其实正好在文化方面有互补和沟通的历史机遇。其实正是今天两岸的交流和沟通，为中华文化跨出“空洞化”提供了一个新的可能性。

二、取今复古，别立新宗：传统在今日社会中

鲁迅先生的《文化偏至论》(《鲁迅全集》，北京人民文学出版社 1981 年第 1 版第一卷 44 – 57 页，下面的引文均据此，最近有裘沙之《新诠详注文化偏至论》山东文艺出版社第 1 版，可以参看)1908 年 8 月在《河南》杂志上发表到今天，已经有了整整一百年的时间的距离。而这篇文章在其发表之初也没有多少人阅读和理解，后来这篇文章也仅仅被视为鲁迅先生早年的试笔之作。但到了今天，这篇文章的知识背景和思想的脉络经过许多研究者的探索而逐渐清晰，其对于今天中国的价值和意义也开始逐步被人们所深识。

对于我来说，重读这篇文章所产生的震惊在于这是一个 26 岁的年轻人在他的民族面临着最深刻的文化和社会危机的时刻所进行的思考，也是一个接受过中国传统教育的年轻人在和种种现代思想初次相遇时的最为执着而坚韧的探索。这篇文章立论的基础正是来自鲁迅先生当时在日本所接触的有关东西文明发展的“大历史”的观念，对于人类文明的起伏发展进行了简要而深入的概括。这种对于中西文明史的思考和追问当然深受当时的时代思潮的影响，但所表现的文化的自信和自觉的力量直到今天还仍然有其独特的价值。这是这位 20 世纪中国思想最重要的人物的精神生活的起点所进行的思考，它会留给我们珍贵的精神滋养。

一方面，这里有对于自己祖国的衰败和贫弱的清醒的认识和尖锐的批判。他充满了对于祖国发展的忧虑和期望。另一方面，这里也有对于当时所流行的仅仅重视“物质”的西方文化的发展的反思和批判。鲁迅指出：“递夫十九世纪后叶，而其弊果益昭，诸凡事物，无不质化，灵明日以亏蚀，旨趣流于平庸，人惟客观之物质世界是趋，而主观之内面精神，乃舍置不之一省。”“十九世纪文明之一面通弊，盖如此矣。”鲁迅先生正是没有将西方文化和中国文化简单化，而是试图在其中发掘各种不同的积极的因素。

鲁迅先生在这篇文章中深刻地提出了“立人”的思想，他点明：“是故

于生存两间，角逐列国是务，其首在立人，人立而后凡事举。”这其实是贯穿他的一生的追求。这种“立人”的主张正是鲁迅思想的核心。

“立人”需要的是“外之不后于世界之思潮，内之仍弗失固有之血脉，取今复古，别立新宗。”这一“取今复古，别立新宗”的思考正是鲁迅这篇文章留给今天中国的最为宝贵的财富。

鲁迅先生在一个世纪之前所提出这样的思考，其实对于我们今天如何在高速经济成长和和平发展的进程中建构自身文化新的根基和价值的基础有其重要意义。鲁迅当时面对的是中国深重的民族危机，但他的眼光没有停留在解决这样危机的技术和物质层面，而是从一个人类精神发展的高度提出了自己对于中国的期许。

一方面，这里有对于传统的反思和追问，但也有对于中华文化的坚定信心。他对于我们所“固有之血脉”不可失去的信念其实正是基于一种深刻的文化自信。另一方面，这里有对于西方学习的热忱，但也有对于西方文化清醒的体认和反思。他对于“世界之思潮”的把握也正是基于一种深刻的文化自觉。自信使他对于中国抱有最强的信心而有向上的动力，自觉让他能够保持对于世界的理解和学习的能力。在今天中国已经有机会告别20世纪深刻的民族悲情，创作自己的新的未来的时刻，我们也要看到鲁迅先生提出的“取今复古，别立新宗”的目标在这艰苦奋斗的一百年中还未完成，这其实期望一种文化自觉和自信的展开。中国的今天不仅仅要在物质的层面上获得更大的发展，给予中国普通人民更大的生活改善和物质满足，而且还要有一种对于人类文化和精神的新的创造和新的向上提升的价值的展开。鲁迅先生所告诉今天中国人的正是我们不仅仅需要物质上的成功，也需要精神上的超越和提升。当然他也指明了超越传统的“空洞化”的现实的路径。而“取今复古，别立新宗”的理念可以说正是今天中华文化所期许的新的价值。对于两岸中国人和全球华人来说，今天的历史机遇和可能已经呈现出来了。

面对“取今复古，别立新宗”的要求，有两个问题是值得我们注意的：一个是中国人自己遇到的传统和现代的问题，也就是“古今”之间的复杂关系；另一个是中国的传统文化在新的全球化进程中遇到的，也就是“中西”之间的复杂关系。这两个关系其实已经困扰了我们许多年,现在却在以新的形态困扰我们。

首先,在“古今”之间的关系上,其实我们所遇到的问题非常复杂。从汉语的表达上,“文言”和“白话”是有差别的。而古今生活中的差异更是巨大。传统文化经过了20世纪的“现代性”的阐释之后,其实已经和过去有极大的区别。其中的“可释性”的问题,也就是古今之间的差异如何得以克服,如何以当代的方式阐释传统文化的问题其实相当巨大。如何让当代人理解传统文化,并且对传统文化进行可以为当代中国人深入理解的表达,尤其是让当代的年轻人更好地了解传统,其实是需要进行艰苦努力的工作。这当然不可能一蹴而就,也不可能凭着我们的一厢情愿的要求就可以简单地实现。这就要求对于传统文化的“可释性”进行深入的探讨,从而便于传统文化在中国内部的传承。

其次,在“中西”文化之间更存在着深刻的差异,我们会遇到语言方面、生活方式方面、价值观方面的诸多问题。其中如何将中国传统文化转换成为国际上其他文化可以易于理解的内容,也就是一个“可译性”的问题,其实是我们在文化“走出去”中间经常遇到的。我们常说的“越是民族的越是世界的”的认识当然有自己的依据。但从文化的“可译性”方面看,“越是世界的越是民族的”的说法也是有自己的依据的,也就是说,中国更加易于被他人和不同的文化普遍的理解的文化反而更加容易被认为是中国文化的象征。从这个角度看,在对外的文化传播中,关切“可译性”的问题可以说是难以回避的。只有具有“可译性”的文化才可能被了解。

由此看来,如何让传统文化具有新的“可释性”和“可译性”,是需要我们付出艰苦努力的工作,也是我们“取今复古,别立新宗”的努力的一个重要方面。这需要我们有灵活的策略,坚定的意志,对于传统的认真思考和了解,对于当下社会和世界开放和平和的视野和胸怀。

三、迎中国的文艺复兴

“取今复古,别立新宗”,可以说是中国文化发展努力的路径,而两岸中国人共同的理想和目标则是中国的"文艺复兴"。最近,有关中国"文艺复兴"的讨论再度兴盛起来。这当然一方面是与中国的和平崛起,中国的高速发展相联系的。另一方面,也是和中国今天文化上的焦虑相联系的。如何进入文艺复兴的探讨,我以为,需要回到历史再度思考,才能为今天的发展提供必要的参照。这里我希望通过探讨李长之在抗战期间关于中国文艺复兴的论述,来为今天的讨论添加一个新的思想脉络。我们可以发现有关文艺复兴的探讨正是建立在对于中国"现代性"的反思基础上的。

李长之的重要代表作《迎中国的文艺复兴》就是这一思想代表性的论著。他的方法是尝试直接探入五四,在对五四的再思中建构新的文化。在对五四的反思中,李长之将"五四"视为"现代"过程的一个并不完美的起点。他在书的序言中开宗明义指出:"我的中心意思,乃是觉得未来的中国文化是一个真正的文艺复兴。五四并不够,它只是启蒙。那是太清浅,太低级的理智,太移植,太没有深度,太没有远景,而且和民族的根本精神太漠然了!我们所希望的不是如此,将来的事实也不会如此。在一个民族的政治上的压迫解除了之后,难道文化上还不能蓬勃、深入、自主和从前的光荣相衔接吗?现在我们应该给它喝路,于是决定我的书为'迎中国的文艺复兴'。"

这一关于"五四"乃是启蒙运动而不是文艺复兴,中国应该迎接新的文艺复兴的思路是李长之精神的核心和关键。《五四运动之文化的意义及其评价》和《中国文化运动的现阶段》两文可以说是系统探讨这一问题的重要文章。在这里,李长之首先辨析了"文艺复兴"和"启蒙运动"的不同。他构筑了一个将"现代性"分为启蒙运动和文艺复兴两个不同方面的阐释策略。他好像要把这正好和五四时代的思想家的思路有巨大的区别,胡适在论及五四新文化运动的时候直接将它描述为"中国的文艺复兴"。而李长之却将两者做了一种二元对立的区分。他认为"文艺复兴"应该是"一个古代文化的再生",而五四运动则仅仅是启蒙精神的展现。他认为:"启蒙运动的主要特征是理智的,实用的,破坏的,清浅的。我们试看五四时代的精神,像陈独秀对于传统的文化之开火,像胡适主张要问一个‘为什么’的新生活，像顾颉刚对于古典的怀疑，像鲁迅在经书中所看到的吃人礼教，这些都是启蒙的色彩”。而这种“启蒙精神”的主要特征是“明白和清楚”。所以五四精神就是一种“清浅的理智主义”。他的这一定位使得对于五四的思考清晰化了。他的这一方法乃是用将五四的话语彻底西方化，似乎是用西方“现代性”的双重起点“文艺复兴”和“启蒙运动”来衡量五四，却发现五四并不能达到彻底的“西化”，这个“文艺复兴”的缺乏正是五四与西方的“现代性”的距离。在这里，李长之将五四的文化逻辑贯彻到底，推向极点，用更严格的西方标准衡量五四，反而发现五四的局限在于没有对于传统的再发现。这种独特的方法也值得我们思考。

他枚举式地展开了五四的几个方面的特点：第一，五四是一个移植的文化运动。第二，五四是一个资本主义的文化运动。第三，五四运动在文化上是一个未得自然发育的民族主义运动。第四，五四这个时代在文化上最大的成就是自然科学。第五，五四文化运动可看作西洋思想演进的一种匆遽的重演。第六，五四运动的精神事实上已渐就结束。最后的这个观点他举出了两个超越五四的例子，一个是中国营造学社的建筑活动，另外一个就是冯友兰的《新理学》。李长之的思想也是在和同代人的不停的对话中形成的，其对话的中心就是冯友兰的思想。他也批评“新理学”的体系太过理性，难于超越五四，却又认为“新理学”是五四的理智主义的最高结晶，已经具有超越五四的可能。尤其是冯友兰有关“接着讲”和“照着讲”的不同方法的辨析对于李长之尤有启发，而冯友兰的对于传统的肯定，对于中国文化具有的“旧邦新命”的信念也给了李长之深刻的启发和超越五四的思想前提。

李长之在对五四的反思中对于中国的文艺复兴提出了新的思考。冯友兰乃是接着中国的传统文化讲，而李长之正是对于五四的“接着讲”，而不是仅仅“照着讲”。超越五四，正是以“文艺复兴”的命题，接着“启蒙精神”向前发展。他认为，超越五四需要“从偏枯的理智变而为情感理智同样发展，从清浅鄙近变而为深厚远大，从移植的变而为本土的，从截取的变而为根本的，从单单是自然科学的进步变而为各方面的进步，尤其是思想和精神上的，这应该是新的文化运动的姿态。这不是启蒙运动了。这是真正的中国的文艺复兴！”

从这个起点开始，李长之对于中国传统文化的精神从文艺复兴的高度加以再阐释。《中国文化传统的再认识》一文分三篇，上篇为《儒家之根本精神》，中篇为《古代的审美教育》，下篇为《中国人人生观的缺陷》。这三篇文章完整地提出了对于传统复兴的方向，给中国的文艺复兴提供了思想资源。《儒家的根本精神》直接回到现代中国否定最多的中国传统的主流儒家，对于儒家的价值给予了充分的阐扬。李长之也将孔子视为中国文化的基本精神核心。李长之当时指出：“孔子是奠定中国儒家思想的人，也是把中国民族所有的优长结晶为一个光芒四射的星体而照耀千秋的人。”“孔子的真价值，却毋宁在他那刚强，热烈，勤奋，极端积极的性格。这种性格却又有一种极为特殊的面目，即是那强有力的生命力并不是向外侵蚀的，却是反射到自身来，变成了一种刚强而无害于人，热烈而并非幻想，勤奋却依然从容，极端积极而丝毫不计成败的伟大雄厚气魄。”这种儒家的精神正是中国的“强者”的精神。而这种精神在中篇中化为了审美，他提出“玉”是中国美的最高境界，“玉所代表的美感是颇高等的，不稚弱，不琐碎，不浅薄，不单调，不暂时，不变动不居，不死滞不前。在人格上能与之符合者，也恐怕只有孔子而已。”“玉和孔子代表了美育发达的古代中国。”而他始终进行的中国古代文化的阐释，尤其是人物传记的写作，如孔子、司马迁、韩愈、李白、陶渊明的传记的写作贯穿他的一生，显然是为这中国的精神寻找具体的展开方式，为中国的文艺复兴寻找途径。而下篇则批判中国传统的问题，对于中国人仅仅注意具体，而缺少整体性进行了批判。这说明李长之并不是一个“国粹”派的保守主义者，而是一个具有多重开放态度的思想家。他超越了五四的激进与保守的二元对立，提供了新的可能。李长之期望通过给五四添加一个文艺复兴的层面而超越五四正是力图超出普遍性与特殊性的历史的纠结，提供了另类的选择的可能。

从李长之的见识看今天的讨论，我们不能不认为，这一讨论并没有超越李长之当时的思考。现在我们如何在21世纪的“新新中国”给予“文艺复兴"的梦想更加充实的内容,是我们面对的挑战。文艺复兴不是一个简单的口号,而是实实在在的文化的展开和思想的探究。我们的问题不是这个口号的价值和意义的阐释,而是面对新的历史情势的新的眼光和新的开拓。两岸的共同努力和开拓,必然会使得中华文化的"文艺复兴"得以实现。

中华文化与两岸关系和平发展

政治大学外交系教授　朱新民

冷战结束后，世界格局产生了不同于以往的变化，特别是近年来随着全球化进程的快速发展，世界正朝文化多样性的方向前进，这使人们可以用更多的角度来观察与探讨国际关系中的各种现象，同时伴随着网路与大众传播技术的发达，加速了国际不同文化之间的交往，各国、各地区逐渐把注意力的重心从军事、经济领域转向文化领域，并把对外文化交流纳入整体的对外政策中，这也说明"文化"这个因素在国际关系研究上的角色越来越重要。

在两岸关系上，由于彼此同样承袭了中华文化，拥有共同的历史传统与习俗，而随着时代的变迁使得两岸文化交流快速发展，这对拉近两岸人民的感情、增进彼此的认知以及推动两岸关系的和解发挥了十分重要的作用。2008 年 5 月台湾历经了政党再次轮替，国民党的马英九先生执政，自此，两岸关系迈入了一个新的里程碑，进一步加强两岸文化交流以促进两岸和平发展便是大势所趋。

一、两岸关系中文化议题的崛起

2008 年 12 月 31 日，中共总书记胡锦涛先生提出了"六点"主张，这是大陆方面对台政策的最高指导性纲领，这一方面展现了胡锦涛主政下对台政策的战略高度，另一方面也是针对马英九上台后两岸关系的新形势新契机的一个回应与期待。而其中"第三点"提到"弘扬中华文化，加强精神纽带"，并认为台湾文化丰富了中华文化的内涵。"胡六点"除了提到两岸可以协商签订"建立具有两岸特色的经济合作机制"外，也同时主张愿意协商两岸文化教育交流协议。这体现了大陆对于两岸间之谈判，不只局限在政经议题，也包括了非政治性议题之意向；就此而言，可以发现大陆方面希望借由文化的交流来达到拉近两岸关系的结果。事实上，两岸的文化根基都是中华文化，台湾文化与大陆文化都有相同的历史渊源，而这样的“同源性”也成了当前两岸民间经济文化交往日趋密切的坚厚基石。

对台湾而言，由于两岸关系事关台湾最核心的生存与发展，因此如何建构一个两岸和平发展的架构就一直是有识之士追求的方向。但是正由于两岸关系的敏感性与复杂性，台湾内部对于目前两岸之间的交流过于密切也产生了许多不同的声音，尤其是当前两岸关系的进展，一方面看起来是颇有进展形势大好，另一方面却也面临重大障碍与考验，因此若能从两岸共通的“文化议题”着手来促进彼此的交流，那么势必可以化解交往过程中的各种阻力。

二、中华文化中的和平因素

中华文化博大精深源远流长，中国自古至今乃有文化大国之称号。在极为丰富的中华文化内涵中，充分蕴藏了“和而不同”、“以和为贵”及“和谐共生”的意涵，而这个“三和精神”之相辅相成则构成了当前中国和平与发展的基本理念。

中华文化中最早论及“和与同”的观念是在《国语·郑语》中记载西周末期史伯的一段话，“夫和实生物，同则不继。以他平他谓之和，故能丰长而物归之；若以同裨同，尽乃弃矣。”①这段话中“以他平他”最具深意，其意为“以一个方面去平衡协调另一个不同的方面，使对立的差异的对方处于一种平衡协调的统一关系，从而形成一个和谐统一体，构成一个协同的统一物。”②在此认识上中华文化传承出一个和而不同的内涵。意即，万事万物强求同一就不可能发展，只有把不同的东西加以协调平衡才能

---

① 董根洪，《儒家中和哲学通论》，（齐鲁书社，2001 年），页 51 – 52。转引自陈向阳，《中国睦邻外交》，（时事出版社，2003 年），页 24。

② 同上。

求得和谐,也才有可能发展。

和而不同的真义在于强调相互间要认识彼此不同的价值观、生产方式与社会制度等,尊重彼此的存在,在和平的环境中以和平的手段达到以和平促发展的目标。

和而不同的概念,除了说明万事万物因不同间的协调而得以发展,更根本的在突出“和平”的重要性。其实中华文化的价值观中,长期以来就内含有“以和为贵”的价值,中华文化主张中为上,和为贵,中庸是美德,和合是达道。这种致中和与主中庸的态度,就是期许大家要能相互包容不走极端,在和平的态度下让国与国,地区与地区,以及人与人之间能建立良好的互动关系,为整体的发展奠定基础。

因此,在“和而不同”及“以和为贵”的原则下,才能够进一步的开创“和谐共生”的目的。意即在和而不同与以和为贵的精神下,万事万物就不会彼此相争相互冲突,更不会自我内耗与伤害,在相互依存相互协调下达到共同发展共同繁荣的结果。

简言之,中华文化的“和文化”的精髓,在于强调万事万物的圆融平顺状态,讲求各种元素间的互生互动与生生不息。因此,只要秉持中华文化这种特性不断地宣扬与实践,就能让中华文化在全球化的世界体系中获得广大的尊重与接纳。

中国大陆自 1979 年进入改革以来,不断地寻求与国际社会的接轨,也积极努力从中华文化的“和而不同”的观点来论述大陆的对外战略,以争取国际社会对中国和平崛起的认同与支持。温家宝先生在 2003 年 12 月于访美期间在哈佛大学发表的讲演中,就从中华文化的和平角度论述中国的发展与世界和平的关系,温家宝表示,“中华民族具有深厚的文化底蕴,和而不同是中国古代思想家提出的一个伟大思想。和谐而又不千篇一律,不同而又不彼此冲突;和谐以共生共长,不同以相辅相成。用和而不同的观点观察处理问题,不仅有利于我方善待友邦,也有利于国际社会化解矛盾。”[①]温家宝的谈话说明中国认识到后冷战国际关系中的“文

① <温家宝总理哈佛演讲:“把目光投向中国”(全文)>,人民网,2003 年 12 月 11 日。<http://www.guangyan.com/bbs/message.php? broadid = I&msgno = 918>

化因素”的重要，并主张在国际关系中应朝多元文化的道路发展，在相互尊重及协调下共同发展。

三、和平与发展是两岸关系的共同价值

中国大陆自80年代进入改革时期以来，“和平”与“发展”就一直是中共所强调的时代主题观。邓小平先生在讨论和平与发展两者关系时表示，“只有争取到和平的环境，才能比较顺利地发展；争取和平是世界人民的要求，也是我们搞建设的需要。”①邓小平的和平与发展的论述就一直成为中共历届领导人在推动改革政策时奉行不渝的路线。在历经30余年的改革开放政策的相进下获得了重大的成果，中国的崛起已是不争的事实。在改革政策下中国的经济综合实力与人民生活水准大幅提升，国际地位与影响力与日俱增，中国在外汇存底、经济年平均成长率、国内总产值、进出口贸易额等方面，都取得引人注目的成就。这些成就都归功于中共坚持“和平战略”的结果。

然而中国的和平发展仍是处于一个过程，最终还未能确定实现中国的全面现代化。中国的崛起发展，实际来说呈现出一种“不平衡、不和谐”的内涵，改革产生了重大成果，但也引发了后遗症与并发症。② 这主要表现在日益严重的“三农”与“三差”的分配不公与弱势族群问题，以及生态环境破坏、人口结构老化、能源短缺不足、失业率上升、社会犯罪治安及经济犯罪猖獗等一列来结构性的深层问题，这些都还有待中共积极面对解决。

换言之，中国正面临到一个捉住战略机遇期的机会与挑战。现阶段中共最重要的战略高度，就是从21世纪开始，中国要进入全面建设小康社会，加快推进社会主义现代化建设的新阶段。要让中国走向一个全面性平衡性公平性实质性的现代化大国。而从过去30多年改革的经验得

---

① 中华人民共和国外交部编写组，《邓小平外交思想学习纲要》（世界知识出版社，2000年），页36。

② 朱新民，<中国和平崛起的省思>，《国际关系学报》，第二十三期（2007年1月），页180。

知，坚持“和平”就是发展甚至是崛起的唯一道路，从改革成功的经验得出以下客观认识：第一，中国的发展必须要有和平环境为条件；第二，中国要以和平手段来发展；第三，中国的和平发展离不开世界；第四，中国如果崛起是为了维护和平。由此可知，中国越是坚守和平道路，中国就越能实现发展，同时中国的发展才能被世界所接受同时对世界和平也有所贡献。这些都是开展和平与发展战略过程时，从实践中所获得的道理。

就台湾方面而言，马英九先生在 2008 年上任以来，在两岸关系上是以“开放与松绑”政策来推动两岸间的经贸、文化、民间的来往，替两岸长远的和平愿景奠定基础。

两岸关系错综复杂，存在着历史延续与情感矛盾因素。因此两岸的交往谈判就必须循序渐进不断地营造良好的环境与气氛，现阶段两岸的谈判原则是“先经后政”、“先易后难”、“先急后缓”，让两岸关系能逐渐走向正常化的发展，目前两岸在经贸关系上已有了相当的进度，如果能在文化议题上更加强两岸的相互认同，在这个基础上才能逐渐强化两岸间的政治互信与推进政治性的谈判。

另一方面，两岸间的和平发展也同样是大陆方面的既定原则，特别是胡锦涛在“胡六点”中便强调除了要建立起两岸经济合作机制外，更希望就彼此间的政治关系展开务实的探讨，建立起军事安全互信机制，并协商正式结束两岸敌对状态，达成和平协议。简而言之，大陆希望以和平的方式来处理两岸问题的主轴是没有改变的，这与台湾人民的期待相同，也代表和平发展早已成为两岸之间的共识。

综合而言，和平是两岸关系中最根本的核心价值，发展是符合两岸的共同利益，双方唯有体会到和平是走向发展的唯一道路，也是两岸共创双赢的必要条件，就能够不受内外因素的压力，共同奏鸣和平的主旋律，享受共同发展共同繁荣的美好果实。

四、中华文化在两岸和平发展中的角色

两岸人民同文同种，有相同的文字、语言，在思想内容与生活表现上

都有所传承与交集，这是两岸共同的基础也是共同的财产。

中华文化因其历史悠久及丰富的底蕴，因此展现出强大的生命力，包容力与渗透性，是不容任何人与任何政党用特定的政治手段与目的所能改变与破坏的。两岸各自曾经出现过对中华文化的背离与破坏，但最终都能走回到中华文化的主流之中。就事实而言，两岸尽管在政治意识形态及体制上有些差异，但是中华文化之表现上却有高度的共鸣。中华文化中的节庆日与纪念日，包括过年、清明节、端午节、中秋节仍然是两岸共同的文化交集，这就充分证明了中华文化作为两岸和平发展的重要角色。

事实上，只有透过两岸人民对彼此共同文化的认同，在这样的基础上两岸之间才能够建立起凝聚力，而这样的凝聚力便是奠定在中华文化的价值观上，因此两岸应该加强在文化方面的交流与联系，彼此才能够设身处地互相体谅，才能够相互理解两岸人民的根本利益和愿望。毕竟两岸之间若涉及政治与经济的因素就容易形成交流上的困难，但无可否认的是台湾文化传承自中华文化，两岸有相同的语言与文字，因此彼此之间共通的文化就是两岸可以找到的最大公约数，尽管双方在政治价值观上有所差异，但借由一脉相承的历史文化、音乐艺术及民俗传统的交流，定能增进两岸人民之间的情感，使两岸关系朝向和平的道路前进。

在此，个人要指出中华文化所以能够源远流长，除了因为其博大精深底蕴丰富之外，也在于中华文化能“与时俱进”在融合中展现其“创新发展”。就此而言，台湾文化固然是来自中华文化的传承，但在台湾落地深根之后也发展出了自己的内涵与特色。这其中最重要的就是“开放性”、“多元性”与“民主性”。两岸在文化交流过程中，台湾需要更多地再次吸取中华文化的精髓，而大陆也有必要来欣赏甚至学习台湾文化中的这些特色。这样两岸的文化交流将替中华文化的再发展开创更美好的明天。

五、两岸文化交流之实践(代结论)

两岸关系的契机，需要双方共同努力灌溉，以“务实、对等、开放、双赢”的原则步步为营，现阶段除了两岸共同需要的经贸关系正常化之外，更要加强文化之间的交流，毕竟中华文化是两岸所共有共享的，而当两岸在互动交流中共蒙其利，情感友谊有所增进，彼此不再相互排斥，两岸关系就能提升到更高层次的领域，替未来的和平稳定建立起扎实基础。

为能进一步确保两岸的和平与发展，为能增进两岸文化交流之进展，特提出以下浅见以为建议：

第一，每年定期举办文化教育论坛，作为两岸交流的平台，以两岸文化教育交流能全面化、正常化、制度化为目标。

第二，两岸共同举办具有重大意义的节庆活动，例如纪念清明节具有慎终追远，庆祝中秋节具有月圆、家圆的意涵，这都有助于两岸在文化上更紧密的联结。

第三，两岸共同设置中华文化大奖，鼓励全民投入文教事业，两岸中华文化大奖的主要概念应包括文化复兴、文化传承、文化创新三个面向，让文化既是思想，又是生活，更是产业。

中华文化的传承与创新

湖南省作协主席、岳麓书社首席编辑　唐浩明

20多年来，我在整理编辑近代湖南乡邦文献的工作中，有幸接触到许多珍贵的第一手历史资料，由此走进湖湘文化的深处，偶尔似乎有一种已经听到其心脏律动之声的感觉。掩卷默思，常为历史感动得心在颤抖，血在奔涌。

我时时看到近代湖湘苍穹上横空出世般地写着两个大字——血性！从曾国藩、左宗棠组建湘军，在一片狂潮中奋起捍卫名教道统，直至后来收复新疆镇守南国；到黄兴、蔡锷率先高举义旗推翻帝制，保卫共和；到蔡和森、毛泽东秘密成立新民学会，后又公开拉起队伍走上井冈山，发誓改造中国与世界；到抗战期间，湖南境内五次正面战场上，中国军队以180万血肉之躯与20万伤亡的代价，抗击外侮，谱写一曲长存史册的浩然正气之歌。湖湘大地上这一次又一次壮举，将“血性”这两个大字，书写得既惊心动魄，又光照寰宇。

众所周知，湖湘文化深受屈原、贾谊精神之滋养与濂溪程朱学问之化育，故而乾隆帝称之为“道南正脉”，意即中华道统在南方的正脉。显然，湖湘文化中的这个“血性”，既带有强烈的湖湘地域特色，又是中华文化的一脉传承。《易经》的“天行健，君子自强不息”，孔子的“杀身成仁”，孟子的“威武不能屈”、“舍生取义”等等，无疑是这种湖湘气质的精神源头和力量源泉。

我们中华文化当之无愧地是人类最优秀的文化之一。中华文化是中华民族数千年生存繁衍发展过程中的文明和智慧的结晶。儒家学说是中华文化的主体。中华文化以效法天道为其最高原则，以敦睦血亲为其切近起点，以健全人格为其坚固基础，以构建群体和谐为其根本目标。由此而衍生出公正、至诚、仁爱、孝悌、中庸、忠恕、刚明、俭约、信义等价值理

念。以公正之心对待天下万事万物，即《礼记》所说的“天下为公”；将至诚之念视为宇宙之原动力，即《中庸》所说的“不诚无物”；具仁爱之情关怀别人，即《中庸》所说的“成己成物”；以孝悌之行敬奉父祖友爱兄弟，进而善待天地万物，即《西铭》所说的“民胞吾与”；以中庸之道去处理世间繁琐，即《论语》所说的“过犹不及”；以忠恕之襟待人待事，即韩愈所说的“严己宽人”；以刚明之志对待困难晦暗，即曾国藩所说的“贞干睿智”；以俭约之方持身持家，即诸葛亮所说的“宁静淡泊”；以信义之守立身行事，即《左传》所说的“信以行义”等等。所有这些，构筑中华文化的核心价值体系，且因此以其鲜明的特征区别于世界其他民族的文化。在这种价值观念的指导下，中华民族涌现出无数顶天立地的民族脊梁，创造五千年辉煌的文明史，为人类世界的文化作出不朽的宝贵贡献。中华文化之所以能生生不息，历经千折百难而依然劫后复兴，在四大古文明中惟一存活至今并保持着旺盛的生命力，实赖我们民族的贤哲与众生代代传承的结果。“为天地立心，为生民立命，为往圣继绝学，为万世开太平”。正是有千千万万的张横渠怀着这种崇高使命感，中华文化的精粹才能薪火相传，虽百世而不衰。

记得 16 年前，我应台北故宫博物院之邀，以大陆学者作家身份出席该院举办的曾国藩逝世双甲子纪念活动。举办方安排四场演讲，分别由台湾“中研院”余英时院士、张玉法院士、吕实强所长和我主讲，每人演讲一百分钟。我因为是客人，受优待安排在第一场。演讲会由故宫院长、著名社会活动家、书法家秦孝仪先生主持，听众达 500 人之多。台湾政界元老名流如陈立夫、李元簇、李焕、孔德成等人都来到现场。那还是两岸恢复往来的初期，台湾民众大多对大陆不太了解。大家怀着好奇的心情听取我的题为《曾国藩的生平与事功》的演讲。演讲结束后，听众纷纷向我提出各种各样的问题，表现出既兴奋又颇感意外的激动心情。他们兴奋，是因为从大陆学者的口中听到让他们感到亲切的理念与表达方式。他们感到意外，是因为分离 40 多年后居然还可以感受到这份来自大陆的亲切。我告诉台湾的同胞们，这原因便是因为我们同是炎黄子孙，我们是同一个文化所哺育出来的。这个文化便是我们共同引以为荣的伟大的中华文化。听众从我的演讲中看到中华文化在大陆的传承，我则从这个活动中目睹中华文化在台湾的传承。会后，时已 94 岁的国民党元老陈立夫先生亲笔题赠我一段孟子语录："居天下之广居，立天下之正位，行天下之大道。得志与民由之，不得志独行其道。"在我拜访他的时候，精神矍铄的老先生娓娓谈起中华文化"大而能容，刚而不屈，中而无偏，正而远邪"的博大精深内涵。他说，因为中华文化符合人类共生共存共进化的原理，故而这个文化不仅可导中国于先进，而且可拯救世界。

在陈立夫先生和广大台湾民众身上，我看到两岸发展的前景和未来，对两岸的和平统一充满无限信心。我们本是血脉相连的一家人，这种骨肉亲情岂是外在的力量所能割裂的？

文化需要传承，文化更需要创新。中华文化五千年的发展过程，就是一个不断创新的过程。积历史之经验，可知创新的重要途径之一在于吸纳外来文化，在吸纳的同时与本民族的文化相融合，从而化生为我们自己的文化。中国古代几次大的民族融合以及印度的佛教转化为本土的禅宗等，都是证明。尤其是"五四"以来，迅速传入中国的民主与科学，更是中华文化创新的一次重大飞跃。

以感悟的归纳的思维方式为主要特点、以人为本的中华文化，的确非常需要吸纳以逻辑的演绎的思维方式为主要特点、以物为重的西方文化的许多优长，民主与科学的引进，使得中华文化更为完美，更具活力。

当前，两岸炎黄子孙正面临着中华民族腾飞的绝好时机，在中华文化熏陶下成长起来的两岸中国人，极需要以创新的文化理念为指导，携手合作，共创未来的美好愿景。我们期待着中华文明发展史上的又一次重大的观念突破文化创新！

文化理解的语言本质
——从台湾诗人的怀乡诗谈起

原《人民文学》主编、诗人　韩作荣

一切文化传统的理解,都依靠语言。语言是一切智力活动的根本。我相信人是文化造就的,而不同的文化都存在于不同的语言之中。人一生下来,在潜移默化或学习之中,便进入早已存在的表达方式和意义的系统,一种已固定存在的秩序,一种给定的价值和道德体系。从这个角度着眼,是语言决定了人的文化存在。语言是存在的家园,世界的边界就是语言的边界。一个国家首先是一个文化实体,在其中发生作用,首先靠语言形成一统。用布罗茨基的话说,语言,还有文学是永恒,"是无限对暂时,对有限的反动。"而植根于土地深层的具有顽强的民族性的诗,则对一个民族文化有着深切的感受性的影响。

生于台湾宜兰的诗人林焕彰曾写道"流尽了脉管中的血"/躺着的河床也会甲骨文一般的写着你/写着我。另一位诗人杨唤也曾写道"我忙于把发酵的血酿成爱的汁液"。这与血有关,与中国古老文字有关的诗行,让我想起中国文化以氏族宗法血缘传统所形成的社会根基,以心理情感原则所构成的民族性格和文化心理结构。血浓于水,这种聚族而居所形成的尊卑长幼秩序,以"礼"和"仁"为核心的儒家文化,冷静且饱含温情的中庸心理,或许正是呈现生命之根的故土、怀乡诗的缘由。于是,孤悬海外的游子便有了看地图代替回乡的深情;有了"看月亮,思故乡/一个在水里/一个在天上"的可望而不可即的孤独;有着"——也许/活着就是一种呼唤"的执着;有着"河是界限吗?山是界限吗?天空是界限吗?大海是界限吗?"的发问。

在我的感觉里,台湾诗人的一些作品,都有着与中国古老文化精神上的血缘联系。一些名诗人,都写过屈原或杜甫。彭邦祯在《龙舟》中称

“吃一粒粽子如吃一首离骚”；余光中称屈原“你就在歌里，风里，水里”；罗门视屈原为“升起的河流”，“你是那条在我们体内发出水声的河”；杨牧写过《秋祭杜甫》；而罗青甚至认为杜甫就住在隔壁，“在他的呼吸里，有泪也有笑/在他的声音里，有一个唐朝/多姿的向我们走来”……这些诗的语言带着古老而又新鲜的文化意味，它命名，确认，它试图测度被给予的和可能的领域，在这里，语言成为精神的血液，在我们身上，如同河流流遍了周身的土地。在这里，现实是一种内在的联系，是一个整体的存在，并弥漫于每一种传达给感官的事物。

就我看来，余光中的《白玉苦瓜》，从社会文化角度着眼，是一首最具中国特色、表达中华文化意蕴的佳作。白玉的温润，轻盈的柔光，被雕琢得茎须缭绕，“像一口要吸尽/古中国喂的乳浆”，“用蒂用根索她的恩液”，使得“灵魂在白玉里流转”……这用白玉雕成的苦瓜，是一个象征，这是经历千雕百琢的磨难对玉石和苦的超越，体现的，不是理性与感性别离、灵肉对立的崇敬境界，而是既有理性内涵又保持感性形式的审美境界。玉是中国所特有的宝物，它有灵性、有着温润而不刺目的光芒，冷静且又温情脉脉，所谓“化干戈为玉帛”亦是走向和谐稳定、相互珍视、修好的标志。这白玉苦瓜里所流转的，该是中华文化的灵魂。

自然，如迦达默尔所言，语言“它既是桥，又是墙”，既敞开而又遮蔽。这就如同中国的传统文化，既有可继承的优秀部分，又有着其糟粕的缺憾。然而，诗人的作用就是搭建心灵之桥。诗人能进入的语言的深层次空间，是对蒙蔽的黑暗迷津的超越，是对中国优秀文化的提纯。

为推动汉字发展　两岸应携手努力

中国现代文学馆常务副馆长　李荣胜

一、两年前，我被外交部请去讲了一课——《国学是什么?》。我认为，广义国学包括九个方面，其中，第一个方面的学问就是汉字和汉语，以及由此衍生出的：文字学、声韵学、校勘学等等。当时我就讲，如果国家让我去联合国申报非物质文化遗产，我申报的第一个非物质文化遗产就是汉字。

二、最近（大约一个月前）我听到两条消息：一条是台湾有关方面要将汉字申请世界非物质文化遗产；一条是提倡“识正书简”，即要认识繁体字，书写可以写简化字。在这两方面，两岸学者有很大的合作空间。

三、1993年我曾访问台湾。在回答记者提问时，我说：“你们台湾满地都是简化字呀！”记者大吃一惊：“那怎么可能？”我说：“我有根据呀，你们满地跑的汽车牌上的‘台’字就是简化字嘛，那不是满地都是简化字吗？”

当然，大陆在简化汉字过程中是有一些缺陷。比如：一个小学生背着书包，背着母亲玩去了。这句话在台湾的繁体字语境中没有问题，因“揹”有提手旁，而“背”没有；但在大陆就会出笑话：因为背（bei 一声）和背（bei 四声）是同一个字。汉字的书写（或曰汉字的字形）应该如何发展呢？是我们两岸学者可以共同研究的课题。

四、90年代初，我访问新加坡。在大街上问路时，竟被对方认为我是台湾人。我想，大概是因为我讲的是标准普通话吧！关于汉字的读音，看来台湾比大陆做得好，在声韵学方面也应该有很多值得两岸共同探讨的问题。

五、大陆现在很多在汉字书写中夹带英语，这似乎被认为是全球化的重要标志。如：中央电视台叫CCTV，国民生产总值叫GDP等等。这在几十前会被认为是殖民地后遗症。我在外交部讲课时问过外交官，英文文件中是不是也可以夹带中国汉字？他们告诉我：不可以。那么，我们中国汉字中为什么非要夹带点英文呢？关于汉字的净化与保护是一个很值得关注的课题。不知道台湾在这方面有什么研究成果？

文化称谓与文化认同

中华文化促进会常务副主席　王　石

中华民族作为一个多元一体的人民共同体，事实上已存在几千年。但"中华民族"这一称谓到上世纪初才确立下来。这是一个民族自觉、民族认同的过程。而"中华文化"成为一个明确的文化称谓，成为两岸及海内外中华儿女的文化认同，也同样凸显在近30年间，同样标志着中华民族的民族自觉和文化自觉，并且是在冷战时代结束后，在全球化趋势下出现的。马英九称"台湾是中华文化土壤"，胡锦涛在十七大提出"弘扬中华文化，建设中华民族共有精神家园"，可以视为民间共识、学界共识、海内外共识之上的国共共识。将"中华文化"提升到这样的高度，在中共历史上是首次。中华文化不仅是两岸文化交流的"最大公约数"，更重要的在于它是两岸在所有领域、所有层面展开交流、合作的精神与情感纽带。中华文化促进会作为民间机构，将继续致力于年届性"两岸文化交流协商会议"的举行，致力于在两岸轮流举办"海峡两岸中华文化节"，并呼吁注意目前存在的重经贸而轻文化的倾向。

论华语文化的复兴路线

湖南省政协副主席　魏文彬

中国是世界四大文明古国，华语文化曾经长时间照亮着人类社会发展的历史星空。但是，当欧洲的文艺复兴运动和工业文明兴起之后，华语文化遭遇着前所未有的考验与挑战，面临着日渐式微和失语的尴尬境地。

今天，世界经济一体化的浪潮汹涌澎湃。全球各地的华人，特别是海峡两岸的同胞，能否凝聚在一起，共同谱写华语文化的新篇章，共同描绘华语文化的复兴图景，再创华语文化的盛世辉煌呢？

要论证这个宏大的命题，我想从一条河流谈起。离我们今天这个会场约80公里的地方，有一条叫汨罗江的河流，台湾著名诗人余光中称它是蓝墨水的上游。

说它是蓝墨水的上游，是因为它的上面屹立着一位2300年前的伟大爱国主义者——屈原。这句话，令人深思，令人激动，而且，越深思越激动，也越自豪。我知道，光中先生说它是蓝墨水的上游，指向的不仅仅是诗歌的上游，更是中国传统文化的上游。上游的源头，喷涌而出的是中华民族浪漫而坚定的文化性格，生生不息的爱国情操和人本情怀……

一位网友在百度网站里发了这样一个帖子，他问：蓝墨水的上游是汨罗江，那蓝墨水的下游在哪里呢？我认为，这位网友问的应该是文化的上下游关系，讲的是新世纪中国人的文化使命。问得好，问得振聋发聩，我为他的屈子情怀感到骄傲。

其实，今天我们坐在一起要讨论和探求的就是文化的上下游关系，就是文化产业的兴起，中华文明的复兴，中华民族的复兴。这是一项浩大的工程，要做好，一定要有一份清晰的文化复兴路线图。如果要绘制这个路线图，我认为有两个关键词不能回避。

第一个，国力的强大，除了GDP的强大，还必须要有文化软实力的强大。物质产品养血养肉养身，文化产品养情养知养志。一个文化消费上依靠舶来品的民族，注定是一个缺乏凝聚力的民族，一个精神上缺铁缺钙、站立不稳的民族。这次爆发于美国的全球经济危机也给出了一个看问题的新角度：随着经济泡沫的破灭，挤干水分后的美国经济露出了真面目。现在看来，真正成为美国经济坚实基础的，已经不再是以通用为代表的制造业，而是以好莱坞、迪斯尼为代表的文化创意产业。三十年代的美国经济大萧条，也是以好莱坞和百老汇为代表的文化创意产业挽救了美国经济。难怪当年的美国总统罗斯福说，“只要我们还有秀兰邓波儿，我们的日子就会没事”。

第二个关键词是，华语文化产业有没有能力 PK 英语文化产业？

我的判断是：不仅有，而且应该。但是，文化的自信必须换算成文化产业的自信。这种自信，要建立在文化产品能够无障碍地流通的基础之上，能够为全世界所消费。这是华语文化产业必须面临的一次世纪大考，也是华语文化产业必须翻越的一座历史山坳。

当今世界，美国的文化产业产值占其 GDP 比例高达 25%，而中国仅占 4%。美国 400 家最富有的公司当中，有 72 家是文化企业；美国音像业的出口甚至超过了它的航天工业，成为美国创造利润最多的行业之一。而中国作为全球风头最劲的第二贸易大国，文化产品的贸易量少得可怜，版权贸易中软件和电视节目这一块甚至只有进口没有出口。翻一下两国的文化家底，美国的文化底子只有两百多年，而中国的文化富矿已经孕育了五千多年。全球以英语为母语的人口只有不到 4 亿，而说汉语的人高达 14 亿。虽然我们不能简单地以历史的长短和人口的多寡论成败得失，但我们既然能够做出世界一流的 GDP，就一定能做成世界一流的文化软实力。

今天，我们能坐在一起讨论这个问题，说明我们已经站在了一个新的历史节点。我想，只要我们聚精会神，只要我们排除杂念，只要我们携手共进，华语文化产业的春天就一定会到来。

记得 2000 年，我去了一次台湾，主要是考察文化产业和寻求合作，包括拜会琼瑶、平鑫涛夫妇。到台湾前，我的内心是有些谜团的。最大的谜团就是大陆和台湾会不会渐行渐远、越走越散？在台湾，我走了很多地方，到处都透着一种亲近感，其中有两个地方让我特别震撼。一个是花莲的公路，那种地理上的极端，环境上的险峻，气势上的决绝，让我想到了建设者们内心的无比强大，再一次感受到了中华民族的坚忍不拔。那一刻，我对台湾同胞产生了一种特别的亲近和敬佩。

我的第二个震撼留在了台湾的故宫博物院。在展馆的第三层，我徜徉在中华文化那些不朽的丰碑间，神交历史，对话古人，感念民族之伟大，敬畏历史之深邃，惊叹艺术之精湛。王曦之、米芾这些艺术大师，从历史的深处走来，饱尝蓝墨水的滋养，给一个民族的血脉增添了如此辉煌的精华。我在王曦之的《快雪时晴帖》前流连忘返。这是书圣唯一存世的书法真迹，被乾隆皇帝称为“天下无双”。我当时就在感慨，曾几何时，大浪淘尽了那么多英雄豪杰和纷扰世事，枪炮兵戎、刀光剑影也都归于了沉寂，惟有文化的魅影在穿越了千年的时光隧道之后仍然是那么的超凡脱俗，让全球每一个角落的华夏子孙都为之倾倒。月有阴晴圆缺，人有悲欢离合，但不管怎样的变故，我们对祖先的崇拜和对文化的认同是改变不了的。

从台湾归来，我总结了几句话：在这个地球上，最大的联系是文化的联系，最大的亲近是文化的亲近，最大缘分也还是文化的缘分。我的这个判断不仅仅来自那次台湾之行，在孕育湖湘文化的潇湘大地，我也可以给大家讲同样的故事。

汨罗江是一条流向洞庭湖的河流，离它不太远，就是我的家乡桃源。桃源县内有一条叫沅江的河流日夜流向洞庭湖，国民党创始人之一的宋教仁先生，在他有限的 32 年生命里程中，有 21 年的时光生活在这条河边。近百年来，宋先生的名字一直在告诉后人，对国家的忠诚，对民族的挚爱，对民主的渴望，是什么也代替不了的。家乡人民在河堤上修了世界上最长的文化诗墙，延绵 6 华里，墙上镌刻着先人留下的 1267 首状物言情、忧国忧民的名家诗篇。其中有一首是孙中山先生悼念宋教仁的：作民权保障，谁非后死者；为宪法流血，公真第一人。

我想，谁也不会认为沅江边这长长的诗墙只是一道风景而已，它是中华文化生生不息的见证,也是湖湘后人在文化态度上认祖归宗的见证。

既然说到了湖南,请允许我更多地阐述我对这片土地的热爱。从沧海桑田中演变而来的洞庭湖,伴随着中华文明的成长,接纳了那么多的文化养分。屈原来了,贾谊来了,杜甫来了,刘禹锡来了,魏源来了……这些内心充满理想和忧患的文化大师留给湖南一片特有的文化沃土。湖南因此被植入某种性格基因,人才辈出,群星璀璨,其中当然包括了曾国藩那支著名的湘军。

现在的湖南,又有了一支“湘军”,叫文化湘军,它包括电视湘军、出版湘军、动漫湘军。广播电视这一块,我们湖南卫视多年来在国内电视界,无论是影响力,还是经营收入,都是遥遥领先的,它已经连续十年是全国省级卫视收视率最高的电视频道;《超级女声》《快乐男声》的成功举办,造就了中国改革开放以来最具盛名的文化现象,并成为国内多所大学文化产业的教学案例。湖南出版集团是全国500强的大型企业之一。湖南的原创动漫作品也居全国第一,产量占据全国1/3。这几年,湖南的文化产业产值占GDP的比重高于国内其他省份,达到了5%有多。

最近,湖南还有两件大事我要告诉台湾的客人。第一件事情是,国家已经批准在长沙、株洲、湘潭三市建立“环境友好型、资源节约型”改革试验区。我的理解,它就是中国新一轮改革的特区。第二件事情,在全球经济萧条的大背景下,我们湖南今年的经济却实现了“弯道超车”。也就是说,我们行驶在弯道上,别人都降低了车速,但湖南的经济增长速度却逆势上扬,不断加快。

应该说,这与几年前我们省里主要领导提出的“经济强省、教育强省、文化强省”战略有密切关系。因此,我们有充分理由相信,湖南是发展文化产业不可多得的理想洼地。

最近我读到吴伯雄主席在南京大学的一个演讲。他也非常喜欢岳阳楼上那句旷世名言:“先天下之忧而忧,后天下之乐而乐。”他认为,这是中国知识分子最动人的传统。他鼓励两岸的知识分子特别是年轻一代,不要背负很多上一代的恩怨,努力为两岸文化价值的整合和创新做出点点滴滴的贡献。我觉得这话讲得很好。

现在，我们需要的其实就是用一次次牵手、一次次合作来启动中华文化产业的按钮。

因此，我在这里想特别地提议，能不能在湖南，在长株潭“两型社会”试验区，或者在风景优美的张家界，规划一个深度合作又目标远大的文化创意产业园区。这个园区，除了环境优美，理念先进，目标坚定，两岸的设计者决策人要尽可能多地跳开一些政治的羁绊。这个园区，在产业上不输于好莱坞，在创意上不亚于硅谷；这个园区，足以辐射全国、辐射两岸三地、辐射华人经济圈、辐射全球；这个园区的设计，应该起点高、立意准、格局大；这个园区的建设，肯定不会容易、绝对不能大意；这个园区的出现，将使肩负大任的中国文化产业真正实现漂亮的转身，让全球华人的智慧激情奔涌。

让文化的财富照亮华人的星空！

最后我还是要借用余光中先生的话来做一个结尾。我们这里是蓝墨水的上游，请让我们一起齐心协力，用这条流淌着中国传统文化智慧的蓝墨水河流，去浇灌培育出一片千姿百态、绚丽多彩的中华文化产业的灿烂之花，献给这个其实并不安宁的世界。

两岸影视出版产业合作发展的愿景

中国国民党国政基金会特邀嘉宾　许秋煌

前　言

过去10年来，世界各国积极推动文化创意产业的发展，包括经济与文化成熟发展的先进文化大国，如英国、美国、日本；或者亟欲突破传统代工定位、从制造代工转型为设计代工的新兴亚洲国家，如大陆、韩国、泰国。各国都已意识到文化创意产业带动国家经济成长、产业升级的能量，以及在城市行销上所能创造的高附加价值，并将文化创意产业政策视为国家的重点计划。

根据联合国贸易发展会议（UNCTAD）于2008年出版的《2008创意经济报告》（2008 Creative Economy Report）指出，亚洲国家近几年在文化创意产业的发展上已有相当显要的成果，也展现在优异的外销成绩上，10年来外销额成长约133%，2005年占世界文化创意产业市场比例为39.4%，直追欧洲国家。其中，大陆与印度展现最耀眼的成绩：在1996－2005年间的创意产品外销额分别成长2.42倍与2.33倍。亚洲各国之所以展现惊人的成长能量，系因近年来在其公部门积极推动文化创意产业所致。

电视内容、电影及流行音乐三大旗舰计划之提出

大力发展文化产业是我们的重要政策。电影、电视与出版产业，是最

贴近民众生活的大众文化，也是展现民族形象的重要橱窗。

2008年7月台湾宣布将电视剧及流行音乐产业列为文化创意产业发展方案之旗舰计划，因为这是我们辅导之文化产业中，最具输出能量，并且已经在华语市场具备竞争优势者。此外，我们深感文化产业之国际竞争力及海外市场之开拓，必须以更大格局及更聚焦之策略加以推动，而电影产业所具备之文化渗透潜力，亦不容小觑。因此，我们进一步将电影产业并入原有的旗舰计划。

依据“创意台湾 Creative Taiwan－文化创意产业发展方案”，未来5年（2010－2014）我们预计投入新台币150亿元推动电视内容、电影及流行音乐3大产业旗舰计划。针对产业现阶段所面临的问题，我们在旗舰计划中均提出具体可行之方案，例如成立市场趋势研究机构、协助海外行销、拓展海外市场。此外，亦针对产业特性，规划结合预算及民间资金成立文创基金，将补助电视剧、电影及流行音乐制作等具回馈性质之业务，纳入基金运作，以期增加挹注产业发展所需之资金。另一方面，我们也将促进产学合作，进行人才的培训与扎根。

三大旗舰计划之发展目标

前述三大旗舰计划将以“攻略华语市场，全面带动文化产业起飞”为发展愿景，未来5年之发展目标为：

一、电视内容产业

（一）打造台湾成为亚太华语文地区电视剧产制王国，成为华语影视节目人才供应重镇。预估5年后年产值成长28%，版权外销累计总金额成长11倍。

（二）加强产销能力，奠定台湾在华语地区节目制作品牌风格及代表地位。预期两岸合拍剧应有约23档可于大陆电视黄金档播出，18档至20档可销售东南亚及其他亚洲地区市场。

二、电影产业

（一）每年制作10部在华语市场具竞争力之中、大型电影。

（二）台湾电影进入大陆市场之比率达6.9％。

（三）台湾电影从业人员工作机会成长200%。

（四）台湾电影片华语市场平均票房产值从每年新台币4.26亿元逐年提升，预计第5年达新台币43.38亿元。

三、流行音乐产业

（一）创新台湾流行音乐产制能力，以维持在华语市场的龙头地位。

（二）在日、韩等亚洲地区取得流行音乐发展之领先优势。

（三）提升台湾流行音乐在欧、美先进国家的能见度。

三大旗舰计划内容

为达成计划目标，我们将以人才养成、活络台湾市场、健全环境、开拓海外市场及接轨国际作为主要发展策略。以下为重要之计划项目及执行方式：

一、电视内容产业

（一）才库开发计划：针对市场需求，培训产业数位化、全球化所需之导专业人才。

（二）风潮崛起计划：提升数位电视节目产能及数位制作技术交流，增加台湾节目进入国际市场能量。

（三）环境再造计划：调整法令，打通台湾、国际影视投资资金流通之脉络，强化业界制播优质电视剧之能力，建置完整之节目制播设施。

（四）台潮扩散计划：扩大国际影剧展演活动及市场资讯交换机会，协助业者赴海外投资或辅导参加商展、观摩展。

二、电影产业

（一）影航争锋计划：协助业者拍出在华语市场叫好又叫座之台湾电影。

（二）四海翱翔计划：建立策略性华语市场发行及推广辅导机制。

（三）神鬼奇兵计划：厚植台湾电影人才及工业基础。

三、流行音乐产业

(一)网罗明珠计划:强化人才开发与养成,厚植发展潜力。

(二)深耕梦土计划:活络台湾市场、推动法令松绑。

(三)天音传播计划:创新音乐发展及行销模式。

(四)飞腾万里计划:开拓海外华语市场,接轨国际市场,促进国际参与,培植国际型表演实力。

两岸影视出版合作之方向与愿景

随着中国大陆市场的开放,以及整体文创产业市场的蓬勃发展,使得两岸民间交流日趋频繁。全球华人所形成的广大华语市场,对于两岸来说都是一个难得的发展契机。由于台湾在影视创作及行销能力之优势,确实与大陆能有合作之可能。为把握两岸开放契机,我们已将两岸影视音乐交流及合作,列为旗舰计划之重要策略。

在广播电视产业方面,我们欣见大陆广电总局于 2008 年公布,台湾与大陆合拍剧将可享有和大陆出产剧一样的权利,不受引进剧在时段和时数方面的限制,因此,我们将鼓励业界办理两岸合拍列为首要方针,另外,在对等互惠的原则下,近日亦将开放大陆剧组来台参与合拍电视戏剧节目,希望借由创造两岸电视节目利润双赢局面,提高两岸民间产业合作契机,大幅促进文化交流,进而制作出更优质、更具竞争力且具外销潜力之戏剧,以吸引外资投资意愿,并使两岸合拍电视节目品质足以抗衡“日剧”及“韩剧”,使两岸合拍剧稳固内销市场,并扩展亚洲及其他国际市场,达到合作电视节目产业引导潮流之目标。

在两岸电影文化交流部分,我们将建立电影片合拍机制及交流平台,鼓励业者制作出华语电影市场具竞争力之影片。今(2009)年 4 月 10 日台湾电影基金会已成立“两岸电影交流委员会”,担负两岸导演与片商、投资人、发行商间之沟通平台,并于 6 月 16 日至 7 月 3 日与大陆电影基金会首次合作办理两岸影展交流活动,开启两岸人民对彼此电影及文化之了解,增进电影界合作之机会。未来,我们将持续研议松绑、放宽大陆电影从业人员来台拍片之限制，鼓励在台湾取景拍摄；依对等互惠原则，促请大陆比照目前台湾每年开放10部大陆影片之配额，将每年进口配额中的10部保留给台湾电影；争取大陆方面对两岸合拍片的法令保障，并争取降低对大陆影片参赛的管制，以便参与金马奖。期借由双方的互利措施，促成两岸更多合拍计划与商机，开拓华语片市场。

在流行音乐产业方面，由于音乐活动在大陆所受法令限制较影视业为少，我们将争取合作办理两岸大型音乐表演活动，以增加两岸歌手及乐团相互切磋及交流之机会，并以奖助方式鼓励歌手及乐团赴大陆演出，及参加各类音乐活动，共同开拓华语唱片市场。另鉴于迪斯尼制作以歌舞为主之电视电影“歌舞青春”、港星张学友制作“雪狼湖”大型音乐剧等，在全球各地持续创造大量营收及票房，因此，我们亦将鼓励业者开发以音乐为主要内容之跨界文创产品，借由海外市场演出及周边商品，提升华语地区之音乐市场占有率。至于大陆盗版情形严重，影响唱片出版品之收益，我们至盼两岸尽速协商解决智慧财产权的保护问题。此外，我们亦将开放大陆歌手来台发展，以增加两岸业者在华语地区之商机。

结　论

由于两岸有共同的文化根源，电影、电视剧及流行音乐可说是双方人民最大之交集，因此我们期望今后能透过政策适度松绑、建立两岸影视合作机制及交流平台等，鼓励制作具竞争力之电影、戏剧及流行音乐产品，双方共同开拓海外华语市场，携手打造影视出版产业的新蓝海。

弘扬中华文化　促进共同发展
积极推动两岸广播影视交流与合作

中共中央台办特邀嘉宾　田　进

海峡两岸广播影视交流与合作起始于上世纪80年代中后期。20多年来，两岸业界秉持传播中华文化、服务两岸民众的理念，怀着崇高的民族责任感和历史使命感，风雨同舟，携手前行，在互信、互助、互惠的基础上，积极开展全方位、宽领域、深层次、多渠道的交流合作，创造了诸多令世人瞩目的业绩。特别是有许多台湾业者，不避艰难，不辞劳苦，不计得失，倾心探究和挖掘中华五千年历史、文化的内涵，着力捕捉和把握两岸发展变化的时代脉动，与大陆同行一起创作了一大批享誉国际、为两岸人民所喜闻乐见的广播影视产品，为两岸文化合作树立了成功的典范，他们所表现出的民族情怀和敬业精神，令人感念和钦佩。

通过两岸业界长期协同工作，增进了两岸同胞对中华民族和中华文化的认同和向往，增进了两岸同胞对彼此经济、政治、文化、社会生活的相互理解和认知，增进了两岸同胞相互之间的感情和信任，增进了国际社会对中华民族和中华文化的关注和了解。

为进一步推动两岸广播影视交流与合作，国家广电总局不断推出新的政策。2007年11月7日，在两岸城市文化创意产业论坛上，我曾宣布了促进两岸电视剧发展的政策。在充分吸收两岸业界提出的许多有价值意见和建议的基础上，近期我们又制定了惠及台湾业界的新的政策。现在我宣布：允许台湾有线电视网络服务公司经大陆主管部门批准后，在福建省提供有线电视设备和相关技术咨询服务。同时，我们正着手拟定并将适时出台惠及台湾电影业的政策，鼓励台湾业者经批准在大陆参与合拍影片，建设、改造电影院，发行大陆影片等，以期进一步促进两岸电影交流与合作。可以预见，大陆主管部门对两岸影视交流合作新政策的陆续出台实施，必将为两岸广播影视交流合作持续开展增添新的活力，为台湾影视业带来新的发展机遇。

当前，两岸关系面临着新的形势，两岸广播影视界应再接再厉，有所作为，力争取得交流合作的新进展新突破。在此，我提出五条建议：

第一，两岸广播影视要始终致力于促进两岸民众对中华民族的认同。

中华民族五千年文明历史，是全体中华儿女，包括台湾人民共同创造的。对中华民族和中华文化的认同，是两岸人民凝聚力和向心力之所在。两岸广播影视对“认同”的理解，建立在“大陆和台湾同属一个中国”、“两岸同胞同是中国人，同为炎黄子孙”的根基之上。两岸广播影视界同仁要始终坚持这些核心理念，致力于促进两岸民众对中华民族和中华民族文化的认同。无论我们是开展项目合作、人员交往、技术交流，还是进行节目制作，在所有的合作领域，都应当坚决维护这些核心理念。

第二，两岸广播影视要始终致力于推动中华文化的传承与创新。

传承与创新是两岸对中华文化认同的两个支点、两个车轮。一方面，两岸广播影视要以大力弘扬中华优秀传统文化为己任，努力挖掘深厚的中华文明积淀，通过丰富多彩的广播影视节目，讲述共同的历史渊源，共同的人文始祖，共同的民族根基，共同的血缘命脉，共同的道德价值，凝聚两岸人民同根同源一脉相承的情感。一方面，两岸广播影视要适应时代发展的要求，努力推动中华文化的创新。创新是一个民族进步的灵魂。只有不断创新，与时俱进，才能切实保护和发扬本民族的优秀传统文化。两岸广播影视交流与合作要在运行机制、观念思路、内容形式、传播手段等方面加大创新创意的力度，使广播影视传播内容和表达方式既保持民族特性和历史厚重，又紧随时代变迁和前进步伐，推动中华文化始终与当代社会相适应，与现代文明相协调，不断发展繁荣。

第三，两岸广播影视要始终致力于恪守媒体的社会责任。

尽管海峡两岸的政治体制和社会结构不一样，但两岸广播影视都承担着同样的社会责任，这个社会责任体现在维护民族的根本利益、两岸民众的根本利益上。两岸广播影视要本着积极促进两岸关系和平发展，增进相互了解的愿望，加强高层互访，建立定期沟通协商制度，就选题策划、协作报道和连线制播等合作事项及时地交换意见，客观介绍两岸发展情况，多做传达善意、澄清事实、消除误解和增进互信的工作，为促进两岸关系和平发展，促进两岸的繁荣稳定和共同发展作出应有的贡献。

第四，两岸广播影视要始终致力于为两岸民众提供优质内容服务。

两岸广播影视要把全面展现两岸关系的美好前景，完整表达两岸人民的意愿和心声作为内容制作的主题，充分运用陆续出台的优惠政策，促进两岸广电媒体合作和两岸影视产业合作。要建立健全广播影视交流合作的资讯服务平台、策划创意平台和节目交易平台，实现资源互通和共享，促成相关生产要素的有效对接；要开展网络视听等新媒体的合作，积极开辟新的业务领域，加快协商恢复大陆电视频道在台湾有线网络落地事宜；要加强联合策划，创作出更多反映两岸人民现实生活的影视作品，合作拍摄制作更多的广播影视精品节目，努力为两岸人民提供更为优质的精神文化产品和资讯视听服务。

第五，两岸广播影视要始终致力于提高中华文化的国际影响力。

当前，两岸广播影视生存发展均面临着强势国际媒体所施加的巨大竞争压力，同时也面临新技术、新媒体、新业务推动产业调整升级所带来的严峻考验。因此，两岸广播影视要发挥产业的互通优势、互补优势和资源优势，加紧培育两岸共同广播影视文化市场，深入开发中华文化的市场传播价值，站在弘扬中华文化的高度，采取立足两岸市场、面向国际市场的共同发展战略，大幅度提高两岸合作的广播影视产品在国际市场的占有率，努力提升中华文化的国际影响力。

总之，两岸广播影视界同仁要以宽广的胸怀和前瞻的视野，不断加强沟通，努力构筑交流合作的制度性保障机制，通盘规划两岸广播影视交流与合作的路径和走向，制订符合两岸实际和媒体发展趋势的整体合作方案，协商采取切实有效的措施办法，确定发展方向、分阶段目标和任务，推动交流合作更加均衡、有序、持续地发展。特别要注意改善合作交流不对称的状况。海峡两岸广播影视交流往来 20 多年来，两岸共合作拍摄影视剧、专题类节目500多部，合办研讨会、广播影视节展等活动近200场次，台湾广播影视从业人员已有上万人次前来大陆从事业务活动。最近三年来，大陆广播电台电视台和节目制作机构邀请台湾广播影视从业人员近3000人次参与节目制作，其中包括台湾的导演、演员、编剧参与大陆电视剧拍摄，台湾的主持人、演艺人员作为嘉宾参与大陆电视专题、综艺类节目制作。但截至目前，大陆业内人员赴台访问交流人数之和才有近3000人次。可以说，交流合作方面还有很大的改善和拓展的空间。我注意到，近阶段台湾的主管部门正考虑调整对大陆影视政策，这是一个积极的举动。目前，大陆业者对于赴台从事业务活动仍多有限制等问题反映比较集中，希望台湾有关部门能尽快修订规章，提供便利。

经过长期实践，我们深切体会到：促进两岸关系和平发展，为两岸人民谋福祉，是两岸广播影视交流与合作的出发点和立足点；传播中华文化，增进两岸人民情感的融合，是两岸影视工作者共同的目标和责任；维护中华民族根本利益，实现中华民族伟大复兴，是我们共同的意志和信念。我衷心希望，今后，不论遇到什么样的艰难险阻，两岸业界都基于这样的信念，以坚毅的勇气、深邃的智慧和务实的态度，坚定不移地推动交流合作，携手开创中华文明的新纪元，共同谱写我们民族历史的新篇章。

两岸文创产业之交流合作的愿景

东吴大学神会学系副教授　刘维公

摘　要

面对全球创意经济越来越激烈的竞争，如何加速两岸文化创意产业的交流合作，成为两岸迫切需要处理的课题。然而，此一交流合作的主要目的绝对不是为了要设立更多的工厂、争取更多的订单，以及制造更多的产品，而是为了更重要的发展目的，那就是提高两岸文创产业的创新能力。现今两岸文创企业最缺乏的不是资金、厂房设备、市场规模等，而是与国际一流文创商品竞争的创新能力。

本文主张，以更宏观的产业创新议题取代狭隘的市场开放议题，作为两岸文创交流合作的共同愿景，以建立彼此长远的发展关系。交流合作的基本建议如下：

第一，以创新系统为单位的交流合作。强化两岸产业创新机构（如台湾的国科会、资策会、工研院、台创中心、大学创新育成中心等，与大陆的相关机构）的互动，全力推动“软创新”（soft innovation）。

第二，以城市为单位的交流合作。在两岸的文创交流过程中，城市必须要扮演更积极的角色。建议应效仿欧盟“欧洲文化首都”（the European Capitals of Culture ）的作法，透过举办城市节庆活动，不仅可以促进两岸人民对于彼此文化创意表现的认识，同时可以创造观光旅游、休闲消费等庞大的市场效益。

第三，以创意园区为单位的交流合作。近年来，两岸纷纷设立文化创意产业园区，如何建立彼此的网络关系，成为当务之急。尤其建议短期之内，以创意园区为单位，进行政策的松绑，开放两岸的文创消费市场，让出版、影视音、数位内容等产业的产品有更高的流通性。

第四,两岸共同成立交流合作的权责单位。交流合作牵涉到庞杂的事务,工作的推动需要分阶段进程、分产业项目,以及分规模大小。尤其是企业殷切期待的市场开放课题,更是需要专责机构负责大大小小的协商事宜。专责机构的设立,是最具体的宣示,象征两岸文创产业合作交流迈出历史的第一大步。

合作双赢　共同推进两岸文化产业繁荣发展

上海交通大学教授　胡惠林

作为一位在上海交通大学从事文化产业理论研究与教学的读书人，我曾经两次去台湾访问考察台湾文化创意产业的发展。尤其是第一次我作为中华文化联谊会的成员访问台湾，从台北到高雄，无论是莺歌陶瓷，还是黄金博物园区；无论是霹雳国际有限公司，还是在原居民文化博物馆，无论是在陶窑观看在台湾仅存在的传统的砖瓦生产依存，还是在传统造纸作坊自己动手做扇子。台湾发展文化创意产业取得的成就和积累的经验，给我留下了非常深刻的印象。台湾在发展具有特色的文化创意产业方面、尤其是在发展体验式文化创意产业方面非常值得大陆文化产业界借鉴学习。今天来参加这个论坛，我特意把我在黄金博物园区亲自动手淘来的金子带来了，以见证台湾发展文化创意产业带给我的深刻印象。虽然4年过去了，但是这个盛有来自宝岛的黄金的小瓶子却一直放在我的书桌上，每天陪伴着我。不仅如此，我今天穿的这件衣服，也是在台湾买的。自从我穿上这件衣服后，凡是见到的人，没有说不合身的。特别是台湾的霹雳国际传媒有限公司黄老先生及其家族对流传于福建沿海的布袋戏的传统中华文化资源的开发，利用现代高新技术手段开发出了以现代动漫为载体，以传统的布袋戏为表现形式和审美形象，以卫星传输为主要营销手段的完整的产业链，给我印象极其深刻。我们中国有多少这样的好东西啊！“树高千丈，叶落归根”。中华民族共有的传统价值理念和精神守望，该有多少这样的题材出现在两岸文化产业共同追求的文化形象中啊！倘若我们两岸的文化产业界联起手来共同合作开发，那又该有怎样的市场前景啊！两岸文化以共有的血脉方式贯穿其间，使我们在与台湾文化创意产业界的同行交流探讨的时候，其乐融融，至今不能忘怀！

其实，在我去台湾访问考察之前，台湾和大陆文化产业界的交流早就开始了。台湾的朋友们就已经把这方面的经验带给了大陆。就拿几位突出的台商在上海发展文化产业来说吧：杨惠珊的流璃工坊带来了中华传统工艺和现代科技结合的成功范例；登琨艳在对上海老厂库、老厂房的开发利用中，为上海现实的带来了发展创意产业的新理念和新实践；台湾东森集团与上海交通大学的合作不仅增强台湾和大陆传媒领域的合作，更把合作的领域扩大到了文化产业专门人才的培养方面。

当然，两次访问台湾，也给我留些了一些遗憾。作为一个读书人，走到哪里都要去逛书店。我在书店看到不少书是由官方机构指导赞助的；典藏杂志社送给我一套“文化创意产业丛书”，也是官方机构指导赞助的。我问他：怎么都是赞助的呢？他回答说：台湾市场很小，印数也很小，除了畅销书，一般的书的价格都比较高。如果没有赞助，这样的书根本就出不了。其实那一套书是很好的，在大陆很有市场，因为文化创意产业在大陆才兴起不久，理论和实践都准备不足，很需要这方面的书。当时我就在想，能够获得赞助当然是一件好事情，但是，如果两岸出版社发挥各自的优势联合出版，那该多好。虽然，在台北诚品书店旗舰店书架上我看到了我写的书《文化政策学》，不仅如此，我还看到了台湾的一些大学开设的文化产业和文化管理专业的参考书目里，也把这本书列为必读参考书目。这当然令我感到高兴。但是，总觉得还不够。两岸还应该在文化、在文化产业领域里有更大的交流，更广泛的合作，以市场经济的方式，通过扩大文化产业的合作，共同推进两岸的学术交流和产业发展。

文化产业是当今人类文化存在的一种重要形式，是现代文化生产力发展的一种重要表现。当不发展文化产业，便不能有效地获取新的文化生存方式和文化传播方式的时候，发展文化产业就成为世界大多数国家和地区寻求新的文明发展共同选择。无论在中国还是在其他一些发达国家，文化产业之所以能够被重视，能够得到政府的政策扶持，甚至成为国家和地区发展战略的一个重要组成部分，其中至少有两个具有关键意义的因素：一、文化产业成为一种新的财富创造形态，正是由于文化产业是一种新的财富创造形态，因此，它改变了原有的以资源消耗型和环境污染型为主要财富增长方式的经济发展道路和社会发展模式，文化产业作为一种新的生产力形式和内容，改变了原有的人类社会发展的生产力结构，从而使知识经济以文化经济的全新转变而成为现代国家和地区发展的“低碳经济”；二、文化产业由于是在购买人们的精神消费的过程中实现财富的创造的，因此，它不只是改变了财富的创造方式，而且还改变了人们的精神消费方式，改变了整个现代社会的精神世界的空间结构，因而具有一种物质性创造所不具备有的一种深刻的无形力量，正是这种力量改变了人们的文化和精神空间的原有格局，影响和改变了人、国家和社会的发展走向与秩序建构。文化产业的兼具经济和文化的双重属性以及精神和物质的双重力量，使得他在世纪之交迅速的成为现代国家和地区重新安排产业调整和建构新的产业结构布局的重要选择。

两岸合作交流、共同发展是当今的主题。两岸合作发展，不仅体现在经贸领域里，而且也表现在文化领域里；不仅表现在一般意义上的文化交流，而且还表现在文化产业领域里。文化产业是沟通两岸文化交流，促进经贸合作，共同推进中华文化繁荣发展和实现中华民族伟大复兴的重要平台和载体。

今天，我们正遭遇全球性金融危机的冲击。面对危机带来的生存和发展困境，人们普遍选择通过文化产品的消费来慰藉自己的心灵，这为文化产业“逆势上扬”创造了条件和带来了机遇，这就为两岸文化产业共克时艰，共度危机，共同推进两岸文化产业的合作发展，创造了战略机遇。大陆有广阔、潜在的巨大市场，台湾有发展文化创意产业的成熟经验，两岸联手，优势互补，借助于两岸大“三通”顺势而上，这应该是我们发展两岸文化产业难得的条件。

两岸文化同根同源，一脉相承，是推进和扩大两岸文化产业合作发展的共同基础。中华民族优秀的历史文化资源为两岸人民所共同拥有，积极开发五千年华夏民族的历史文明成果，参与世界文化市场竞争，是两岸文化产业发展的共同利益所在。两岸文化产业都面临着国际文化市场的激烈竞争。周边国家利用和开发中华民族的共同文化遗产，又把这样的遗产开发所形成的文化产品卖到了两岸市场。无论是在动漫游戏产业领域还是在影视产业领域，两岸文化产业发展面临的挑战是一样的。对于中华民族的优秀历史文化，两岸的炎黄子孙最有发言权。然而，在今天，没有发达的文化产业就没有话语权。

积极推进两岸文化产业合作，就要继续扩大两岸文化产业业界和学界的交流，搭建促进两岸文化产业合作发展的交流平台，创建促进两岸文化产业经贸往来的合作机制，是否可以考虑成立两岸文化产业合作发展促进会；是否考虑举办“两岸文化产业发展论坛”（上海交通大学曾在2005年举办过首届海峡两岸文化产业发展论坛，两岸四地共有60多业界人士和专家学者出席论坛），积极探讨两岸文化产业发展中的问题；是否可以考虑不断扩大两岸文化贸易规模，在已有的“海峡两岸图书交易博览会”的基础上，积极探索建立两岸文化产业发展共同市场的可行性。目前两岸已经有许多大学开办了“文化产业管理”之类的专业。文化产业管理是一个新专业，为了加强学科建设与人才培养，大陆高校已经建立了一个“全国高校文化产业研究与学科建设联席会议”机制，是否也可以考虑建立一个“两岸高校文化产业研究与学科建设联席会议”，共同探讨文化产业人才培养这件大事，合作开展文化产业研究呢？等等。总之，不断丰富和扩大近年来两岸文化产业合作发展的成果，共同推进两岸文化产业合作、共赢、发展。

大陆出版产业的现状及两岸出版合作

上海世纪出版集团总裁　陈　昕

本文首先对改革开放30年以来大陆出版产业的发展现状进行分析，说明大陆出版产业这30年经历了一个高速增长的发展时期；然后描述大陆出版产业发展方式正处在转型阶段，以及这一转型的内在要求和外部挑战，同时介绍了大陆出版产业增长方式转型的基本路径和新的商业模式的基本特点，以及相应的政策调整。最后介绍两岸出版合作的情况，并运用现代经济学的理论，从出版产业链、价值链建设的角度，分析未来两岸出版产业合作可能的重要领域和重大项目。

一、近30年大陆出版产业经历了一个高速增长的发展时期

从1978年到2008年，大陆出版产业的发展是引人注目的，具体表现为价涨量增，同步上扬，保持了长期增长的态势。这里选取了总印张数、总印数、图书出版种数、新出图书种数、定价总金额5个指标及其相应的年度增长率来反映这一阶段的总体变化特征。

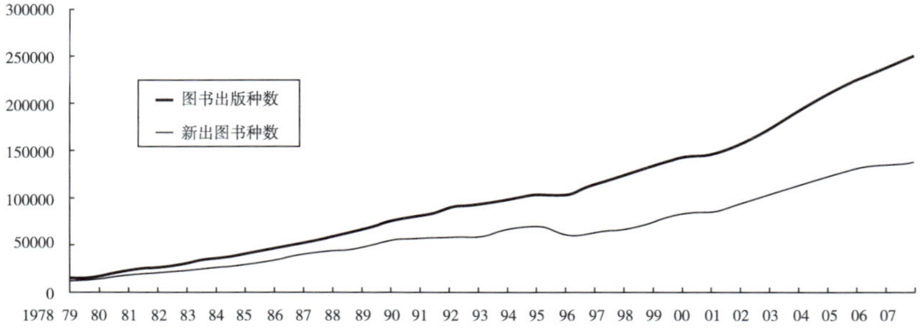

图1　1978－2007年中国图书出版种数和新出图书种数的增长情况

资料来源：《中国出版年鉴·2006》，北京，中国出版年鉴社，2006年；中华人民共和国新闻出版总署：《2005年全国新闻出版业基本情况》、《2007年全国新闻出版业

基本情况》。

从图1可以看到,从1978年到2007年,大陆出版产业的图书出版种数和新出图书种数分别从14987种和11888种增长到248283种和136226种,29年间扩张了16.6倍和11.5倍,年均增长10.32%和9.05%。29年间的增长几乎是逐年递增的,仅在1990年和1995年出现了一定程度的负增长,连续且高速增长的态势十分明显。

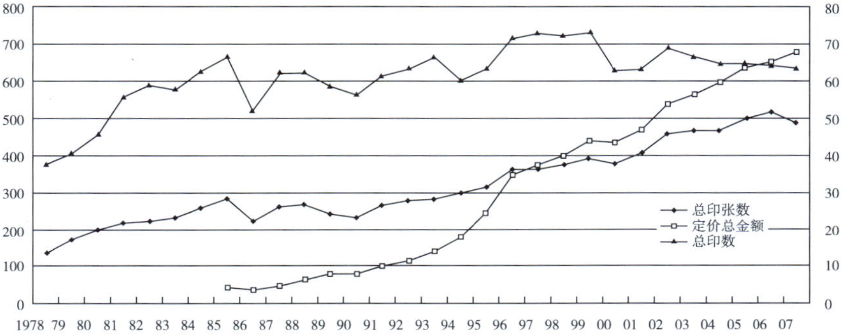

图2 1978-2007总印张、总印数、总定价增长情况

(总印数由右坐标轴反映,总印张和总定价由左坐标轴反映)

资料来源:《中国出版年鉴·2006》,北京,中国出版年鉴社,2006年;中华人民共和国新闻出版总署:《2005年全国新闻出版业基本情况》、《2007年全国新闻出版业基本情况》。

图2显示,从1978年到2007年,大陆出版产业的总印张数从135.43亿印张增长到486.51亿印张,年均增长率为4.94%;总印数从37.74亿册(张)增长到62.93亿册(张),年均增长率为2.17%。与此同时,作为衡量出版产业总量特征的另一个重要指标——总定价,在这一阶段经历了一个大幅的攀升,从1984年的27.14亿元增加到2007年的676.72亿元,23年间增长了24.93倍,年均增长率高达15.99%。

改革开放后,大陆出版社的数量与规模同样也经历了一个迅速扩张的过程。1977年大陆共有出版社114家,在此后的80年代以每年新增几十家的速度扩张,到1988年增加到506家,是1977年的4.43倍。进入90年代,由于政府的控制,这种数量扩张开始放缓,从1995年到2008年,大陆出版社的数量从527家增加到579家,仅增加了52家。特别是进入21世纪以来,出版社的数量基本上保持在一个相对稳定的数量水平上。

在出版企业集团化方面，截至目前，已经成立了25家出版集团，基本上都是集编、印、发于一体的综合性集团。从出版集团拥有的市场规模看，江苏凤凰出版集团、山东出版集团、湖南出版投资控股集团、浙江出版联合集团、中国出版集团等5家集团均达到大陆500强的企业规模。

随着大陆出版改革的不断推进和集团化的发展，在出版企业的运营模式上，市场化手段得以大量采用，市场化程度不断提高。出版单位的市场竞争主体地位进一步强化，出版企业作为市场竞争主体的经营自主权，用人制度和收入分配得到改善，岗位责任制逐步建立，出版队伍稳步发展，从业人员的素质不断提高。同时出版单位的管理、技术水平有了较大程度的提高。近年来，大陆出版产业在整合出版资源、搭建业务平台和加强客户服务等方面引入信息系统，不断提高出版发行的信息化水平。而图书全文搜索技术、在线翻阅技术、引动阅读终端技术等一系列高新技术的应用也逐步推动着传统出版产业的技术转型。

近年来，大陆出版业的体制改革全面提速，改革驶入快车道。在出版社的体制方面，除人民出版社、盲文出版社、民族出版社、藏学出版社等少数出版单位保留事业单位的体制外，大多数出版社都将转型为经营型企业。按照新闻出版总署的统一部署，高校、部委出版社等所有的出版单位将转型为企业，到2010年底，这一工作将完成。不少企业还改制为股份有限公司，其中4家出版集团分别在上海和香港上市。数以千计的出版工作室通过与出版社的合作浮出水平，成为新的出版生产力，在畅销书的生产上发挥重要作用。其中不少公司还获得了出版物总发行权和全国性连锁经营权。

此外，随着计算机、互联网和通讯技术的飞速发展，数据库出版、手机出版、网络出版、网络游戏、电子阅读器、有声图书和点读笔等几乎所有的数字出版形式在大陆均已出现，并迅速发展，方兴未艾。

二、大陆出版产业面临的挑战

从2007年开始，大陆出版产业开始进入一个深度调整期，它以低速增长为其基本特征，因为传统的图书市场增长潜力有限，而新的数字出版的商业模式还未成熟。

大陆图书市场近30年来成长迅速，但近几年的统计数据表明，目前已进入低速增长时期，市场规模短期不可能有大的扩容，而对于中小学教材出版发行的改革预示着大陆出版产业微利时代的到来。随着全国中小学教材出版发行管理体制改革的全面推开，教材出版的竞争程度将大为增加，教材在出版物销售总码洋中的比重将进一步下降，教育出版利润势必大幅下滑。其次，目前大众出版领域一定程度的无序竞争和低水平竞争已经表明现有的盈利模式难以为继，转型的压力非常之大。第三，随着出版机构由事业单位向企业单位改制的深入进行，人员安排、工资福利、社会保障以及组织结构、业务结构、产品结构的重新调整都会对传统的经营模式带来冲击，增加企业的运行成本和负担。

同时，信息技术、数字技术和网络技术的革命已经对出版产业带来革命性的冲击，它促进了传统的传媒、电信、出版三大产业出现了融合现象。这种转变使得三大传统产业必然存在资源相互整合的要求，而这种以企业并购重组为主要表现形式的资源整合在发达国家已经表现得淋漓尽致。与更为强势的传媒集团、信息网络集团、电信集团相比，出版企业的规模偏小，势必面临着更大的挑战。事实上，值得我们注意的是，经过二三十年的企业重组和业务整合，发达国家传媒、出版业的跨国巨头已经初步完成了这种整合和重组，实现了自身业务发展和经营模式同信息技术革命的有机匹配和契合。而这种整合目前来看在大陆出版产业还没有真正发生，大陆的数字出版虽然正在迅速发展，但是整体的商业模式尚未形成，还处于探索阶段，短期内还难以为大陆出版产业的发展提供强大的发展动力和增长空间。

而外国资本已对大陆出版产业形成冲击。入世以前，外国出版企业就已经通过各种途径进入了大陆出版产业的零售和发行领域，并通过下游市场向上游领域逐步渗透。而随着入世过渡期的结束，大陆发行领域将对外资全面开放，外国资本投资大陆书刊发行领域将不受限制。大陆网上图书音像零售商卓越网的股权已被全球最大的网上零售商亚马逊公司买断。而约翰·威利、培生集团、兰登书屋、哈珀·科林斯、斯普林格等出版巨头也都表现出强烈的意向试图曲线进入大陆出版领域。另外,也已有一些国外出版机构开始在大陆拓展电子图书市场、远程教育体系、电子期刊、数据库等新兴出版业务。国际出版巨头有强大的资金和技术优势,有丰富的市场营销经验和管理水平,他们直接或间接地进入出版领域,必将对大陆出版企业构成巨大的挑战。

三、大陆出版产业增长方式转型的基本路径

大陆出版产业增长方式转变的核心是改变经营主体的行为方式,即改变出版主体在行政垄断和行政干预下的竞争行为方式,使其成为真正的市场竞争主体,走市场化、企业化的道路。当前,大陆出版产业已进入了“微利时代”,体制改革的深化把出版产业的经营主体抛向了市场,并从根本上改变了经营主体的微观运行机制。而信息技术革命和入世后出版产业对外国资本的开放又构成了强大的外部冲击。这迫使大陆出版产业改变传统的也是相对落后的管理方式、商业模式和竞争手段,也就是说,必须要改变微观主体的传统的运行机制。这种微观层面的企业运行机制的改变表现在宏观上,就意味着产业增长方式的转变。

结合产业融合的理论和发达国家出版产业的经验,本文对大陆出版产业增长方式转变的主要内容和基本路径做了梳理,如图 3 所示。

首先,企业化改制是增长方式转变的前提。随着大陆出版改革的不断深化,除了少数出版单位外全部转变为企业,而实现企业化改制的出版企业则要走市场化、企业化的道路,有利润追求和成本约束,成为自主经营、自负盈亏、自我约束、自我发展的市场竞争主体。

其次,集团化和规模化是增长方式转变的基础。大陆出版产业目前仍属于一种原子型结构,企业布局分散、企业规模偏小且相差不大,没有形成规模经济。因此,在对出版产业进行公司制改革的同时,应该继续推进出版业的集团化和规模化进程。

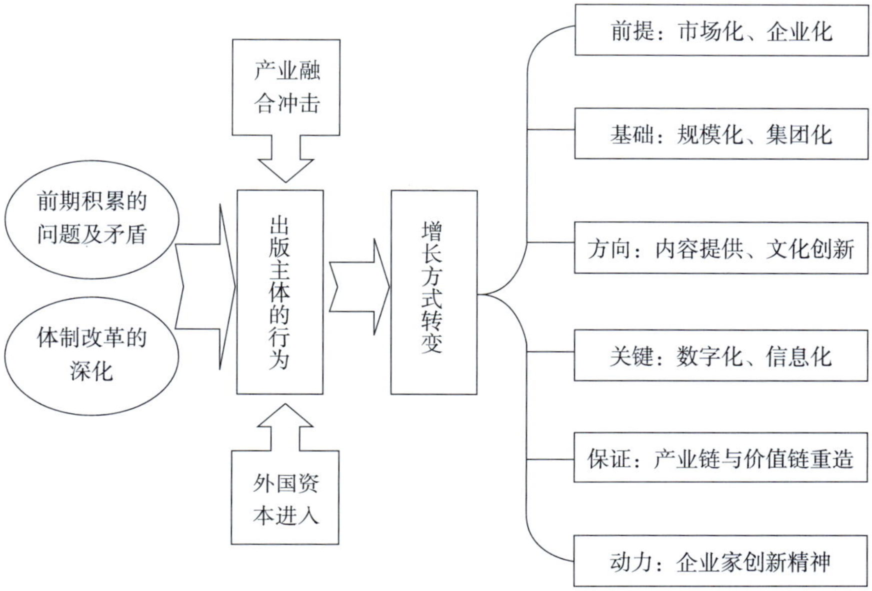

图3　大陆出版产业增长方式转型的基本路径示意

其三，成为内容提供者，进行文化创新是增长方式转变的方向。内容资源是出版企业最具竞争力的核心资源，任何一个时代都是如此。作为内容提供者，出版主体最重要的功能是进行文化创新活动，向市场提供更多更好的信息文化产品。为此，出版企业应该成为创新活动的主导者和组织者，尤其在教材出版、工具书编纂和畅销书组织这三个领域，最重要的创新主体是出版者。同时，数字化时代的产业融合使得传统出版领域的经营主体日趋多元化，传媒、网络、电信、软件企业都可以成为出版企业的有力竞争者，这要求出版企业把自身资源集中到最具比较优势的内容上来，通过优质内容的提供，来体现其对社会的价值。

其四，数字化与信息化建设是增长方式转变的关键。大陆出版企业正结合集团化、规模化的进程进行信息化改造和数字化建设，用信息技术全面改造业务流程和管理模式。大陆出版企业也正与网络公司、软件技术公司等合作，利用这些公司已有的技术平台和网络平台推出数字产品。目前大陆出版企业同技术型企业的合作基本处于弱势地位，比如北大方正电子有限公司与出版社在 EBOOK 上的赢利分成是 55∶45。扭转这种被动局面的关键是出版主体不仅要在内容方面建立不可撼动、不可替代的核心地位，而且要善于利用数字技术、信息技术整合各类内容资源，建立起各种类型的数据库和数字业务平台。

其五，重造产业链与价值链是增长方式转变的保证。大陆出版产业的产业链和价值链仍然是比较传统的模式，即从编辑、出版、印刷、发行到销售的垂直型产业链，产业链较短，增值空间有限。信息技术和产业融合使得内容产业价值链和产业链出现了新的变化：产业链不再仅仅表现为垂直型，而是表现为垂直和水平相混合的复合型结构。大陆出版企业可以根据产品的内容选择多种媒体和介质，利用多种方式进行增值活动；同时出版企业也可以根据内容开发相关的衍生产品。重造价值链和产业链的另外一个重要内容是根据比较优势，在全球出版产业的链条中寻找到自己的位置，积极接受国际出版产业链的转移。

其六，培育企业家精神是增长方式转变的动力。企业家之于企业，犹如灵魂之于躯体，重要性不言而喻。一代大师熊彼特特别推崇企业家在经济增长中的独一无二的贡献，认为企业家最核心的特征是其不竭的创新精神，这种精神是经济增长的源泉和动力。企业家的创新精神是引领企业突破增长极限的“火车头”。大陆出版产业目前正处于一个低速增长的发展状态中，亟需一批有创新精神的企业家打破这种均衡，引领企业走向新的发展道路。

四、大陆出版产业新的商业模式的基本特点

上面从六个方面分析了大陆出版产业增长方式转变必须高度关注的问题。这些问题关系到出版企业微观机制的转变，构成了出版企业商业模式从传统商业模式向信息技术商业模式转型的基本内容。这种新的信息技术商业模式的核心是出版企业要立足于文化创新和商业创意活动，立足于知识和信息的开发、挖掘、处理、加工和销售活动，利用信息技术将内容产品数字化，利用网络技术将传播渠道网络化，利用新的产业链和业务延伸发展各种增值服务，从而从根本上改变了传统的利用纸质媒介对

知识和信息进行简单复制传播的业务模式。

具体而言,大陆出版产业新的商业模式的基本特点主要表现为以下“六大转型”。

一是从提供产品向提供多元化服务转型。传统商业模式的特征是制造产品,而新的商业模式则要求企业为客户提供多元化的信息知识服务,为其提供多样化的解决方案,通过为客户创造更大的价值来实现自身的商业利益。

二是从产品竞争和渠道竞争向内容竞争和品牌竞争转型。传统竞争更多的是一种产品竞争,局限于一个又一个的产品。新的商业模式则要求企业着眼于品牌的树立和内容的精细化去开发产品,在品质、品牌、品格方面形成自己的特色。

三是从传统技术向信息技术转型。新的商业模式要求充分利用数字技术、信息技术和网络技术的最新成果,对传统出版的各个环节进行信息技术改造。这种改造应该是一项系统工程,是信息技术与出版产业链条的全面对接,是出版企业的硬件水平和软件水平的全面提升。在信息技术商业模式中,出版单位的现代化程度很高,信息的收集、处理,图书的编、印、发、供等各环节,都要实现计算机化、网络化;同时,利用信息技术提高图书质量,缩短出版周期,降低出版成本,通过网络进行远程编发稿件、组织出版或开展市场调研,向读者提供方便、快捷的书目、内容介绍、作者介绍等内容。另外,也要利用信息技术和网络技术向读者和客户提供新的数字产品和信息服务。总之,出版企业应该在管理、组织流程、业务流程、产品等方面全面采用信息技术的最新成果。

四是从单一模式向多元模式转型。传统商业模式没有很好地区分大众出版、专业出版和教育出版三大出版领域的各自特点,模式较为单一。新的商业模式要求对三大出版领域进行细分,制定不同的发展战略。根据三大领域不同的目标客户、不同的消费偏好建立不同的业务流程、发行方式、销售网络和品牌宣传推广活动。

五是从地域视野向全球视野转型。传统商业模式立足于狭小的空间,辐射范围较窄。新的商业模式要求企业必须有全球思维的视野,积极走出国门,参与国际竞争,充分利用全球资源,通过比较优势确立在全球产业链中的位置。

六是从传统竞争手段向新型竞争手段转型。新的商业模式要求企业拥有新的竞争手段,要更加注重内容和品牌的竞争,更加注重服务领域的竞争,更加注重资本市场的竞争,更加注重人才的竞争。

五、大陆出版产业增长方式转变的政策调整

深化出版体制改革是当前大陆出版产业发展的首要任务。在企业化改造后,大陆出版产业将特别注重解决三个方面的问题:一是建立以国有多元股份制公司为代表的现代企业,完善企业的法人治理结构。二是完善出版企业高层管理人员的任命和选拔制度。三是完善出版企业的激励机制,重点是对高级管理人员的激励。这样做的目的是为了从制度上保证出版企业摒弃短期行为,放弃粗放型的增长方式,更多地从长远发展的角度来从事经营活动。

第二,大陆出版产业还将积极采取措施,打破行政垄断和地区分割。应大力调整出版产业的布局,运用各种政策杠杆鼓励全国各地的出版企业向北京和以上海为中心的长江三角洲地区集聚,以提高这两个地区出版产业的集中度,从而形成较大规模的物流、发行、信息、人才体系,使更多的出版企业能够利用这些体系所带来的各种平台资源,从而改变小而全的运行模式,转变增长的方式,产生外部经济效应。

第三,加快推动出版产业结构优化升级。对应于图书的娱乐、知识和信息功能,现代出版产业的结构分为大众出版、教育出版和专业出版三大门类。相对而言,专业出版的集约化程度最高。与发达国家相比,大陆出版产业这三大门类的结构严重失衡,且呈现出低度化的状况。调整产业结构和转变增长方式是相互联系、相互制约的两个方面。产业结构不合理是导致增长方式粗放的重要原因。因此,大陆出版产业将通过产业政策的制定,吸引出版企业进入专业出版领域,推动出版产业结构的优化升级,从而实现增长方式的转变和增长模式的转型。出版产业结构的优化

升级应注意处理好以下两方面的关系:一是推动专业出版、教育出版和大众出版三大领域的协调发展;二是处理好传统出版与数字出版的关系,使两者之间呈现出互补互动的发展。

第四,引导出版企业的集团化发展。在出版产业的信息化、数字化程度日益提高的今天,大型出版集团适应了产业发展规模化的要求,它可以集中更多的资金,采用先进的信息技术成果,建设先进的业务平台,进行大规模的市场开拓,开展大范围的资本重组,这些均有利于增长方式的转变和新的商业模式的建立,进而形成企业的核心竞争力。因此,政府主管部门将打破行政权力的条块分割对出版企业集团化扩张的制约和束缚,允许和鼓励生产要素跨部门、跨行业、跨地区的流动,通过市场力量产生若干跨地区、跨部门的优势互补、功能耦合的大型出版集团。

第五,降低进入门槛,实现出版企业的充分竞争。大陆出版产业长期以来之所以走的是一条粗放型增长的道路,原因之一就在于缺乏竞争。只有充分的竞争才会促使出版企业真正从广种薄收的粗放型增长向精耕细作的集约型增长转变。出版行政管理部门将降低出版产业进入门槛,对于发行和印刷企业,应弱化行政性审批的进入限制,强化依法审批、依法监管的市场化通用规则,同时,从法律和政策方面加强对民营资本的规范和监督,肃清鱼龙混杂的局面,净化出版市场环境。

第六,加快出版企业信息化、数字化进程。受企业规模的限制,大陆出版企业的信息化、数字化程度普遍不高,很少有企业真正进入数字出版领域,更谈不上建设网络和移动业务平台。出版行政管理部门正会同其他有关部门以及政府投资资金共同建立专项产业基金,推动出版企业的信息化数字化建设步伐已提上日程。另外,对于企业进行数字化、信息化投入的部分,可采取税收减免抵扣的方式进行扶持。此外,还会鼓励出版企业与海外出版企业或信息技术企业合作或合资,吸引海外企业先进的数字技术和信息技术,打造数字平台,建立新的商业模式。

第七,鼓励出版企业实施“走出去”战略。政府鼓励大陆有条件的大型出版集团积极并购海外著名出版企业,以此取得新的技术、新的资源、新的业务平台,并在此过程中迅速地推动大陆出版集团业务模式的转型和增长方式的转变。

第八,完善出版产业的经营环境。诚信缺失是影响大陆出版产业发展的主要障碍之一。在一个缺失诚信的经营环境中,企业如果可以通过各种非法或违规的竞争行为获取经济利益,那么增长方式的转变,新的商业模式的建立是不可能的,因此出版行政管理部门正花大力气规范出版企业的竞争行为,肃清产业内的诸种不诚信现象,比如侵权、伪书、盗版、恶意拖欠等等。进一步加大对知识产权的保护力度,特别是网络出版的知识产权保护。另外,出版行政管理部门联合有关中介机构成立专门的信用评估机构,定期向全社会公开出版企业的信用记录。至于加大打击盗版的力度更是出版行政部门努力开展的工作。

六、两岸出版合作的现实与可能

20 多年来,随着两岸交流的日益深入,两岸出版业的合作也从无到有,日渐广泛。

目前两岸出版合作最基本的形式还是版权贸易。从 1998 – 2007 年的 10 年间,大陆共引进台湾版权 11179 项,输往台湾版权 5687 项。大陆每年的版权输出中,对台湾的输出量占第一位;大陆每年的版权引进中,从台湾引进量占第三位,排在英、美这两大版权输出地之后。

在版权贸易之外,两岸的出版企业之间也开展了一些更为紧密的合作。近年来,台湾的主要出版企业几乎都曾在大陆以独资或合作的方式开展出版活动,尝试进入选题的策划和产品营销领域,但是就目前的状况来看,其合作的项目仍主要集中在低端市场上,而且总体上发展并不算很成功。当然,在某些领域,台湾的出版企业较大陆出版企业拥有更为丰富的经验和更为成熟的商业运营手段,因而少数台湾出版企业在大陆的合作项目取得了比较好的进展。譬如台湾的教育出版集团——康轩文教,2004 年在南京成立总投资额 800 万美元的南京康轩文教图书有限公司,目前在大陆主要从事学前产品教辅系列产品的研发和营销推广,发展迅速。还有台湾的信谊基金会,在南京和上海分别成立了合作和独资公司,通过与南京、上海、山东等地的出版和教育单位合作，从事学前教育图书的策划编辑和营销推广，开展幼儿的亲子教育培训，业绩很不错。此外，两岸在图书的销售领域也开展了比较多的合作，到2007年底，台商在大陆独资和合作的图书分销企业已有6家，而目前大陆每年销往台湾的简体字版图书已超过600万册。2005年2月，台湾联经出版公司经与上海季风书园及上海外文图书公司在台北合作成立了台北上海书店，专事大陆简体字版图书的销售，当时曾在两岸引起关注。

20年来，在印刷领域，台资在大陆投资的印刷项目逐年增多，总数已超过300家，并在书刊、商业票据、包装印刷等领域积极拓展业务，但是成规模的大型企业并不多见，目前在大陆出版业界规模较大的知名的从事书刊印刷的台资企业是秋雨印刷(上海)股份有限公司。

此外，在数字出版和出版信息服务领域，台湾的IT企业具备成熟的技术和丰富的经验，他们进入大陆后，业务发展比较迅速。如在电子词典领域，台湾英业达股份有限公司下属无敌科技股份有限公司出品的好易通电子词典就曾在大陆广为风行。在图书物流领域，台湾的耀欣数位科技有限公司研发的物流和供应链等管理资讯系统通过在大陆业界多年的实践和提升，也已大规模进入大陆的出版物流领域。

针对目前两岸出版合作主要集中在中小型项目、业务比较分散的局面，尤其是合作多年尚未发育出实力强大的出版企业这一现实，今后一个时期，两岸出版业者应从供应链、价值链角度探讨双方的合作范围和前景，并基于比较竞争优势和互补性原则来选择开展合作的领域。

供应链是指顺利而经济地将原材料和组件纳入生产过程的一系列活动，对供应链管理的理论研究与实践已经使得供应链服务成为现代工商业服务的一个新的行业。而现代信息技术的飞速发展已使出版产业的供应链发生巨大的变化，并重构了新型出版的产业链和价值链。传统出版产业的产业链和价值链是从编辑、出版、印刷、发行到销售的垂直型产业链。而在多种媒体互动的信息平台上，传统上分为各个行业的图书、报刊、广播电视与新兴行业数字化产品连为一体，以至于传统外在产业链正在内在化而变成新型出版产业的各部分或环节，由此也造就了较传统出版产业更长更广的复合型的新出版产业链。随着出版产业链的重组，植根于产品从原料到制造到销售到服务不断增值的这一出版价值链也比传统出版更长、更复杂、更精致，并拥有更高的增值能力。

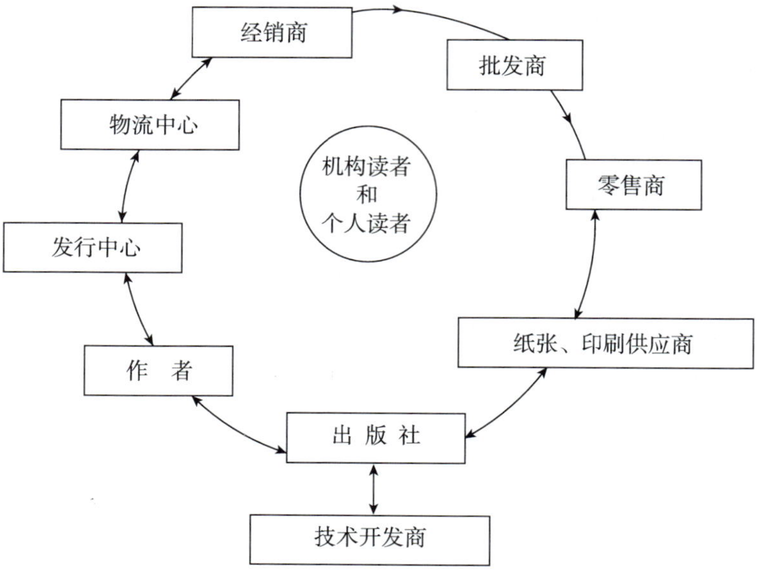

图4　出版的产业链和价值链

200多年前，大卫·李嘉图提出了比较竞争优势理论，认为区域间贸易的基础是生产技术的相对差别（而非绝对差别），以及由此产生的相对成本的差别。每个地区都应根据“两利相权取其重，两弊相权取其轻”的原则，集中生产并输出其具有“比较优势”的产品，输入其具有“比较劣势”的产品。从新型出版产业的产业链和价值链角度来看，大陆和台湾在这一链条的不同环节上各自具有自身的比较优势，双方存在着很强的互补性。大陆拥有强大的作者资源和深厚的内容资源提供能力，拥有植根于13亿人口基础上的广阔市场以及初步构建完成的书业连锁经营业态，而台湾由于在IT领域技术开发能力强大，对于现代物流、数字出版等业务具有雄厚的研发和市场推广能力，同时一批出版人具有广阔的国际视野和职业精神，基于这种互补性原则，两岸出版业可以优势互补和合理分工，以求在新型出版产业的产业链和价值链上发挥各自的强项，从而更大程度地使出版业的增值服务得以实现和完成。

据此，当前两岸出版合作可能的重要领域主要在以下四个方面。

首先是内容提供。在出版内容合作方面，两岸出版企业可以共同从海外遴选版权资源，一起引进版权，共同分摊成本和费用，以提高谈判能力，降低成本，增强竞争力。在内容方面，两岸出版企业各有优势，台湾在大众出版的一些领域具有良好的国际视野和市场眼光，所开发的产品也是大陆图书市场所稀缺的，值得大陆出版企业引进出版。而在中华传统文化、古籍整理、工具书、人文社会科学、自然科学等领域，大陆出版企业具备雄厚的实力，台湾的出版企业限于规模和资源的局限难以企及，因此可以引进大陆在这些方面的文化产品以补台湾市场的不足。与内容提供相关的是出版物分销，大陆的图书销售连锁业态已发展到一定的水准，形成了一些大规模的图书销售连锁企业，并正积极拓展海外市场，台湾的书业分销市场将是其下一阶段发展的重要地域，可以预见，未来大陆的图书分销企业进入台湾后，大批高品质的大陆出版物将在更大程度上满足台湾读者的文化需求。

其次是现代印刷领域。台湾在书刊印刷领域具有较好的基础和较高的管理水平，其技术开发能力也较为超前，在大陆具有较为广阔的发展前景，在现有基础上，今后可以更加深入地参与到大陆的数字印刷业务领域。在数字印刷业务领域，欧美等地的供应商如 IBM 等跨国企业设备先进，但是成本居高不下，难以适应大陆数字印刷低成本发展的要求。而台湾的印刷企业，由于与大陆同属华文圈，更熟悉大陆市场的需求，可以低成本开发和改造设备与软件，获得比较竞争优势。譬如台湾的普罗文化出版广告公司，按需印刷设备经其技术改造后更加适应大陆在纸张、质量、成本等方面的需求，在大陆的 POD 印刷市场上具备较强的竞争力。另一方面，大陆的出版和印刷企业因为土地、劳动力等资源低廉的因素，有着台湾所不具备的低成本优势，台湾出版企业如将出版物编辑、制作的某些环节放在大陆完成，在台湾实现销售，也将获得更大的竞争力。

三是现代物流。台湾的书业物流起步较早，相关的设备和软件设计制造商具备较强的实力，近年来，通过与大陆出版企业的合作，对于大陆的书业物流需求也有了比较清晰的理解，譬如与上海世纪出版股份有限公司有紧密合作的台湾耀欣数位科技有限公司，其研发的物流和供应链等管理资讯系统经过多年的改造和实践，与大陆出版企业的销售系统、书店等客户的批销业务系统具有良好的耦合功能，随着大陆出版产业信息化水平的不断提升，应该可以长期为大陆出版产业提供良好的服务。

四是数字出版领域。近年来，世界各地的数字出版风起云涌，电子纸、点读笔、网上教育等数字出版技术和业务发展迅速，通过不断的探索和实践，商业模式正在逐步形成过程中。大陆的数字出版也正处于发展的重要时期。而台湾作为全球最重要的 IT 技术研发和电子产品代工基地，有非常优秀的信息技术团队，他们对于出版领域的业务流程相对于其他人更为熟悉。近年来，台湾 IT 企业在数字出版技术领域积极开拓，取得了长足的进展，如台湾的英业达股份有限公司、英华达股份有限公司、无敌科技股份有限公司、永丰余企业集团，在无线通讯、资料库处理能力、数字产品研发与制造、数字显示屏等领域的技术开发能力居于世界前沿，其适用于数字时代的电子出版产品，通过与大陆出版企业的内容合作，完全可以在大陆飞速发展的数字出版领域获得更大的市场空间。

面对大陆出版产业深度调整和台湾对于简体字出版物需求不断增长所带来的发展机遇，两岸的出版企业在出版的产业链、价值链的主要环节上，从各自的比较优势出发，通过紧密合作，一定可以取得双赢的局面，共同做大两岸的出版市场，获得更大的发展空间。

关于两岸文化创意产业交流与合作的一些随想

湖南省政协副主席　魏文彬

首先我要表达一个感想：我认为，选择在湖南这个地方举办两岸经贸文化论坛，研讨两岸文化产业的交流与合作，称得上是得其所哉。何出此言呢？我有几个理由。

大家都知道，国民党成立时，创党元老宋教仁、黄兴、谭人凤等都是湖南人。其中，宋教仁还是孙中山先生特别委托的代理理事长，可惜他丰功伟业刚刚开头，便遇刺成仁。孙中山先生为他亲撰了一幅挽联："做民权保障，谁非后死者；为宪法流血，公真第一人。"这幅挽联现在就刻在常德诗墙上——顺便提一句，常德诗墙是宋教仁先生家乡的一道著名景观，是以沅江防洪大堤为载体修建的一道诗书画艺术墙，绵延6华里，以当代名家书法写历代名家诗文，计有作品1267件，蔚为壮观。再顺便提一句，10年前，台湾的大诗人余光中先生来湖南讲学，看了常德诗墙，也题了四个字：诗国长城。

说起余光中先生，我又想起他在《淡水河畔思屈原》这首诗中，有一句跟湖南有关的名言："蓝墨水的上游是汨罗江。"汨罗江就在湖南，距离今天这个会场只有80公里。2000多年前，屈原流放到汨罗江，写完《离骚》的最后一章之后怀沙自沉，于是，汨罗江成为中国知识分子的精神源头，端午祭祀也成了中华民族的重要节日。

屈原之后，湖湘大地迎来了贾谊，迎来了柳宗元，迎来了杜甫、辛弃疾，也迎来了朱熹和张轼。这些心忧天下的中国古代知识分子，他们的血脉生生不息地传承下来。到了19世纪，曾国藩、左宗棠、谭嗣同、杨度等一大批湖南人，成为中国近代现代历史天空璀璨夺目的群星。

很多人都说，湖南这片土地上有一种磁场，一种历史文化的磁场。今天，在这个磁场讨论两岸文化产业的交流与合作，大家的灵感是不是更丰富一些呢？使命感是不是更强烈一些呢？

除了历史的“磁场”，我觉得现实的“气场”更是我们交流与合作的重要基础。

湖南与台湾之间的文化交流与合作，其实早已开始。上世纪80年代以来，湖南电视台和台湾怡人传播机构合作拍摄了一系列琼瑶题材电视剧，比如《三朵花》、《六个梦》、《还珠格格》、《又见一帘幽梦》等。《还珠格格》这部电视剧当初风靡全国甚至全球华人世界，在大陆多个城市的最高收视率达到70%，街谈巷议铺天盖地。在合作拍摄电视剧的过程中，我们湖南电视人从台湾同行那里学到了很多经验。后来几年，湖南电视在综艺娱乐节目的开发与经营上，也与台湾同行有过深入的合作。正因为如此，我们湖南的电视机构开创了大陆传媒业市场化改革的先河。2006年我们要开办购物频道，也曾专门跑到台湾考察学习。现在，湖南的“快乐购”已经成为大陆最好的电视购物公司。

台湾的客人对曾国藩的“湘军”大概不陌生。“湘军”这个概念现在仍然十分活跃。80年代湖南出了一批优秀的作家，被人称为“文学湘军”，90年代湖南电视火起来，又被称为“电视湘军”，现在又有好多支“湘军”活跃在文化产业领域，“出版湘军”、“动漫湘军”、“体育湘军”，这么多支“湘军”，创造了一种引人注目的“湖南文化现象”。

湖南卫视是文化湘军的领军者。它的收视率和年收入多年来一直遥遥领先于其他省级卫视，在中国企业品牌500强中排第129位。2008年，湖南卫视品牌价值达57.52亿元，比2007年增长了11.58亿元。湖南卫视在最近十年当中，多次创造了电视业界的奇迹，《快乐大本营》、《超级女声》成为改革开放以来有名的文化现象。

湖南有一张报纸叫《体坛周报》，占据全国体育类报纸60%以上的发行和广告份额。北京奥运会期间，它的日发行量达100万份。湖南出版投资控股集团去年实现销售收入68.9亿元，利润4.12亿元，创历史新高。湖南出版已成为中国地方出版实力三强之一。湖南原创动漫总产量连续排名全国第一，宏梦卡通公司和三辰卡通公司位居全国十大动漫企业第一和第二位，湖南动漫产业已占据全国动漫市场的1/5。

在中国文化产业品牌研究中心发布的133个国内著名文化产业品牌中，“湘”字号有29个，占21%。

2008年，长沙还被《瞭望东方周刊》评选为全国“最具娱乐幸福感城市”，最重要的理由就是“长沙拥有丰富多样、群众喜闻乐见的演艺娱乐产业”。长沙的城市人口不到南京和武汉的一半，但长沙黄花机场去年的客运吞吐量达到730万人次，远远超过这两个城市。这说明，长沙是有魅力的，是有吸引力的。

2008年，湖南文化产业总产值达到1090亿元，实现增加值530亿元，文化产业增加值占GDP比重达5.1%，居全国前列。文化产业成为湖南国民经济新的支柱产业。

湖南文化产业的发展，得益于湖南省委、省政府用国际视野来谋划文化产业，确立了建设文化强省的战略目标，在支持文化产业发展的具体工作中，实行了“政治上放心，管理上放权，工作上放手”的策略。有这种发展环境，湖南文化产业自然可以轻装前进，实现急行军式的突破。

我还有一个好消息要告诉台湾的客人：国家已经批准在长沙、株洲、湘潭三市建立“环境友好型、资源节约型”改革试验区。我的理解，它就是中国新一轮改革的特区。这个特区，不再只是税收政策、审批权限上的特区，而是发展理念、发展思路上的特区。文化产业不耗能、不排污，不正符合“环境友好型、资源节约型”的理念吗？因此，我相信这个“特区”的建立，对于我们两岸文化产业的交流与合作，也是一个不可多得的机遇。

早段时间，我注意到台湾政论家南方朔的一个观点，他认为，两岸关系近期发展的速度令人惊喜，经贸的、金融的、三通的都渐渐搞定了，有一个没有搞定的就是文化产业。他认为，两岸文化事务上的合作要进入制度性安排。我非常赞同他的观点。

在今天这个论坛上，我想提一个建设性的建议：湖南和台湾能不能筹划一个大规模的文化产业园区呢？我认为，这个园区可以放在“长株潭”两型社会试验区，也可以放在风景优美的世界自然遗产张家界；它的规模应该达到5－10平方公里；它是一个文化产业的项目基地，文化商品的生产平台；它是一个涵盖影视制作、民俗旅游、博物展览、文艺演出、会展酒店等多功能、综合性的配套平台；它是一个针对两岸文化投资人开放的、并具有多项优惠扶持政策的创业平台；它是文化创意人才的精神栖息场所，也是经典创意频繁迸发的文化硅谷；它要力争成为中国中部地区的文化地标。

当然，我今天只是提出一个设想，勾勒出一个轮廓。具体的内容，有待两岸的决策者和创业者共同来描绘。

为什么提这个建议呢？

作为一个中国人，我时常感叹，我们的中华文明，有上游优势，没有下游优势。我这里所说的下游，指的就是文化创意产业。蓝墨水的上游气象万千，蓝墨水的下游却有些暗淡和式微。我认为，人类社会发展到今天，军事的竞争、经济的竞争将不再是国家竞争的唯一砝码，文化实力的高低，将会在国家竞争中承担更重要的作用。而文化竞争所凭借的，是你有没有文化产品，能不能占据文化市场。

台湾的朋友喜欢讲“愿景”这个词，我也不妨讲讲我的愿景。我的愿景是：我们这条蓝墨水的河流，一定要流向全世界。

我认为，现在到了我们实现愿景的最佳时期。

我本人2000年去过一次台湾。在台湾，我走了很多地方，到处都透着一种亲近感，其中有两个地方让我特别震撼。一个是花莲的公路，那种地理上的极端，环境上的险峻，气势上的决绝，让我想到了建设者们内心的无比强大，再一次感受到了中华民族的坚忍不拔和强大的生存能力。

我的第二个震撼留在了台湾的故宫博物院。我徜徉在中华文化那些不朽的丰碑间，神交历史，对话古人，感念民族之伟大，敬畏历史之深邃，惊叹艺术之精湛。王曦之、米芾这些艺术大师，从历史的深处走来，饱尝蓝墨水的滋养，给一个民族的血脉增添了如此辉煌的精华。我当时就在感慨，曾几何时，大浪淘尽了那么多英雄豪杰和纷扰世事，惟有文化的魅影在穿越了千年的时光隧道之后仍然是那么的超凡脱俗，让全球每一个角落的华夏子孙都为之倾倒。

从台湾归来，我不禁感慨，在这个地球上，最大的联系是文化的联系，最大的亲近是文化的亲近，最大缘分也还是文化的缘分。文化的认同，注定了我们可以携手共创蓝墨水下游的万千景象。

就大陆的情况而言，我的判断是，三十年的持续改革开放解决了我们的温饱问题，文化消费的需求将出现井喷式的增长。这是我们两岸文化企业的共同机遇。

最后我还是要借用余光中先生的话来做一个结尾。我们这里是蓝墨水的上游，请让我们一起，追寻着蓝墨水河流的方向，用中华传统文化的智慧，齐心协力，浇灌培育中华文化产业的灿烂之花，献给这个并不安宁、充满冲突的世界，为纷纷扰扰的世界文明开出一泓中华文化的清流。

两岸出版交流平台的建立与合作出版

——两岸出版交流的过去、现在与未来

台湾出版事业协会理事长　陈恩泉

一、两岸出版交流的破冰之旅

由于历史的原因，自 1949 年起，两岸关系几乎不相往来。

由于局势的演变，自 1987 年起，两岸关系有了重大的突破。

1988 年 10 月 20 日上午，在上海科技图书公司大楼举行的“海峡两岸图书展览”，开启了两岸出版交流的大门。

1988 年 10 月，首次“海峡两岸图书展览”在上海举行，从此开启两岸出版交流大门。

出席展览会的前上海市长汪道涵先生在开幕式上致词说：“两岸同胞同宗同文，出版界应携起手来，推动两岸出版交流，加强合作。”

台湾参展团代表陈恩泉，在“乡思阁”举行的两岸出版界恳谈会上提议：“海峡两岸，可以考虑成立交流窗口，为两岸民间交流搭建桥梁。”

这，已经是 20 年前的旧事。

二、两岸出版交流开始启动

借由参访、参展的机会，两岸图书出版品的交流互动，早已展开。

1993 年秋天，在北京举办的“台湾图书展览”，正式、公开、单独展出正体字版本图书 2 万余册。这批图书，赠予北京大学图书馆典藏。

1994 年春天，在台北举办的“大陆图书展览”，正式、公开、单独展出简体字版本图书 2 万余册。这批图书，赠予“中央图书馆”典藏。

三、建立出版论坛交流机制

(一)两岸四地华文出版联谊会议

“华文出版联谊会议”缘起

1994 年 3 月 30 日在台北举办的两岸图书出版合作研讨会,由本会所提出成立“华文出版联谊会”的建议,经过两岸三地出版业界团体的讨论及协商后,于同年 9 月 2 日在北京举办的两岸图书出版合作研讨会上,与中国出版工作者协会及香港出版总会达成共识,签订了“大陆、台湾、香港出版座谈会纪要”,同意先以召开“联谊会议”的方式为正式成立“华文出版联谊会”暖身。此后,联谊会议每年轮流在北京、台北、香港、澳门分别举办。

(二)两岸杰出青年出版专业人才研讨会

“两岸杰出青年出版专业人才研讨会”缘起

海峡两岸出版交流,在两岸出版界有识之士的推动下,建立了稳定的合作交流关系。然为推动及促进华文出版走向更宽广的范围、更高深的层次,年轻一代的出版人登上两岸出版文化交流的大舞台,是自然法则使然,也是未来希望之所在。因此当 2001 年 1 月,中国出版工作者协会于友先主席率领代表团访问台湾时,两岸出版界于交流座谈会中达成共识,在当年 5 月在北京举办第一届两岸杰出青年出版专业人才研讨会,并于每两年在北京与台北轮流举行,务期将两岸出版人才交流的层面扩大到青年,着眼于未来,使两岸交流合作得以永续长存。

四、合作出版的经济效益

(一)闽台书城——两岸出版交流成功的首例

2002 年 2 月 26 日,坐落于福州繁华的商业街—中亭街的“闽台书城”举行了隆重的试营业仪式,此举开了闽台书业界合作之先河,更是海峡两岸出版发行业同仁多年来交往,真诚合作,辛勤耕耘结下的硕果。福建闽台图书有限公司是由福建外文书店和台湾13家出版发行单位共同投资创办的，是为适应加入WTO后的对外开放环境，充分发挥闽台地理优势，加强两岸书业的交流与合作而采取的重大举措。

（二）海峡两岸图书交易会

海峡两岸图书交易会始于2005年，每年分别在厦门、台北轮流举办。办展宗旨：以促进两岸图书出版业的交流与合作为主题，以扩大两岸文化交流、增强中华文化凝聚力为目标，进一步加深海峡两岸出版发行界的沟通、交往和贸易，共创商机、共谋发展、共图大业。通过海峡两岸出版发行业界的共同努力，着力打造海峡两岸图书出版发行的强势品牌，努力促进和谐文化的积极构建和华文出版业的发展繁荣，为推动海峡两岸文化产业的合作、交流与发展而努力闽台书城在福州成立海峡两岸图书交易会的交流活动。

五、两岸出版交流史上的新页

2008年9月，大陆新闻出版总署柳斌杰署长亲率近600人参访团，来台参加“纪念海峡两岸出版交流20周年系列活动”，期间见到了“行政院”新闻局史亚平局长、海基会江丙坤董事长、国民党荣誉主席连战与吴伯雄主席，开展了两岸出版交流史上的新页。

六、对参加“两岸经贸文化论坛”的期待

两岸——走走看看，二十年。

海西——先行先试，看今朝。

（一）请开放出版市场腹地

去年9月，在台湾举办了“纪念海峡两岸出版交流20周年系列活动”，被定位为“从破冰之旅，迈向统合之路”。柳斌杰署长当时并表示“大陆对台湾出版政策会更加开放”，是否能依“同等优先、适当放宽”的原则，逐步开放出版社的登记、给予申请书号、放宽书店与通路的经营条

件，期待有个可行的时间表。

（二）华文出版单一市场的合作

当大陆在推动华文出版“走出去”的战略时，想起近年的文化交流活动，在海外，尤其是星、马地区的华人，力倡“华人·华语·华文”的心声，倍感艰辛。今天，两岸有了呼吁合作编纂“中华大辞典”的声音，应可在流通市面的国语字典基础上，把存在差异的词汇比较陈列，合作出版，供海内外华人一体适用与使用。世界上，华文图书有1/5的阅读人口，开拓华文单一市场，可避免浪费资源与消耗发展空间。

（三）支持台湾出版业界成立“台湾出版商会”

为有意愿在大陆投资的出版同业服务，协助台资出版业与当地政府部门联系，维护企业和投资者的合法权益，反映出版与投资者的意见和要求，促进出版业发展和当地经济繁荣。具体措施如下：

（1）为当地政府有关部门与台资出版业建立沟通平台。

（2）向政府和有关部门反应台资出版业在生产、经营中遇到的困难和问题，以及投资者、管理者的意见、建议和要求，积极帮助解决。

（3）为会员提供出版法规、经济资讯、投资和贸易活动等方面的服务和帮助。

（4）根据国家和政府的法律、法令、法规，维护会员的合法权益。

（5）举行涉外出版法规、政策报告座谈会，邀请政府有关部门为会员提供咨询服务，组织会员开展联谊交流活动，促进投资环境的改善和出版业发展。

（四）支持台湾出版业界参加“亚太出版商联合会”

5月，参加在厦门举办的“海峡论坛”时，针对“中华台北”受邀参加世界卫生大会（WHA），表示肯定。台湾的出版业界，也希望有机会受邀参加亚太出版商联合会（APPA）的文化交流活动。

亚太出版商联合会的章程所揭示的宗旨：主要是为了推展与开发亚太地区的出版事业，促进与会团体的相互合作，积极从事出版交流，并就出版、编辑、印刷、装订、制版等项目提供培训学习与技术研发的机会。

同时为维护著作权不受侵害，赋予出版品法定权利，鼓励自由出版与销售，并尽可能对关税减少设限等问题达成共识，共同信守。台湾出版社团组织，认同以上章程，并有能力与经验执行出版合作与出版交流活动。

期盼两岸新闻交流跨出大步

台湾联合晚报社长　项国宁

两岸新闻交流如今来到了前所未有的汇流处，在日益频繁交流的基础上该如何开展？在制度与政策面上，该如何改善，就个人的观察，有以下五点：(1)双方开放媒体长驻，互设办事处，促使新闻采访正常化；(2)对媒体驻点家数及人数，应开放限制，促进新闻资讯之流通；(3)开放广告之刊登，促进商业资讯之流通；(4)健全网路交流的机制与环境；(5)中程目标，可思考特殊性质媒体合作经营的可能性。

两岸关系在历史洪流中起起伏伏数十年，两岸新闻交流如今来到了前所未有的汇流处，往前看应该开创一番崭新气象。值此关键时刻，两岸当局应在现有频繁交流的基础上，继续在制度与政策面进一步松绑，以协助新闻交流跨大步、走大路，与时俱进，从而创造契机，迎接新时代的来临。

自 1987 年 9 月，台湾《自立晚报》记者李永得、徐璐打破台湾禁令，到大陆采访，成为两岸阻隔以来首次的新闻接触；1991 年的闽狮渔船事件，引起渔事纷争，大陆新华社范丽青、中新社郭伟锋两名记者赴台采访，是大陆媒体的首次赴台采访；1994 年大陆首开台湾记者驻点，先后有 11 家台湾媒体获准在北京、上海、福建、成都等地驻点。2000 年 11 月台湾亦开放大陆 4 家媒体来台驻点；2004 年时驻台大陆媒体增至 5 家。

2008 年国民党马英九执政，两岸关系开始回暖，6 月 30 日起恢复 2005 年中止的新华社及人民日报来台驻点采访，来台驻点的媒体有新华社、人民日报、中央电视台、中新社和中央广播电台等 5 家。此外，亦放宽了大陆媒体来台驻点停留时间，从现行的 1 个月延长至 3 个月，如有采访需要，还可再延长 3 个月，来台的申请程序也予以简化。

去年 11 月 13 日，台湾正式同意东南卫视及福建日报社（包括旗下福建日报、海峡都市报及海峡导报）以轮替方式派人来台驻点采访。12月18日，大陆首批地方媒体赴台驻点四位记者一行来台，因此目前大陆媒体在台驻点的共有7家。

从以上的节要叙述可以看出，两岸关系尽管政治上有起伏，但新闻交流仍有一定的进度。但从另一方面看，新闻交流也常会受到政治的干扰。这是我们在谈新闻交流时，必须先提出的一个总体方向的呼吁：也就是从过往的经验来看，新闻交流是文化交流的“领头羊”，而文化交流是各种两岸交流项目中，最能深化交流的一种，这也是为什么我们今天在此汇聚一堂，共同讨论的目的。

要谈新闻交流，对纸媒而言，最终目标当然是两岸市场全面向对方报纸开放，让报纸可以在对方市场印刷、发行，而不设任何限制；报纸下属的网路，也能享有全面开放的优惠，使讯息畅通，扫除不必要的误解和隔阂。但是这样的理想，恐怕因为客观环境的限制，政治与文化的差异，短期内不易实现，但我们仍希望以此为目标，谈一谈短程和中程，双方都可以做，或可以努力的若干方向。

第一，宜尽速开放传媒长期驻点，互设办事处。

新闻采访是需要长期经营的工作，才能深入、有系统、全面的报导社会的各个面向。目前两岸传媒人员，可相互参访，相互派记者进行专题或驻点采访，这方面大陆的作法较台湾稍具弹性。

在申请手续方面，台湾记者到大陆驻点采访，北京地区向国台办申请，大陆其他地区向当地台办申请，时间一次三个月，台湾记者有需要，可再延长三个月，期间能多次进出大陆，申请手续简单。台湾记者的其他专题采访，则已不须申请审批，只要被采访对象、单位同意即可。

反观大陆记者赴台驻点采访，时间上一次三个月，最长可待半年，但申请及延长驻点的手续仍然繁复，包括行程、住所、班机等都要向主管机关报备，这些都不是新闻交流的常态。

去年以来，两岸各项交流大幅开放，唯新闻交流仍限于上述交流，两岸相互开放记者长驻与媒体互设办事处，只闻楼梯响，却不见两岸官方主管部门的实际行动。我们呼吁，站在报业、电视、广播新闻传媒业的立场，两岸应尽速协商开放媒体长驻,开放媒体互设办事处,才是真正达到两岸新闻交流正常、常态化。互设记者长期驻点,不仅媒体节省经费,而且能对台湾或大陆地区情况深入熟悉,对双方文化更深入理解,才能更正确、客观报导两岸各类交流及情势。

两岸新闻传媒互设长驻机构,没有任何政治敏感及顾忌,只要相关办法拟妥,双方达成共识,就可宣布实施。如果在此议题上,任何一方想借此加入其他与开放长驻无关的诉求,就等于阻挠了新闻交流的正常化。

第二,对于目前两岸媒体驻点采访,希望双方对媒体驻点家数及人数,都开放限制。

在家数方面,大陆媒体到台驻点采访,台湾方面现在只开放5家中央媒体、5家地方媒体的名额;台湾媒体到大陆驻点是由各媒体视需要,自由规划。我们呼吁,应开放其他媒体视各自需要至对方驻点,让媒体多方位、多角度报道两岸各种情况,两岸的文化交流才能更深入。

在人数方面,大陆对台湾媒体在大陆城市驻点人数没有限制,但台湾对大陆媒体来台驻点人数却有限制,一家媒体一次只开放两名记者;像这类的人数限制没有意义,因为各媒体会视自身情况决定。两岸完全开放媒体驻点,才能促进新闻资讯更加流通,也才能加速落实媒体担纲两岸“文化领头羊”的角色。

第三,开放广告在对岸媒体刊登的限制。

广告是商业资讯的一种,也是经济发展的前导指标。以两岸目前的商务往来情况,广告乃是必要的商情资讯。目前对广告刊登的限制,不但不能反映两岸商业往来的现况,更使媒体落在实际交流之后,迫使两岸人民要从不正常管道来获取资讯。

台湾目前对大陆广告的限制可能基于两种理由:一是管理不易,怕起争端;二是担心影响台湾自身商品市场,因而限制大陆商品的宣传。

这两项理由似是而非。市场活络的基础在开放而非限制。只要规范恰当的游戏规则,市场便可得到活水。其次,两岸商品愈限制打压,愈易畸形发展,扭曲市场的准则,未蒙其利,反受其害。因此,我们希望台湾能在开放、活络、便民的原则下,尽速开放大陆广告在台湾媒体刊登。

第四，健全网路交流的机制与环境。

现今网路事业越来越发达，互联网的威力及影响无远弗届，两岸报业媒体均有互联网，而且已有多次交流。但从实际操作面来看，两岸传媒互联网的合作，常有断续不定的问题。

科技时代，新闻讲求快、准、及时，台湾发生的任何事件，台湾各媒体一定立即报导，新闻网即时新闻不断更新，大陆可由台湾网站，获得最新消息，若需要台湾媒体协助，台湾媒体也会即时发动协助。但台湾网路若想请有合作协议的大陆网站帮忙，则在实际操作上有其困难度。双方或可借更多的沟通来改善目前的状况。毕竟现在互联网和手机的科技发展，已和以往有截然不同的传播环境。若能藉沟通与协商建立稳定的机制，对新闻资讯交流亦有大助益。

第五，中程目标，可思考特殊性质媒体合作经营的可能性。

前面说过，两岸媒体市场的全面开放是长程目标，短期内不易做到，此中牵涉若干敏感的内容与题材。但双方若能就彼此可以合作的项目，例如旅游、财经、体育、娱乐、文化等，进行实质的合作，门槛应该可以跨过。过去这一类的合作也有过先例，但因政策不明朗，双方合作缺乏经验和共识，在市场上成功的例子并不多。双方若能就此先确定规则，捐弃成见，以若干项目、若干地区为试点，或许有成功的希望。此一概念若能推广至海外华文市场，更是结合两岸之所长，结合资源、技术、市场、利润、效果等元素，创造极佳之媒体合作范例，并可借此平台，磨合观念与作法。

两岸情势今非昔比，观光客往来密切频繁，在民众彼此交换讯息的情况下，更应该加速资讯的流通；新闻媒体本应站在资讯交流的尖端，以目前的处境反而落在后端，一般民众、观光客，以及网民，对资讯的摄取反而都比媒体来得快速。

结　论

新闻交流跨大步，绝对有必要。近程目标，自然是完全开放媒体驻点，无条件开放媒体互设长驻，并且可自由聘用当地工作人员；开放相互刊登广告，流通商业资讯。中程目标，则是建立合作规则和共识，从特定新闻类别上，试行媒体间的实质合作，对象可以是两岸市场，也可推广至全球华人市场。长程目标，则希望两岸市场全面对媒体开放。资讯的畅通是深化交流的重要基础，也是两岸和平发展的最佳保障。

两岸绿能产业发展与合作契机

台南大学绿色能源科技研究所所长　黄镇江

一、前　言

第四届两岸经贸文化论坛达成了九项共同建议，其中第四项有关两岸产业合作方面，强调“深化两岸产业合作，拓展领域，提高层次”，合作领域包括信息、通讯、环保、新能源、生物科技、中草药、航空工业、纺织及纤维、LED 照明、工业设计等项目。本文特别将新能源（绿能）产业的两岸合作议题提出探讨，主要原因是，金融海啸后全球许多国家和地区均以发展绿能产业作为重要因应措施，它同时也是两岸因应全球暖化及油价飙涨的共同重要政策，而目前都在这一领域各自推动重要政策，例如，台湾方面所启动的“绿色能源产业旭升方案”，而大陆方面则是将经济刺激方案中的 9.3% 资金（约 3700 亿人民币）用于投资能源相关领域。

从马英九上任后的两岸新局势来看，未来必定有带动两岸绿色能源技术合作的契机。两岸已具备技术、资金及人才上的互补优势，配合大陆丰富的再生能源、技术和广大市场的条件，未来若能开展密切合作与开发，必能在激烈的全球绿能产业竞逐中占有一席之地，共创两岸双赢的局面。例如，在太阳光电或 LED 技术部分，两岸互有分工优势，可在区内建立相关产业的供应链，并思考如何共同架构产业标准，其中包括在安全规范、线路装置、电网并联、模块、建筑法规等，朝向与国际接轨，制定两岸互利的产业标准；在风力发电技术部分，除了进行关键零组件的合作开发外，也可合作共同开发离岸风场；而针对氢能与燃料电池产业，两岸可以共同来参与大型且前瞻性的研究，如推动汽、机车的实证合作与分工，加速其商业化。

本文首先将针对台湾绿能产业的发展现况以及所面临的困境进行研析，然后，提出因应措施，最后，对两岸绿能产业合作与交流模式提出具体建议。

表一　台湾绿能产业与科技发展政策里程碑

时　间	内　容
2008/05	宣布能源研发经费倍增政见
2008/06	公布“永续能源政策纲领”
2009/04	启动“绿色能源产业旭升方案”
2009/06	启动“能源计划”
2009/06	通过“再生能源发展条例”

二、台湾绿色能源发展现况

马当局推动绿能产业与科技发展不遗余力，表一为台湾推动绿能产业重要里程碑。马英九在竞选之初即宣示，4 年内将台湾能源相关研究经费要由每年 50 亿元倍增为 100 亿元，同时鼓励绿能技术研发与节能产品的推广，提升产业竞争力；行政部门于 2008 年 6 月公布了“永续能源政策纲领”，重申增加绿能研发经费、提升绿能研发能量的决心；隔(2009)年 4 月行政部门于能源会议后随即宣布启动“绿色能源产业旭升方案”，正式推动包含太阳光电与 LED 照明等七项绿能产业；两个月后又启动了以绿能科技研发为主的能源计划，同一时间，立法部门也正式通过了审查 9 年之久的“再生能源发展条例”，此时，架构台湾的绿能科技与产业推动之政策与所需之法令已大致完成。

表二　推动绿色能源产业旭升方案五大策略

五大策略	内容
技术突破	·结合计划发展相关技术 ·五年内至少投入新台币200亿元,提升七项关键技术效率、建立自主化技术
关键投资	·大型绿能投资计划,列入发展基金优先投资项目 ·发展基金优先投资绿能为主的创投基金
环境塑造	·通过再生能源发展条例 ·建置绿能产品国际验证实验室
出口转进	拓展海外市场,包括大陆日本、韩国、意大利、澳洲、美国等
内需扩大	·扩大公共建设经费10%用于绿色内涵投资 ·五年内投入250亿元推动再生能源节能设置及补助

以"绿色能源产业旭升方案"为例,它分成"能源光电双雄"和"能源风火轮"两波,采取技术突破、关键投资、环境塑造、出口转进、内需扩大等五大策略推动,如表二所示。第一波能源光电双雄,以发展已具有良好产业基础的太阳光电和LED照明的能量为主,采取了技术突破、提升竞争力、增加投资、拓展海外新兴市场的发展策略,借以形成完整太阳光电产业聚落,并以台湾成为全球前三大太阳电池生产基地、全球最大LED光源及模块供应基地为最终目标。第二波能源风火轮,则是推动技术尚处研发阶段的风力发电、生质燃料、氢能与燃料电池、能源资通讯、电动车辆等五项绿能产业,以协助产业取得关键技术、建立市场示范应用、维持产业活力为主要策略。

根据台湾工研院太阳光电科技中心的统计资料[2],如图一所示,2008年台湾太阳能电池产值达到新台币1011亿元,产能为2110MW,占全球市场的13%左右,仅落后日本、德国、大陆,为全球第四大太阳能电池生产地,预估到2015年产值可提升到新台币4500亿元;在LED产业方面,台湾发展速度也相当快,2007年产值为新台币539亿元,约占全球总产值的四分之一,2008年产值则增加到新台币609亿元,预估2015年台湾LED产值将可达新台币5400亿元。至于其他绿能项目,目前产值仍小，预估要到2015年时，产值才会明显呈现大幅成长。至2015年时，预估两波绿能产业推动产值将可达1.15兆，每年将可创造11万个工作机会，成为台湾新的兆元产业。

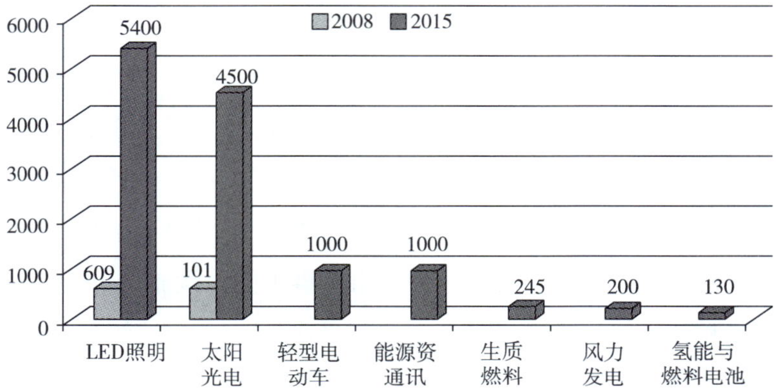

图1　台湾绿色能源发展现况与展望

三、世界各国推动绿色能源概况

世界各国因金融海啸导致经济严重衰退，主要产业均受重创，未来复苏需仰赖新的经济成长动能，因此，已有越来越多的国家支持联合国倡导透过实施“绿色新政(global green new deal)”以走出经济阴霾的主张。美国、欧盟、日本、韩国等国，均于经济景气振兴方案中，特别着重绿能计划，带有明显的绿色新政内涵，也为全球绿能产业带来了无限的商机。

(一)美国

美国总统欧巴马于今年2月签署的7870亿美元复苏与再投资计划(American Recovery and Reinvestment Plan)中，包括677亿美元的“清洁、效率美国能源”方案用于提升能源效率、发展洁净能源及交通节能等。美国经济振兴方案有一半以上的计划涉及能源产业，可以说其核心精神即为透过新能源产业革命的方式，再创美国经济成长。

(二)欧洲

欧盟委员会于今年1月提出总额35亿欧元的能源投资计划，以刺激经济，并减少对俄罗斯天然气的依赖，包括7亿欧元用于加强欧洲电网建设、5亿欧元建设沿海风力发电计划、12.5亿欧元建设二氧化碳捕捉储存计划等。欧盟更于3月宣布将在2013年之前投资1050亿欧元支持发展绿色经济，以促进就业及经济成长。

（三）韩国

韩国于2009年1月宣布，计划于未来4年将投资50兆韩元（约362.8亿美元）推动绿色新政，主要内容包括：（1）绿色社会间接资本（SOC）：主要核心事业包括整建四大江河、建构绿色大众交通网、绿色国家信息基础建设；（2）低碳、高效率之产业技术：兴建预防水灾之中小型水坝、开发绿色汽车及洁净能源、增加回收资源活用及再生能源设施；（3）环保、绿色生活：乡村地区节约能源，设立森林碳循环小村，推动建造绿色房屋、大楼及环境友善生活空间。

（四）日本

日本目前正着手制定针对温室气体减排的经济振兴方案，计划于未来5年内将绿色经济市场规模扩大至100兆日圆（约1.08兆美元），并于相关产业新增220万个工作机会。研拟中的方案包括各种扩大内需措施，例如对购买节能家电和电动汽车提供补贴、促进节能型住宅普及、对环境领域投资实施免息贷款、为民间建设风力发电设施提供融资支持等。

四、台湾绿能产业面临困境

台湾绿能产业所面临之困境在2009能源会议中有深入探讨，而根据会议结论，台湾在绿能产业所面临之困境可以分成以下四个方向来说明：

4.1　绿能产业整体技术有待提升

·台湾绿能产业仍位摆脱过往以生产技术代工为主的角色，产业关键技术之自主与创新尚需加强。

·台湾在绿能科技创新与管理上，人才仍显不足。

·对外合作多以技术交流为主，需提高层次以快速提升技术水平。

·跨领域资源整合仍有待加强及落实，以提升产业价值与竞争力，并及时崁入全球分工布局。

4.2　欠缺关键技术

·无硅基太阳能电池所需之上游硅材原料自主生产能力。

·白色 LED 光源专利受制于国际大厂。

·生质燃料之新料源技术仍在萌芽期。

·氢能与燃料电池之膜电极等核心关键组件性能有待提升。

4.3　欠缺系统整合技术

·风力发电系统整合技术仍有赖境外引进。

·能源资通讯产业无大规模整合应用系统经验。

4.4　欠缺市场应用实绩

·风力发电产业零组件欠缺运转实绩,不易进入国际供应链。

·燃料电池系统耐久度有赖实证。

4.5　绿能产业规模不足

·内需市场不具经济规模,产业发展仰赖外需市场的拓展,产品品牌建立与通路更显困难。

·绿能产业发展与投资易受国际油价波动影响,台湾企业规模普遍不大,产业链不够完整,在关键原物料取得上缺发议价空间而降低竞争力。

五、台湾绿能产业因应对策

1. 太阳光电产业

推动太阳光电材料研发与投资生产,自主材料供应。

·开发低成本、高效率、新制程硅晶太阳电池。

·积极开发高效率次世代太阳光电技术。

·建立国际模块认证实验室。

2. LED 照明产业

·经由策略作为引进世界顶尖企业并与本土产业结合,以快速建立全球顶尖之系统大厂。

·建构两岸 LED 产业标准,透过搭桥项目平台,由两岸标准发展成为全球标准。

3. 风力发电产业

· 开发风力机关键组件，发展自主性系统整合技术。

· 推动跨领域合作计划、建构风机设备产业及扶植相关海事工程能力。

4. 生质燃料产业

· 建构生质燃料使用环境，建立本地生质燃料供销体系。

· 开发多元料源之转化技术、全株利用与新料源利用技术。

5. 氢能与燃料电池产业

· 透过资源整合，降低成本及提高产品之耐久性，以加速产业发展。

· 结合境内外知名研发团队共同筹组研发联盟，寻求重大创新与技术突破，并借由国际接轨，协助产业切入国际供应链。

· 推动示范运转验证，提供设备补助措施，以扩大市场。

6. 能源资通讯产业

· 快速建立跨业整合平台，以智能型电网为 Test Bed。

· 促进电业结合异业发展多功能 Advanced Metering Infrastructure (AMI)。

· 开创多元与创新的产业模式，整合 ESCO 与网络服务业，扩展能源管理业务应用模式。

· 提升研发能力与产品开发速度，发展芯片化、系统化技术，降低产品成本，进军全球。

7. 电动车产业

· 鼓励产业策略联盟及智慧财产 Intellectual Property (IP) 布局，协助开发关键组件及整车系统。

· 建立电动车整车之检测标准与机制，整合锂电池之标准化界面。

· 以智慧生活为平台推动 Light Electric Vehicle (LEV)

· 补助业者生产、销售及建立维修服务体系；补助消费者购置电动车。

六、两岸绿能交流与合作具体建议

上述台湾绿能产业所面临之困境，如果纳入深化两岸绿能产业合作，许多问题将可迎刃而解，例如原料来源缺乏问题、市场规模太小问题等。除了台湾本身考虑之外，强化两岸绿能产业合作，将可共同提高两岸产业在国际市场上的竞争力。两岸绿能产业合作具体建议如下：

1. 建立两岸常态化绿能产业交流及合作机制，定期召开两岸绿能峰会：目前台湾经济部门所推动"搭桥项目"政策，系以建立一产业一平台的模式，从个别产业开始，举办两岸产业交流会议方式搭建双边沟通的桥梁，在绿能产业中，过去一年中已有搭建了多座桥梁，例如3月24－25日在台北举办的"两岸太阳光电产业合作及交流会 "，6月9－10日的"两岸LED照明产业合作及交流会议"，以及预定在8月举办的"两岸风力发电产业合作及交流会议"。建议将现有"搭桥项目"提高层级、扩大基础、深化合作、拓展领域，也就是搭建一座两岸绿能产业合作与交流的大桥，将两岸共同且有兴趣的绿能产业均纳入其中，一起讨论，初步建议太阳光电、LED照明、风力发电、生质燃料、氢能与燃料电池、能源资通讯及电动车辆等列为两岸年度绿能峰会主要议题，借由年度峰会召开，积极且深入探讨两岸绿能合作中出现的机会、问题与对策，以及两岸在推动全球绿能市场合作中的协调机制。

2. 签署两岸绿能科技与产业全面合作协议，合作内容包括：

·两岸共建绿能产业链，优化两岸产业布局。

·两岸共建绿能产业联盟，进行同构型技术研发，加强产业策略研究与人才交流，建立两岸绿能信息平台。

·两岸共建绿能专利库，建立智慧财产权互惠机制，达成共识，实现双赢。

·两岸建立标准化工作机制，共同订定绿能产业标准，实现两岸绿能标准化组织的合作。

·两岸共同设置绿能检测验证平台，展开检测技术、测试方法及检测设备等研究，实现检测结果互认。

3. 研究设立两岸合作的“绿能科技橱窗”：研究在适当地点设立两岸合作的“绿能科技橱窗”，共同推动成熟绿能产品之应用，如太阳光电、LED 照明、风力发电，以及研发阶段产品之示范，如氢能燃料电池等绿能产业。以金门为例，拥有独立电网，人口与机动车辆数量适中，非常适合建构成为两岸甚至是全球绿能橱窗，我们可以集合两岸科技与智能将金门建设一个无油的绿能岛，所有电力来自于再生能源，所有照明采用 LED，所有车辆改用电动车，借以彰显两岸在绿能科技方面的实力。

4. 建议优先采购台湾绿色产品：大陆公布的 4 万亿人民币的经济刺激计划中，建议用于绿色项目者优先采购台湾绿能产品，如太阳光电与 LED 照明等。

5. 研究选择适当时机，成立“两岸绿能合作发展基金”，致力于两岸有共同需求的绿能技术研发与绿能产业升级事项，以及共同关心的能源安全、能源开发、能源基础建设等。

七、结　语

全球金融海啸下，两岸绿能产业都遭受到了重创，此时若能加强合作，意义将更为巨大。根据联合国环境规划署最近发表的一份报告指出，在全球绿色新政潮流带动下，2008 年全球绿色能源发电投资首次超过传统能源，达到 1400 亿美元。绿能已成为各国高度重视的产业，由此而引发的全球“绿色竞争”气氛已越来越浓厚，“投资绿能”也已成为世界各国和地区的不归路，因此，此时正是两岸加强绿能产业合作、共同提高产业在国际市场上的竞争力以赚全世界的钱的最佳时机。

短期来看，两岸合作开发利用绿能有助于经济复苏，例如企业提高能效后可以降低成本。而从长远来看，一旦绿能技术获得突破，将可降低对外国石油的依赖程度，其进口需求减少，国际石油市场的需求压力也会随之减少。可以预见，一旦技术上获得重大突破，绿能产业极有可能像上个世纪的信息产业一样快速发展，成为全球主要经济成长动力来源，同时会快速带动相关行业进步,借由两岸推动经济成长模式的转变,进而影响到世界其他地区经济。在此过程中,两岸除了要大量投入人力和财力之外,最重要就是要合作研究开发先进的绿能技术,并向世界其他国家和地区出口这些技术和产品,借以形成全球绿能经济新重心。

两岸气象暨环保合作与交流

国政研究基金会永续发展组召集人　陈世圯

台湾中央大学大气科学系助理教授　彭启明

一、前　言

2009年6月13日，上海航空班机由浦东机场飞松山机场又返航，行程延误一天，次日在台北遭旅客罢机，因为从上海及台北的当时天气来看，天气还不算差，但两地之间却有很剧烈的雷雨系统盘据。在6月的梅雨锋面期，是相当典型的雷雨胞盘踞在台湾北部海面，从飞航的安全性上，的确有转向停飞的机会，但对于大多数对于两岸间天气相当陌生的两岸乘客却甚难理解。两岸从包机直航，大幅缩短行程，空中之航道虽不似过去台湾海峡“黑水沟”之险恶，但两岸之间仍有许多特殊天气事件，随直航班机增加，类似延误事件将大幅增多，因此若能将两岸气象信息能强化交流分享，让两岸民众有一定程度之理解及认识，将可避免不必要之困扰。

两岸在地理上虽有台湾海峡之分隔，但天空却畅通无阻，共有东亚之天空，呼吸着非常相当类似的空气，气象、空气污染上相互共通，例如沙尘暴、台风、酸雨、梅雨锋面及冷气团都相互传递，这些都对两岸居民之生活有相当之影响。近年来两岸人民旅行明显增多，气象或是对当地环境信息之需求增多，2008年江陈会即把“推动两岸气候变迁和气象研究之交流与合作”当成未来交流议题之一。

本文即针对两岸气候变迁议题，如气象、气候变迁、环保及全球暖化议题进行探讨，提供未来两岸共同面对全球气候异常之参考。

二、气象合作

（一）气象影响民生经济及个人健康

气象虽然是一种科学知识，但近几十年来已经转换为气象经济，根据统计（www. tenki. tw）70%的企业经营活动都受到天气的影响，80%的人看新闻，常是为了看气象。天气影响无所不在，尤其如台风此种具有严重毁灭性的灾害天气，对每一个人或任何一个企业造成影响。2001、2002年美国出现暖冬，供暖、除雪、运输费用之节省，零售业收入增加，共同为美国创造210亿美元的财富；2002、2003年美国冬季温度屡创新低，石油及天然气供需失去平衡，加上中东和委内瑞拉的动荡，使得价格高涨。2009年2月台湾遇上百年冬季的高温，接下来3月回归正常，反而造成许多人身体不适，就医人数创新高。气象从个人健康到经济发展，占有相当正要的角色。

对于气象的需求，中华民族可远自“甲骨文”时期，有“钦天监”来观测星象，以卜卦方式来预测天候。三国时期诸葛孔明先生，利用气象知识以乌龟龟壳上质地之触感来预测湿度，何时会有大雾，在雾中以草船借箭，并透过预先掌握大气环流，透过借东风方式以天灯及火船攻击来取得优势。闽南地区信仰的妈祖林默娘，从历史故事中，经由千里眼和顺风耳来学习气象，帮渔民预报天气，可说是两岸间历史上相传最早的民间气象服务，妈祖对于闽南沿海民间信仰有相当深远之影响。

大陆东岸从东海、台湾海峡到南海，自古以来都是全世界重要的海空航道，最早并正式的气象观测为清朝时期为因应国际“海事安全”，于1885年在台湾的基隆、淡水、安平等海关及渔翁岛、鹅鸾鼻灯塔，开始进行气象观测。至于现代化的气象观测，台湾最早于甲午战争后，日本占领台湾后，于1896年陆续在全台建制二十多个气象观测站，目前台湾的气象部门的主要传统测站，即延续这些观测站，有超过百年的历史。大陆最早的现代气象观测，为香港、上海徐家汇及山东青岛，当时均掌握在国外手中。最早为1913年成立的中央观象台，这是大陆近代开始有组织的气象事业开始。

（二）两岸气象共存

两岸之间气象交流合作相当早，自1994年开始，均透过双方的气象学术单位（气象学会）轮流办研讨会，中国气象局、地震局及台湾的气象部门人员分别以顾问、理事名义参加，其中以学术交流为方向遍及两岸主要作业、学术及民间气象单位。

两岸共同面对的气象问题有相当类似之处，例如台湾常受到冬季从大陆高压带来之冷气团影响引发的寒害，春季之梅雨锋面从大陆南方冬移之华南云雨带及西南季风带来之水气影响。许多台风也常通过台湾附近而登陆广东、福建及浙江各省。两岸在气象预报上各有所长，也有充分交流的必要，例如每年东北季风季节，台湾需要大陆更详细的气象资料，而台风季节，对于两岸台风名称用法都常有相当不同，常引发两岸来往居民之困扰，大陆则需要台湾的详细气象资料及对台风的经验分析；至于地震技术交流部分，台湾常面临地震之经验，对地震测报速度及准确性相当擅长，但大陆有将近三十多年的“地震预报”值得参考，自“9·21大地震”后，台湾较为擅长且强调的防灾预警做法也可让中国学习。今年福建省进行之汛期气象观测试验，即与台湾西南气流观测实验同步进行，如能有正式之合作协议，正式进行观测数据之交换以及双方人员作业之交流，将有助于共同提升两岸暴雨、台风等灾害天气的预报预警水平。

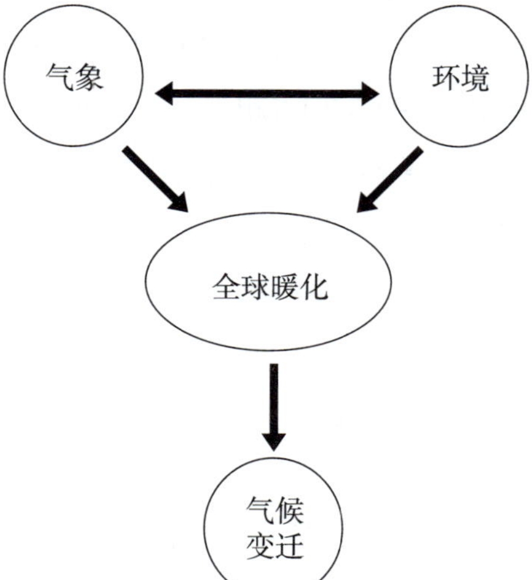

图1　气象、环境及气候变迁到地球暖化

（三）两岸气象观测及预报资料交流互换

气象交流当中很重要为两岸气象实时观测资料之及时交流互换，国际上除交战状态下会把气象数据列为保密外，其他都已进行交换。台湾非世界气象组织（WMO）之成员，过去数十年对于全球实时气象数据之取得，必须透过美国或日本之渠道，对于地缘关系密切的大陆区域，仅能取得部分数据，数据空间分布明显不足，取得速度亦较慢，造成台湾对于全球天气预报掌握程度较弱。大陆气象科技近几年明显提升，已成为区域气象中心，提供亚洲许多气象局全球气象资料，台湾也应同时取得相同之资料，以提升对国际气象的掌握程度，将有助于台湾本地及区域气象预报之准确性提升，未来如能两岸对于观测站之实时数据可进行相互之数据交换，更有助于两岸之间气象预报能力之提升。

此外，较为特殊为两岸雷达资料交换，气象雷达对于气象预测有较高之掌握程度，因影响台湾之台风常会影响中国东南各省，梅雨时期，大陆东南云系亦影响台湾。若可进行两岸气象雷达实时数据交换，特别是大陆东岸到广东一带，有利双方气象人员之判读。

两岸气象预报数据交换，包含对于各单位气象预测数据交换，例如锋面、梅雨及台风等之分析，透过作业单位定期视讯或电话联系方式交换意见，以提升区域气象之掌握能力。双方如能建构两岸灾变天气会商模式及交换机制，逐步进行数据的交换，提升彼此对于两岸间灾变天气的预测能力，发挥气象防灾减灾的功能，将可以大幅减少因自然灾害的损失。

过去在两岸交流过程中，主要是以学术来带动双方有关部门及民间业务之交流，近几年来，大陆已积极推动气象产业，例如刚成立之气象频道，已经超过两千万人之覆盖率。台湾自 2004 年气象法规修正后，允许鼓励民间从事气象/海象预报服务，也展开相当多创新之气象加值服务，如以大陆之气象频道能结合台湾多元创意的媒体及气象加值内容，将可扩展全球华人气象之应用，有助于两岸对于气象生活信息之掌握。以两岸逐渐成形的气象产官学三方来看，实有扩大交流参与的机会与能量，若能彼此增加认识，将有助于双方共同面对区域气象之技术提升，共同面对气候变迁之调适能力。（如表 1）

表 1　两岸之间气象擅长项目

	台　湾	大　陆
观测	东亚前哨站，季风交汇区	观测站全球最多，区域气象中心
预报主要能力	台风、梅雨、西南气流	东亚季风、梅雨、暴雨等
学术研究	主要为台风、梅雨等中尺度气象及气候议题	范围多元
气象应用	空气污染应用	人工影响天气
气象产业	气象预报证照、民间气象产业、气象经济产业	气象频道、气象播报

三、环保议题

空气的传送不分区域，空气污染物也常随大气运动而传送，例如亚洲沙尘暴之传递，由蒙古传递至大陆或甚台湾，2009 年 4 月 25 日即有一场在 48 小时内由蒙古穿越大陆东岸到达台湾，引发高浓度的沙尘天气事件，几乎所有的台湾预测模式都无法掌握并提供预警，引发许多民众身体不适现象。根据统计（中央大学与文化大学沙尘暴研究报告），过去每年在大陆约有 17 次受沙尘暴事件影响，其中有将近八成往日韩传送，两成有机会抵达台湾。沙尘暴的预测除了须考虑气象传送外，沙尘排放源区及传送过程中污染物的变化相当重要。因此可积极推动两岸联合监测空气污染物，具体合作项目包括双方监测数据交换、举办污染物监测分析研讨会以及相关技术人员交流以及互访等。

两岸民众亦相当关心酸雨议题，不仅影响到健康，对于环境生态也有相当影响，尤其从长江流域到大陆南方，延伸到台湾北部，几乎成为一个相当严重的酸雨区。酸雨的特性除受到气象及地理环境因素影响外，污染物之控制及减量是相当重要的防制策略，台湾在污染物减量成效上有相当之成效，也反应在本地雨水成分上，相关之成效可供大陆参考，若能双方携手合作进行酸雨监测方法、有害物质量测、数据质量及污染物防制策略上进行交流，将有助于两岸环境污染物之减量。

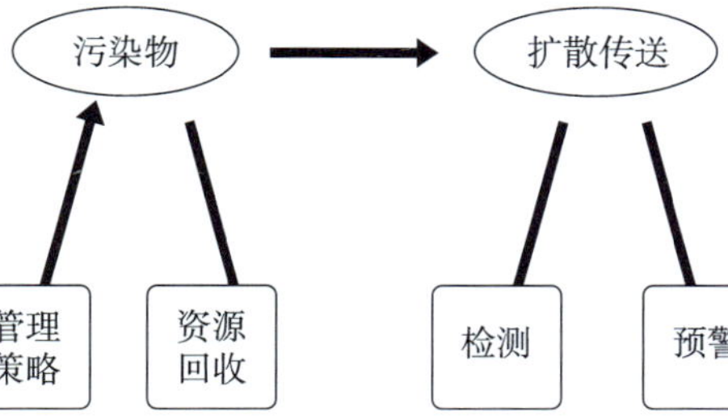

图 2　污染物之传递与扩散

台湾在推动资源回收成效卓著，依资源回收率由 2000 年 9.79% 提升至 2007 年 38.70%，不论废铅蓄电池、废机动车辆、废电子电器或废信息物品，其制度规划、相关设备再利用效能，均获国际肯定，除已有输出日本、大陆等业绩外，包括德国、日本、荷兰、南非及中南美洲等国更专程赴台湾了解。随着大陆经济快速成长，如何透过更有效率的资源回收政策，或是民间的环保志工主动成立之环保站（如台湾慈济基金会即有六万环保志工），为未来两岸之间可携手合作经验交流之方向。

四、气候变迁

自工业革命以来，由于大量化石能源之使用，已造成大气中的“人为温室气体”（Anthropogenic Greenhouse Gases）浓度大幅提高，对全球气候与生态环境产生威胁。1992 年各国签署“联合国气候变化纲要公约”（United Nations Framework Convention on Climate Change，UNFCCC），针对人为温室气体排放做出全球性管制协议。1997 年各国又制定了有强制减量目标之“京都议定书”（Kyoto Protocol）。2004 年，电影“明天过后”成功的唤起全球对于暖化所造成气候危机的重视。2006 年，美国前任副总统高尔所主演拍摄的“不愿面对的真相”更成功的引发对于气候变迁问题必须面对的急迫及危机性。联合国气候变迁委员会（IPCC）在 2007 年所提出的科学报告亦明确指出,因为人类所造成的全球暖化可信度高达九成。虽然这项科学仍存在许多不确定,但每天生活上面对多变的天气变化、酷热、台风或豪雨的灾害,每个人都可感受得到这个明确的环境科学问题,也成为许多社会精英及流行文化开始重视的议题,二氧化碳减量不再是口号,而是开始盛行的环保行动,未来气候变化及其影响将取决于今天的选择。

目前京都议定书下的 Emission Trading (ET)、Joint Implementation (JI)及 Clean Development Mechanism (CDM) 等三种机制的 Kyoto Mechanism,已经运作多年,形成高速成长的碳市场;芝加哥气候交易所副总裁黄杰夫在 6 月 5 日"第二届中国清洁技术产业投融资峰会"上就强调,到 2020 年全球碳交易市场会达到 3 兆美元,将比全球原油市场还要大。台湾的竞争对手韩国,其产业(例如电子产业)可以获得附件一国家的资金来进行 CDM 计划,不但不必出资,还可以成为获利的一部分;台湾厂商只能进行自愿性温室气体减量工作,要自己花钱,结果是台湾产业界眼睁睁看着国际碳市场商机拱手让给如南韩这类竞争对手,同时损伤台湾产业界的竞争力。此外,台湾高度依赖对外贸易并仰赖进口能源,加上目前因产业发展的需要,能源燃烧排放之二氧化碳量,已由 1990 年的 1.11 亿公吨,到 2007 年增为 2.69 亿公吨,增幅达 142%。马英九团队面对气候变迁,宣示于 2016 年至 2020 年间回到 2008 年排放量的水平,于 2025 年回到 2000 年排放量水平;长期而言,于 2050 年回到 2000 年排放量的 50% 的水平。而对于审查中重大新设厂投资案,也极力强调温室气体减排的重要性,例如环境影响评估个案承诺之减量目标。有鉴于台湾的产业特性,参与全球及大陆碳市场以寻求碳排放境外减量机会,将能协助台湾产业界在未来以符合经济效益及更具弹性之方式,来进行温室气体减量工作,以履行其温室气体减量承诺。

有鉴于国际碳市场的规模相当可观,以及台湾未来碳减量工作的需求,台湾有必要获得碳市场之机会。另一方面,由于大陆为清洁发展机制(CDM)项目最大地主国,产生之温室气体减量额度(CER)占全球所有减量项目 CERs 的比例近半(大陆于 2009 年 6 月时占总核发量 46%、印度

22%及南韩14%），因此大陆执行经验相当值得台湾参考。

对于两岸未来合作，建议可透过以下方式进行：

1. 扩大两岸专家学者对全球气候变迁研究工作之参与。

2. 促进台湾于适当时机及适当身份参与国际碳市场。

3. 推动两岸碳权经营合作研讨，评估合作进行减碳方案之可行性。

4. 推动建立两岸碳市场经营技术平台，并建立碳权经营管理机制及抵换计划之指导纲要与作业程序，协助两岸企业合作进行减碳计划投资与经营。

5. 增进两岸温室气体排放清册统计方法、数据分析、查验与认证技术之经验技术交流。

为掌握温室气体减量所带来的商机，两岸的合作有其必要性，而为因应未来全球暖化之挑战，两岸也应尽速共同合作建立面对气候变迁之因应策略。

五、结　语

气象、环保及气候变迁，为两岸人民所共同关切之议题，在日常生活中，很容易让民众感受到差异性，尤其两岸过去气象及气象甚至未来的气候变迁尚未实质交流，若能进行交流合作，对于两岸人民生活质量及关系改善之成效将有相当之帮助。

中部崛起与两岸合作

台湾醒吾技术学院讲座教授　周添城

第一节　中部六省经济发展现况

中部六省指的是河南、湖北、湖南、安徽、山西以及江西六省。从表一可以发现，就 GDP 总值来看，共有河南、湖北以及湖南三个兆元省份，安徽则可望是下一个进入兆元大关的省份，至于山西与江西则相对较低。不过由于人口数以山西为最少，因此就人均 GDP 而言，山西反而是最高的，且达 2 万元以上；湖南、安徽与江西则相对较低，仅约 1.5 万上下。就总值成长率而言，除了山西低于 10%，其余都为 12% 左右。就三级产业的比例来看，除了山西外，其他省份的农业比例都还有一成五到两成间，显示经济发展仍以农业为主，且服务业的比例偏低。至于各省的人口数，除了河南接近亿人大关外，湖北、湖南与安徽属中等约 6000 万人上下，山西与江西较少约 4000 万人左右。

在大陆 22 个省、5 个自治区、4 个直辖市共 31 个省市当中，总值的排名仅有河南进入前 10 名（位居第 5），其余都在 10 至 20 名间，可算是中段班。就人均 GDP 而言，六省都低于全国的数值，仅有山西较为接近；事实上，就六省约占全国 31 省市的 1/5 比例来看，其 GDP 总值也差不多是 1/5，但人口数却接近三成，因而整个中部六省的人均 GDP 为 1.7 万元，仅占全国的八成不到，经济的发展相对尚有很大空间。

再就三级产业的产值来看，也可以发现中部六省确实是以农业为主的区域，其农业产值占全国近三成；相对的，服务业的产值却占全国不到二成的比例，以省市数或 GDP 总值占全国 1/5 的比例来对照，可以看出服务业的产值是明显低于全国比重的。不过，就总值成长率来看，中部六省六省当中，仅有山西低于大陆平均水平，其余五个省份都高于平均水平，显示虽然整个中部六省的发展，相较于其他省份是位居中段，但其发展潜力无穷，颇有急起直追、后来居上之势。若再加上整个服务业在中部六省有广大的发展空间，更可以说明中部六省未来的高度成长是可以预期的。这样的态势，充分展现出华中崛起的趋势，也为两岸在此一地区的经贸合作，提供了多彩多姿的可能性。

表一　中部六省国民经济现况(2008)

省别	GDP(人民币)									人口
	总值	总值	07－08	农业		工业		服务业		
	人均 GDP	排名	成长率	总值	比例	总值	比例	总值	比例	
河南	18408 亿 18560 元	5	12.1%	2659 亿	14.5%	10478 亿	56.9%	5271 亿	28.6%	9918 万
湖北	11330 亿 19839 元	10	13.4%	1780 亿	15.7%	4964 亿	43.8%	4587 亿	40.5%	5711 万
湖南	11157 亿 16299 元	11	12.8%	2007 亿	18.0%	4933 亿	44.2%	4216 亿	37.8%	6845 万
安徽	8874 亿 14465 元	14	12.7%	1418 亿	16.0%	4137 亿	46.6%	3319 亿	37.4%	6135 万
山西	6939 亿 20343 元	18	8.3%	302 亿	4.3%	4266 亿	61.5%	2370 亿	34.2%	3411 万
小计	6480 亿 14727 元	20	12.6%	1060 亿	16.4%	3415 亿	52.7%	2005 亿	30.9%	4400 万
全国	300670 亿 (21.0%) 22640 元 (76.6%)		9.0%	34000 亿 (27.1%)	11.3%	146183 亿 (22.0%)	48.6%	120487 亿 (18.1%)	40.1%	132802 万 (27.4%)

注：资料来源为 2008 年大陆各省国民经济和社会发展统计公报(均为初估值)，人口为常住人口。

第二节　四兆扩大内需方案在中部六省

为因应金融海啸，大陆在2008年底就宣布了首批高达四兆人民币的扩大内需方案，速度之快与金额之庞大，都展现了大陆积极救市的决心。但大陆的目的还不仅于此，摊开这四兆的扩大内需方案，可以发现对于内陆地区的铁路、公路等交通建设的投资，占了相当大的比例，显示大陆还想借这一次机会，将内陆地区的基础建设一步到位地完成。如此一来，过去限制内陆地区发展的交通因素将全面改观，取而代之的是无穷的发展潜力，而这正是中部六省格外受到瞩目的原因。

表二　大陆四兆振兴经济计划之重大交通建设

建设项目	路线	效益	完成时间(年/月)
武汉铁路客运专线	武汉至广州，途经广东、湖南、湖北3省	广州到武汉只需4小时	2009/10
南京至安庆城际铁路	起点为南京，途经安徽、江西	15分钟一班发车，可与京沪高铁互通，安庆到南京、上海行车时间分别缩短至1小时和2小时	2011
京港澳国家高速公路长沙连接线	途经湖南衡阳、郴州，北接兴建中的湖南湘潭至衡阳西线高速公路，南连湖南宜章至广东连州高速公路	中部地区各省会，平均1小时内可上高速公路	2012
南昌至莆田铁路	江西南昌至福建莆田	南昌出海由6小时缩减为2小时	2012
京福高铁江西段	途经北京、安徽、江西上饶、福建	江西直达北京只需6小时	2013

资料来源：台湾商业周刊1113期(2009.03.23－03.29)，页97。

在这四兆扩大内需方案中，中部六省的交通建设是重点中的重点，包括将交会于武汉的两条南北高速铁路——新京广与沪汉蓉，通过南昌的京福高铁，以及连结中部六省各省会的京港澳国家高速公路长沙连接线等等。一条又一条的铁公路所构成的网络，未来将打通华中六省的任督二脉，缩短中部六省到沿海地区的交通时间，打造出4小时内的经济圈与生活圈。

第三节　中部六省的新经营战略

大陆如此大手笔的交通建设，正显现其对中部六省经营上的新战略与新思维。事实上，其背后是有一套完整的逻辑存在。

（一）透过交通投资达成区域平衡

大陆改革开放30年，很重要的一项战略思考是来自邓小平的“让局部的人先富起来”。此一想法与区域经济理论中“成长极”（growth pole）相符，亦即先发展特定地区，再透过扩散效应，促进其他地区的成长。

因此，自改革开放以来，大陆的区域发展战略不断在进行调整。由初期的沿海开放，到沿江、沿边开放，再到西部开发、东北振兴，乃至于2006年后由《中共中央国务院关于促进中部地区崛起的若干意见》所正式揭示的中部崛起。

大陆区域发展的落差乃是此种非均衡发展战略的必然结果，但区域发展不平衡，不仅仅是个经济问题，更重要的是还潜藏了严重的社会问题，因此在经济获得一定程度的成长之后，如何进一步缩小内陆与沿海区域的差距，渐次发展各个区域，就成为经济结构调整的重点。这也是2008年大陆之所以在劳工权益、环保标准上大幅提高，同时对外销与外资企业的税赋减免优惠予以取消的重要原因。透过集中且大幅度的政策调整，试图把过去30多年带动沿海地区发展的加工出口产业赶向中西部，一方面带动内地发展，一方面强迫沿海地区朝高科技或服务业发展，此即所谓的“腾笼换鸟”政策。

是故，配合整个中部崛起工作的推展，大陆在中部六省所投入的大量交通建设投资，可视为达成区域平衡的一项重要作为。有“腾笼换鸟”的政策在前，再加上未来交通改善之后，中部六省包括土地、劳动力等成本的优势便得以展现出来，一推一拉之间，对台商与国际企业的吸引力便出现了，这也是已有许多台商纷纷从沿海地区转到中部六省最主要的原因。待诸多投资到位后，届时中部六省快速的成长将可以预期，与沿海地区的差距也可望进一步缩小。

（二）透过城乡平衡达成和谐社会

此外，对于大陆经济崛起的这 30 年，可以从各式各样角度来评价。有人以撼动世界来形容，有人以世界工厂来描述，但也有人以“血汗工厂”来说明发展过程中劳方的辛酸，更以“低价大陆”(China Price)来总结大陆的对外竞争力。这使得经济发展过程与经济发展结果间出现了高度矛盾，也就是快速发展的成果，在分配上出现了尖锐的局面，城乡差距逐渐恶化。

前述的非均衡发展战略，使大陆得以摆脱贫穷，快速改革开放。但由于相当依赖外向型的发展策略，低价大陆的基础就是要劳力、土地价格便宜，因此来自农村的庞大劳力之价格长期压缩在较低水平，这不但威胁到和谐社会的来临，也抑制大陆内需市场购买力的成长。

这种城乡的失衡必然同时与内外失衡并存，即生产制造之商品以外国人使用居多，本地人（尤其是农村人）反而无法使用，这正是大陆虽然获得大量外贸顺差、外汇存底之积累，但也同时反应大陆人对稀有资源的低度利用，多数资源透过加工出口的形态供外国人使用。这使得城乡的失衡成为经济发展过程中，另一个重要矛盾。这是由于尚未搭上开放列车的农村地区，自然是发展相对落后的地区，如果不在体制上作大幅度的更动，那么农村地区就会成为产业化、经济发展中获益较小，甚或相对受剥夺的一方。

要解决这种失衡的问题，真正有利于结构调整的需求增加应该落在民间消费，特别是购买力相对较低的农村人口上。而要让农村人口有较高的购买力，经济的发展是一个重要的关键。交通建设能带来更多的外人投资，并进而释放区域经济成长的动能，此时一方面来自农村的劳动力其收入可以增加；另一方面透过农地流转制度可以让广大农民分享土地因经济发展所带来的增值利益，最后再透过财富效果来提高农民消费力。这样不但可以缩短城乡差距，促进和谐社会及分配平均化，也是提高内需市场购买力，摆脱经济发展后种种社会问题的长期根本之道。

（三）从世界工厂到世界市场

面对百年难得一见的金融海啸，过去长期倚赖的海外市场如美国已经自身难保，迫使大陆重新调整自身的定位。从区域均衡到城乡均衡，整个扩大内需方案最终的目标还是刺激内需市场，亦即所开发的不仅是内陆地区的生产能量，还要开发内陆地区的消费能量。因此改善交通建设以吸引外人投资是第一步，让农村居民提高劳动生产与土地资产的收入是第二步，加上水电的基本设施的建设到位，整个农村的消费潜力就会被调动出来，届时不只是基本的民生必需品，还能够向上采购家电、汽车等产品，从而产生消费的乘数效果，于是不断扩散出来的正向循环，便会成为大陆未来经济成长的新动能。

此一定位，表示大陆已逐渐从过去以廉价土地与廉价劳工所构筑起来的世界工厂角色，转而成为拥有丰沛购买力的世界市场；亦即从出口导向经济转成内需型经济结构。角色的转换若能经由这一波的扩大内需方案而顺利完成，那么“局部人富起来”就能扩展到“多数人富起来”，使更多人民分享改革开放的成果，也能让大陆极富潜力的内需市场具体深化。

当然，这也会改变生产要素价格，致使厂商的生产成本调整，将导致大陆在世界工厂与世界市场间的定位须要有一个新的均衡。但无论如何，大陆的角色的转变，将会使其在全球经济成长上占据更关键的地位。

第四节　两岸在中部六省的新合作风貌

如上所述，大陆对中部六省经济战略的布局，就是借着庞大交通设施的投入，使沿海地区部分制造业内移，培养中部六省庞大的薪资劳工阶层，再加上推升农业购买力的措施，搭配通路的布建、服务业的培养，综合起来就是一个未来可逐渐取代欧美的庞大亚洲、大陆的内需市场。这也使得中部六省成为台商或国际企业设立或转移基地时的新选择对象。

面对此一新的布局，以及大陆政策的转变，台商应当体认到，原先在沿海地区的发展模式，将很难继续维持下去，必须配合发展的趋势，重新调整与之相对应的营运策略。

过去一二十年，就台湾对大陆之投资与贸易来看，金额庞大似乎已有相当成果。不过，仔细研析可以发现台湾对大陆的经贸互动有三种偏颇的倾斜：偏出口、偏制造、偏独资。事实上，这三种偏颇是相互影响与纠结的，其核心正是以台商利用大陆具竞争力的劳力与土地等要素为本，配合大陆改革开放的政策，把台湾过去“两头在外”的发展模式搬到大陆，因而得以形塑出加工出口产业优势，也帮助大陆成为著名的世界工厂。

过去这样的模式在大陆异地复制，固然取得相当成果，但在这次金融海啸下却也暴露了弱点。同时随着上述大陆政策的转变，台商在随之移转基地到中部六省的同时，已不能仅考虑如何维持加工出口的优势，而必须将大陆内需市场的兴起纳入考虑来进行策略转变。事实上，有别于过去沿海地区（尤其是珠三角）对台商的吸引力，主要是以廉价劳力与廉价土地为出发点的成本优势，中部六省还有庞大内需市场作为依托，这正是其独特之处，也将使两岸企业在这个地区有可能出现新的合作型态。

当台商到中部六省可能不是以加工出口为唯一的考虑，还要以进占当地市场作为战略目标时，那么台商的选择有二：一是以大陆厂商取代欧美厂商的采购。二是从生产拉长至销售来攻取大陆市场。前者是台商的传统优势，即在研发、生产上胜出；后者则进一步跨入通路。

如果台商想摆脱过去低毛利的代工困境，那么重视通路与营销利益是势在必为。部分食品加工产业一开始就以大陆内地市场为主，如今已卓然有成，例如康师傅的顶新与旺旺就是成功的案例。如此一来台商在当地的投资也就不会仅以制造业为限，而会在通路及相关服务业上着墨。这就有别于过去台商在大陆，大多向制造、出口倾斜的现象，而逐渐以制造、服务兼顾，出口、内需并行的方向发展。

到了这种相对较平衡的产业与市场取向后，台商也可能与当地企业由过去上下游垂直分工而进入新的竞合关系。尤其在进军大陆内地市场时，通路、品牌、营销、服务等都需要面临选择，究竟是要与当地企业合作或竞争？

此时，可以有另一种策略选择，那就是与陆资企业合作，包括在营销、研发甚至生产上进行业务合作。如果一旦采取合作策略，那么两岸企业就可能出现业务合作、策略联盟、交叉持股、入股与合资等新的合作型态。如此一来，也会使过去台商在大陆习惯以独资的经营型态产生变化，朝向合资的可能性演进。到了这个阶段，两岸当然就可以携手共同面向国际市场。一旦合作共同经营大陆与海外市场，台商就会由出口转为内需，由制造业转而跨入服务业，同时也由独资进入合资。这就使三种偏颇得以修正，也是两岸产业整合的进一步深化了。而这种两岸产业整合的深化，其实也正配合大陆由“世界工厂”转为“世界市场”的大趋势。

因此，中部六省将有机会成为两岸新合作风貌的试点。特别是在合资成为一种可能选项后，两岸企业文化的融合、法律、会计、组织的调整，乃至两岸企业竞争力透过融合而提升等都将是新的课题与挑战。通过这一关卡的检验，两岸企业才有可能携手走向国际，那就是华人经济实力的另一大突破了。

第五节　政策建议

中部崛起不但标示着大陆经济发展进到另一个新台阶，同时也是大陆经济逐渐由“世界工厂”转向“世界市场”的一大步，使大陆内需市场逐渐承担起全球经济发展的引擎功能，并达成区域平衡与城乡平衡的目标。这样的战略布局，使我们对中部崛起有高度期待，同时也可以预想到中部六省在未来的快速成长过程中，将一并进行激烈的产业结构转变。在这样的机遇下，台商在中部六省的发展，也会由偏重制造转向制造、服务兼顾；由偏重出口转向出口、内需并重；以及由偏向独资的型态转向独资、合资并行的发展。为了加速两岸利用中部崛起的机会来推进上述新的合作风貌，在政策上试作以下之建议：

1. 大陆在交通基础建设上不论技术或财务均有相当实力或竞争力，

台湾厂商不一定能有参与的机会。不过,台湾在轨道系统上结合安控、通讯、信息、无线或互动网络等的加值系统之规划或建置颇有经验,这方面两岸可以有一新的合作领域。

2. 中部崛起除了交通基础设施外,还要使农村富裕起来,所以"三农问题"的对策是一个伴随而来的问题。台湾在这方面有一定之经验,可以引进作为中部六省的参考。

3. 中部崛起的另一个重点在于通路、物流与相关服务业的搭配。在家电下乡的政策推动中,已可以发现这个部分须要有更多的投入,这个领域如何透过政策或补贴,来鼓励台商或与大陆企业合作进行投资,为内需市场的开发提供重要"基础建设",也是一新的合作领域。

4. 既然两岸企业的合资或合作是一种新的可能性,税负、金融、劳工政策上给予一定之鼓励,甚至在利用资本市场上给予若干指标,也是政策上可以构思的方向。

总之,中部崛起让两岸合作更深化、更广化。广化方面包括工业、农业和服务业,市场包括出口与内需;深化方面包括两岸企业在国内业务合作、策略联盟、相互持股,甚至连手赴海外发展。既然如此,两岸政府应该视两岸企业为一体,不分彼此,塑环境、给政策。这与现实当然有距离,这个距离恰恰就是政策该填补的地方。上述四点只是列举而已。

节能减排与两岸环保产业合作

中国环保产业协会副会长　于越峰

一、大陆当前的环境形势

当前及今后一个时期，大陆仍处于工业化和城市化快速发展阶段，环境和资源问题面临着很大的压力。目前一些河流和城市污染程度仍处在较高的水平，环境承载能力下降和资源短缺已成为制约大陆经济社会发展的瓶颈。

政府已将实现“十一五”规划期间的单位能耗降低20%和主要污染物排放减少10%作为约束性目标，也就是我们现在说的“节能减排”。将节能减排确立为约束性指标，赋予了节约资源能源保护环境的重大历史使命，同时也使环境保护工作乃至环保产业具有更加丰富的内涵和前所未有的发展机遇。政府把建设资源节能型，环境友好型社会放在工业化、现代化发展战略的突出位置，开发和推广节约、替代、循环利用资源和治理污染的先进适用技术，实施节能减排重点技术示范工程，大力发展节能服务产业和环保产业。以循环经济，低碳经济、清洁生产和绿色消费为代表的绿色经济迅猛发展，从而引发了一场绿色革命。

二、大陆加大对环境保护的资金投入

加强环境整治工作极大地带动了环保产业的市场需求，大陆的环保投资占GDP的比例由早期的0.5%逐年加大到目前的约1.3%。“十一五”期间，大陆将继续加大污染治理和生态环境建设的投资规模。环境保护投资总额约达14000亿元，约占同期国内生产总值(GDP)的1.5%，比

"十五"期间提高0.2个百分点。大陆将投资3336亿元实施危险废物和医疗废物处置、城市污水处理、城市垃圾处理、燃煤电厂脱硫等八大重点环境保护工程。这些工程项目的实施,无疑将极大地拉动环保产业的市场需求。初步测算,"十一五"期间,大陆环保产业可望保持15% –17%的增长速度,2010年环保产业的年收入总值将达8000亿~10000亿元左右。政府提倡大力发展环保产业,建立社会化、多元化环保投融资机制,运用经济手段加快污染治理市场化进程。

三、政府采取多种措施积极支持环保产业发展

据测算,2008年我国环保产品和环境工程建设与服务业从业人数近200万人,产值约2500亿元,占GDP比例不到1%,与发达国家和地区约3%的比例相比,仍有较大增长空间。

全国人大、国务院以及财政、科技、发展计划和环保等有关部门,在国家产业发展政策、科技计划、国债资金、环境专项资金等方面支持环境技术开发和示范,大力推进环保产业的发展。概括起来包括以下几个方面:

1. 上世纪90年代以来,制定和完善了数十个环境相关法律、法规,建立起了较为完善的环境标准体系;

2. 鼓励引导性政策。《当前国家重点鼓励发展的产业、产品和技术目录》、《外商投资产业目录》、《清洁生产技术目录》等引导性政策中均把发展环保产业作为其重要内容;

3. 鼓励环境技术的开发、引进消化,促进国际环境技术交流与合作;

4. 通过减免税政策支持工业污染治理项目投资、城市污水和垃圾处理项目,鼓励企业利用废水、废气、废渣等废弃物作为主要原料进行生产;

5. 运用市场化手段推进环境保护,如对城市污水、垃圾征收排污费和处置费,对二氧化硫和氮氧化物排放实现零起点征收排污费、超标罚款,同时对脱硫电厂实行上网电价补贴等,鼓励企业进入环境服务业和促进市场化发展;

6. 建立政府绿色产品采购制度,出台了环境标志和节能产品政府采

购清单，引导绿色生产和消费。

四、大陆环保产业对台合作的优先领域

大陆环保市场一直实行积极的开放政策。近年来，发达国家的主要技术、产品和服务不少已在大陆应用。如在环境服务方面，近几年不少世界知名企业已在大陆设立合资、独资企业，通过承接环境工程、参与市场投融资或其他市场化模式经营。同时，我们也非常欢迎拥有先进技术、产品的台湾企业进入大陆环保市场。近年来，已有一些台湾环保企业为大陆环保市场作出了贡献，如上海川源机械工程有限公司的污水处理设备在扬州工厂等多个工程中使用，反映良好。这一两年来，我协会的工作人员也时常接到来自台商的各类电函，表达了进入大陆环保市场那个的殷切期望。

大陆环保产业对台合作及投资的重点领域主要包括以下方面：

1. 发展循环经济的支撑技术：资源综合利用、废旧物品的回收利用技术等；推进清洁生产、绿色设计、生活消费洁净产品等；可再生能源、绿色能源等；节能、节水技术和产品等。

2. 环境污染防治与生态保护领域：水污染防治与回用技术、饮用水安全保障技术等；大气污染治理、清洁能源、燃煤电站脱氮脱硫、可吸入粉尘、垃圾和危险废物焚烧烟气净化、机动车排气污染控制技术等；垃圾卫生填埋、污染土壤恢复技术等。

3. 环境监测仪器领域：污染源在线监测一次仪表和控制传输系统，大流量烟尘、烟气排放口、污水处理厂监测与过程控制系统；空气环境质量和水环境质量监测技术及监测网建设系统技术；环境应急监测与预警技术等。

台湾企业到大陆来可能面临陌生的市场和不同的经营管理理念等问题和困难。台湾企业进入大陆环保市场最简捷的方法不是花很多的精力和时间去拜访各大政府部门，而是找一个合适的环保企业进行合作，因为好的环保企业最了解大陆的环境市场，最了解如何去和客户、政府部门等

沟通。他们有良好的人脉关系，他们缺少的可能是优秀的技术、良好的理念或者是可利用的资金。这些又是台湾企业所具备的。通过这样的一种合作，把台湾企业的技术、产品源源不断地输入到大陆的环保市场当中去。大陆有一万多家环保企业，其中最好的就是中国环境保护产业协会的会员。我们愿意把这些讲诚信、懂得保护知识产权、具备较强的经营能力和熟悉大陆市场的企业推荐给台湾企业，具体合作方式可以由企业面对面商谈。

五、湖南省环保产业发展状况

湖南省地处中国腹地，近年来随着经济迅速发展，环境投入大幅增加，环境污染治理取得了显著成效。烟尘控制、环境噪声治理力度加大，新上一批清洁燃料、污水处理和垃圾处理等城市环境基础设施项目，河、湖、空气、重点污染源的监测继续加强。城市污水处理率和城市生活垃圾无害化处理率大大提高。目前，湖南环保产业发展相对缓慢，需要加强同台湾地区的合作，引进资金和先进的技术、理念，加快环保产业的发展。

六、大陆环保产业发展及两岸节能环保产业合作展望

可以预计，今后大陆经济将继续保持 10 年快速增长，市场依旧是拉动环保产业快速发展的动力。随着环境容量和资源短缺的压力继续增大，大陆的“节能减排”事业需要环保产业的技术支持和物质保障，优化产业结构和提高经济增长质量的需求必然带动环保科技进步和相关产业的发展，同时也给环保产业的进一步发展带来新的机遇。

大陆的环保市场前景广阔，欢迎台湾先进的环保技术和理念进入大陆，特别是城市污水处理、工业污水处理和电子垃圾处理领域的先进技术和理念。希望两岸通过共同努力和合作，能为环境保护事业贡献一份力量。

深化经贸合作　实现合作共赢

湖南省人民政府省长　周　强

中部地区是大陆区域经济的重要板块。中部地区幅员广阔，包括山西、安徽、江西、河南、湖北、湖南六省，总面积102.7万平方公里，总人口3.61亿，在大陆具有举足轻重的战略地位。一是区位优势明显。承东接西、贯南通北，已初步形成现代立体交通网络体系。区域内高速公路通车里程已达1.6万多公里，有京广、京九、陇海、焦枝四大铁路干线贯穿其中，30多个机场直航国内重要城市以及其他国家和地区；内河等级航道占到大陆总里程的56.5%；拥有三门峡、三峡、葛洲坝等大型水电工程。二是各类资源丰富。黄河文明与长江文明交相辉映，荟萃了河洛、荆楚、湖湘等灿烂文化；自然资源禀赋较高，煤、铝土、铜等30多种矿产资源居全国之首，其中山西的煤炭储量占全国的1/3，江西的铜储量占全国的1/5，湖南的锑储量居世界首位；自然与人文景观众多，拥有北岳、中岳、南岳、黄山、庐山、张家界等世界级名胜。三是产业基础较好。小麦、水稻、玉米、棉花等主要农作物产量居全国前列，粮食产量占全国的1/3，是全国重要的粮食主产区、商品粮输出基地和农产品生产加工基地，全国六个粮食调出省份中部地区占有5个，其中湖南水稻产量居全国第一，生猪产量列全国第二；工业门类齐全，山西的能源开发和不锈钢产品，江西的特色冶金和精密制造，河南的食品加工和客车制造，湖北、安徽的钢铁、汽车，湖南的工程机械、有色金属等在国际上都极具竞争力。四是科教实力较强。中部地区高等院校密集，各类专业技术人才荟萃，劳动力普遍具有较高素质，是我国东南沿海地区劳动力的主要供给地。立足优良的自然条件和良好的产业基础，中部地区已初步培育形成具有自身特色的发展优势，为促进加速崛起、创造新的业绩创造了良好条件。

大力实施中部地区崛起战略已经取得巨大成效。实施中部地区崛起战略，是大陆区域经济协调发展的重大战略布局，更是中部地区前所未有的战略机遇。自2006年国家决定实施中部地区崛起战略以来，中部六省坚持从实际出发，制定措施，加大力度，在实施崛起的历史征程中已经取得重大进展。突出表现在：一是“三基地一枢纽”建设进程明显加快。为促进实施中部地区崛起，国家相继出台了一系列政策措施，从资金、重大项目布局等方面向中部地区重点倾斜，加快建设大陆重要的粮食生产基地、能源原材料基地、现代装备制造及高技术产业基地和综合交通运输枢纽，支持中部各省加强省际基础设施对接，深化产业合作，提升发展水平。例如，湖南已有钢铁、机械、石化、有色、食品加工、文化等6个产业的产值达到1000亿元，去年全省新开工了18条高速公路，岳阳地区1000万吨炼化一体化等重大产业项目开工建设。二是“两型社会”试验区建设得到实质性推进。在大陆批准建设的六大改革试验区中，中部地区的湖北武汉城市圈和湖南长株潭城市群，同时获批为大陆“两型社会”建设综合配套改革试验区。去年以来，两大试验区已在先行先试方面取得重大突破。今年6月28日，湖南长株潭城市群在国际电信联盟和国家各有关部门的大力支持下，成功实现了通信一体化升位并网，使湖南人民半个多世纪的梦想终于变成现实。三是综合经济实力明显提高。中部六省认真贯彻国家部署，紧密结合自身实际，提出了符合各地发展需要、反映各省人民愿望的发展战略，突出新型工业化带动全局发展，突出新型城市化促进城乡统筹，突出发展现代农业推动新农村建设，呈现出经济快速发展、社会全面进步、人民生活显著改善的良好局面。2008年，中部地区六省生产总值增长12.2%，在河南之后，新增湖北、湖南两个GDP过万亿元的省份。四是承接产业转移步伐加快。太原、合肥、南昌、焦作、武汉、郴州等9个中部城市被确定为大陆加工贸易梯度转移重点承接城市。到2008年底，中部六省共有5.05万户外商投资企业，比上年增长15.8%，增幅比东部地区高9.2个百分点。五是在大陆扩内需保增长中发挥了重要作用。2008年，中部地区全社会固定资产投资增长32.6%，比东部地区增幅高11.7个百分点。今年一季度，中部城镇固定资产投资同比增长34.3%，高于东部的19.8%，比大陆平均水平高5.7个百分点。六是各省合作协调力度加大。中部地区投资贸易博览会、中部论坛已成为中部合作交流的重要平台。举办的前四届中博会，累计有境内30个省区市、境外113个国家和地区的近10万客商前来参展，有效促进了中部各省经济外向度的提高，取得了一系列重要的对外合作成果。例如，湖南中联重科成功收购意大利CIFA公司，已成为世界最大的混凝土工程机械制造供应商；华菱与安赛乐·米塔尔开展战略合作，引进六项关键技术；三一重工投资1亿欧元在德国建立生产基地项目，成为大陆在欧洲最大的实业项目。实践证明，中部崛起战略的实施，有力地促进了中部地区的又好又快发展，激发了中部地区的发展活力，为中部地区进一步深化对外经济合作提供了广阔平台。

中部地区与台湾的经贸合作已经进入新的发展阶段。开放促进发展，发展需要合作。大陆改革开放30年来，中部地区与台湾的经贸联系日益密切，人员往来日益频繁，文化交流日益活跃，台资已成为中部地区境外引资的重要来源。2008年，中部六省累计批准台资项目7667个，实际到位台资91.42亿美元，涉及制造业、农业、商业、旅游、物流、房地产等20多个领域。今年以来，中部六省对台招商引资逆势增长，1－5月新批台资项目86个，实际到位台资4.16亿美元，同比增长近10%。当前，扩大中部与台湾的经济合作，正面临前所未有的机遇。一是两岸关系步入新的历史阶段，为深化中部与台湾的经济合作奠定了重要基础。去年以来，海协会与海基会在旅游、直航、金融合作等多个领域达成一系列协议，两岸经贸交流进入“直接、双向、机制化”阶段。今年5月26日，中共中央总书记胡锦涛与中国国民党主席吴伯雄会谈，提出了六点重要意见，为在新的起点上进一步推动两岸关系向前发展奠定了重要政治基础，揭开了两岸关系新的一页。二是国家对中部地区支持力度不断加大，更加重视发挥中部地区在应对国际金融危机中的作用，为中部深化与台湾合作创造了良好条件。今年6月，温家宝总理在湖南视察工作时明确指出：“在应对金融危机中，中央对中西部地区的支持力度只能加强，不能削弱”，并表示在拓展经济发展新的领域、培育新的增长地带和新的增长点，以及促进城乡统筹发展、扩大内部需求等方面，要更加重视发挥中部地区的作用。2008 年，中央财政安排中部六省中央基本建设投资 269 亿元，增长 21%；对农民的“四项补贴”达 291 亿元，比上年增长一倍；对中部六省的转移支付达到 4996 亿元，增长 30%。在大陆扩内需保增长过程中，中部地区将扮演十分重要的角色。三是中部地区发展加速，经济腹地和市场广阔，基础设施逐步完善，为深化拓展中部与台湾的合作提供了巨大空间。2008 年中部六省生产总值占大陆的 19.3%，居四大经济板块的第二位；今年第一季度，中部地区有四个省的 GDP 增幅达到两位数。特别是中部地区的省际基础设施建设对接加快，交通、电力、信息网络加速对接，正加快形成区域统一的人才、资金、技术等生产要素市场，为深化中部与台湾的合作提供了重要的基础性支撑。四是中部正致力建立健全便捷、高效的服务体系，将为深化中部与台湾的经济合作搭建更广阔、更紧密的互动合作平台。例如，去年 10 月，湖南已正式实施《行政程序规定》、开通了大陆第一家省政府英文门户网站等，为包括台湾企业家在内的广大投资者提供了优质、高效服务。就湖南来说，湘台两地的经贸交流与合作关系正在不断深化，领域在不断扩展，为实现两地合作共赢打下了良好基础，为我省经济社会发展注入了新的活力和动力。截至去年底，湖南累计批准台资项目 1836 个，实际到位台资 24.4 亿美元，投资覆盖全省 14 个市州。今年以来，在国际金融危机加速蔓延的形势下，湖南对台招商引资仍然保持增长，一季度新批台资项目 13 个，实际到位台资 9519 万美元，同比增长 24.3%，比全省实际到位外资增速高 3.7 个百分点。长沙望城湖南台商投资区、湘潭台湾工业园和益阳台湾工业区，已发展成为湘台合作的重要平台。今年 1 月 15 日，长沙—台北客运直达航班正式开通，为推进湘台两地的交流合作架起了空中桥梁。所有这些都表明，湘台两地交流合作基础良好，湘台合作已经进入到新的阶段。

坚持面向未来深入推进中部地区与台湾的经贸合作。中部地区和台湾比较优势各异，合作潜力巨大。在两岸关系呈现和平发展的新形势下，我们要广泛寻求合作机会，积极拓展合作领域，努力提升合作层次，大力促进两地共同繁荣。一是要围绕扩内需保增长开展合作。以重大项目和重大工程为载体，创新投资方式，积极探索产权、股权出让、企业租赁、

BOT 和金融债券等方式，与台湾投资者开展战略性投资合作。二是要围绕发展现代农业加强合作。立足双方在农业发展方面已经形成的良好基础，充分发挥台湾现代农业发达的优势，促进中部与台湾合作开发现代农业技术，在建设优质农产品深加工及出口基地、生态农业园区和绿色农副产品生产基地等方面加强合作，做大做强一批龙头企业，培育一批地方特色品牌，促进优质农副产品双向流动。三是要围绕推进产业转移加强合作。主要是依托中部地区六省的各类产业园区、高新技术产业基地，大力承接台湾优势产业转移，以武汉城市圈和长株潭城市群“两型社会”试验区为平台，在资源节约、环境保护等重点领域引进一批重大产业项目，鼓励台商参与中部地区的国有企业、传统产业和老工业基地改造。四是要围绕发展现代服务业开展合作。重点开展多种形式的金融合作与创新，建立彼此间的沟通互信机制；加强现代物流业合作，共同规划建设特色物流基地；深层整合双方旅游资源，促进旅游资源共享；加快与台湾在技术、环保、准入、资格认证等方面的对接合作，为扩大双边贸易创造良好条件。湖南将重点依托长沙望城台商投资区、湘潭台湾工业园和益阳台湾工业区，致力改善基础设施，加强产业配套服务，大力开放工业制造、资源深加工、重大基础设施建设及物流、中介服务等领域，全力支持台商向湖南输出技术、增加投资、转移产业，探索完善民间和企业之间的合作机制，推进贸易自由化、投资便利化，促进双方共同发展，实现合作共赢。

“同声自相应，同心自相知”。相信在两岸同胞的共同努力下，中部地区与台湾的交往将会更加频繁，合作将会更加密切，一定能实现携手共进，共创辉煌，共享和谐美好的明天。

两岸出版产业合作模式探讨

新闻出版总署中国出版科学研究所　郝振省

一、总结、提升各地已经形成的两岸出版产业合作经验的层次，构建两岸出版产业总体合作的常态机制。

在两岸出版20年来已经形成的局部区域、局部领域、局部环节的成功合作的基础上，建立多元、全面合作的常态机制。

二、加强基于民族出版传统的品牌企业之间的深度合作，增强中华民族出版业的恒久竞争力。

通过两岸商务、中华、上海书店等老品牌企业的深度合作，将共同的中华民族出版企业品牌做大做强。

三、加强外向型出版发行的全面合作，增加中华文化认同，全面拓展海外华文市场，通过两岸出版发行业的优势互补，携手进军海外华文出版市场，推动中华文化“走出去”，促进民族文化交融。

四、加强两岸数字出版领域的合作，推动两岸产业战略转型。

通过资本合作、共同研发、成立实体等方式，实现数字出版重大技术开发和推广方面的突破，共同占领国际数字出版的制高点。

五、加强重大出版项目的合作，打造中华文化精品力作 。

在中华传统文化、科学技术、少儿读物、时尚读物等领域实施重大出版项目，整合两岸出版资源，组织两岸相关方面专家，共同策划、编辑、发行，打造中华文化精品力作。

两岸携手共进　同创世界品牌

——论两岸文化创意产业的发展与交流

湖南山猫卡通有限公司总导演兼执行总裁　吴　晖

在全球化趋势不断加强、国际间竞争日益激烈的今天，以文化和创意为核心的创意产业的发展规模，已成为衡量国家综合竞争力的重要标志。两岸间文化产业的互融互动和互促效应日趋显著。我们相信：通过两岸同胞的不断努力，两岸间经济、文化交流的热潮必将被推向一个新的高度。

两岸文化产业合作的潜力巨大，这种合作根植于两岸共有的中华文化。在两岸的交流中，文化的交流始终是最重要、最实际、最能引起两岸共鸣的。两岸拥有丰富的中华文化元素，近年来台湾在文化创意领域逐渐展现成果，产生了许多具有地方特色的产业和当地风格的产品，而大陆则兴建了许多文化创意产业园区。

山猫卡通公司是一家拥有自营进出口权的动漫企业，出口以“山猫吉咪”为主的卡通形象衍生产品。公司制作的大型魔幻教育娱乐动画故事片《山猫吉咪历险记》，2009 年 3 月入选美国纽约国际独立电影电视节，该节旨在从全球精心挑选、播映最具创意、最杰出和最新的电影电视节目，被誉为美国主流媒体选播影视片的风向标和指南针。

本届电影电视节有来自世界各地的近百部电影、电视、动画片参加评选。入选影片在纽约市中心的电影院公演后，最终由美国最具权威、最严谨的专家评选出十部最佳影片。《山猫吉咪历险记》作为唯一一部入选本届独立电影电视节的中国动画片，凭借其精美的制作，绚丽的画面，独特的“山猫功夫”令评委耳目一新，一路过关斩将，高歌猛进，最终不负众望，获得“最佳动画影片奖”。成为美国纽约国际独立电影电视节自创建以来，第一部获奖的中国原创动画故事片。

大奖的获得为“山猫吉咪”系列卡通形象及品牌融入世界多元化市场奠定了坚实的基础，为山猫卡通今后制作的动画片在美国主流媒体的播映拿到了通行证，证明了山猫卡通公司的创新、制作、运营能力，达到了一定高度，打响了公司全球战略的第一枪。

现阶段“山猫吉咪”卡通形象衍生产品已经出口到美国、俄罗斯、英国、德国、法国、意大利、巴西、泰国等世界几十个国家和地区，累计出口动漫形象衍生产品达2000万美元。

忆往事，1996年我们就与台湾的企业合作，共同制作了“勿忘我”品牌的唱片——卡拉OK、DVD、VCD，当年“勿忘我”品牌的唱片在中国已成为家喻户晓的著名品牌。我相信，这只是一个起点，通过两岸更加密切的合作，我坚信一定能再次打造出最具国际竞争力的著名动漫品牌。

我们在为全球化战略目标做着积极有效的准备的同时，也渴望与台湾文化界、企业界的合作。

一、化危为机，打造品牌

当今，在世界范围内，动漫产业链已经成为一个5000亿美元的产业。而在我国，动漫及其衍生品拥有过千亿元的市场。面对如此广阔的发展空间，两岸应当携手共进，在国际动漫产业中占得主导地位。当前，金融危机席卷全球，在内外多种因素交互作用下，我们部分企业受到严重冲击。面对严峻的国际国内经济形势，我公司积极应对挑战：聘请美国迪斯尼动画节目制作在韩国的总导演边康文先生来我司工作，通过引进高端人才增强动漫作品在国际市场中的竞争力；加大企业的创新力度，灵活调整营销战略，抓住困境中的机遇，努力扩大市场份额，在逆境中加速企业的成长。

我公司在其他企业疲于应对金融危机无暇分身开拓市场的情况下，提出了高速稳步发展的目标。其战略目标为以下三点：

1. 加大市场的研发和拓展力度，提升我公司在全球动漫产业链上的竞争力。

2. 大力引进先进技术，高端人才，调整产业链结构，拓宽国内外市场，未来力争实现百亿元的产值。

3. 积极与相关文化企业合作，不断开拓和培育新市场，全力打造具有国际影响力的“山猫吉咪”品牌。

美国的《猫和老鼠》打造了动漫界一个不朽的神话，日本的《机器猫》创造了一个动漫界的奇迹，我公司现正在制作的365集大型娱乐动画故事片《山猫吉咪》预计年底将在CCTV播映，同时来自美国、中东等地的片商也预定了此片。随着《山猫吉咪》动画片在全球的放映，我深信，在不久的将来，中国的“山猫吉咪”品牌必将成为百年精品，全球人喜爱的世界顶级动漫品牌。

二、卡通形象，外交大使

21世纪是一个转型的世纪，也是一个危中有机的世纪。世界的发展进入一个创意文化、知识科技时代，经济发展不再以单一的传统产业来支撑整个经济体系，然而动漫产业作为文化产业的后起之秀，在经济全球化的过程中扮演着越来越重要的作用。当前的中国动漫拥有广阔的市场，但同时也面临着严峻的挑战，如何摆脱现阶段被动的局面，以高质量的动漫夺回国内市场同时走向世界，如何探索一条适合于中国动漫发展的道路，则是中国动漫界当前最急需解决的问题。尽管“中国制造”已经成为世界市场的主要产品，但到目前为止中国动漫品牌还没一个真正意义上被世界人民认同的国际品牌。

当今世界各国的元首将本国知名动画卡通人物形象衍生品互赠，如是，知名卡通人物形象成了国家的外交形象大使（日本首相麻生太郎2008年11月22日与俄罗斯总统梅德韦杰夫举行会谈时，赠送了头顶竹蜻蜓的“哆啦A梦”玩具供其儿子赏玩示好）。随着中国经济的进一步转型，两岸通力合作共同探索出一条适合于我国动漫产业的发展之路，这不仅对我国动漫产业的发展至关重要，而且对中国经济的发展及民族文化的发扬都有重要的现实意义和深远的历史意义。

三、共促共进，创造双赢

当前，海峡两岸各领域的交流与合作处在一个新的历史起点上，两岸文化创意产业可以进一步整合资源，发挥各自优势，创造双赢局面。

为此，我建议：

首先，两岸应设立专业的文化创意产业合作机构，积极建立并完善促进两岸文化发展的沟通协调机制，定期组织两岸特色文化企业交流，探索具有中国特色的文化创意产业之路。

其次，两岸可以以渊远博深的中华文化为背景进行深度开发创作。台湾目前已经蓄积可观的人才以及技术力量正期待一个可以施展能量的契机，与大陆文化企业的合作即是一个爆发点。两岸以共有的中华文化为合作契机，充分发挥两岸文化产业人才、资源和资金的优势，进而共同携手进军国际市场，抢占全球动漫市场的制高点。

再次，两岸应共同加强创意人才的培育与交流，加大创意产业投入。通过人才间经验的交流互补，培育出具有国际视野的创新型文化艺术人才。

四、迎接挑战，推动发展

海峡两岸文化产业发展共同面临着三个挑战，一个是创新和创意的文化挑战、一个是发达国家文化产业对我国的入侵，一个是先进科学技术推动产业调整升级的考验。因此，两岸都面临着推进文化创新、增强文化活力、调整产业结构、促进产业升级的重任。

加强两岸各项交流与合作符合两岸同胞的共同利益，是民心所向、大势所趋。山猫卡通热切地期待与台湾文化创意产业的交流合作。博大精深的中华文化为两岸提供了最好的素材和养分，期待两岸企业能取长补短，共同提高中华文化创意产业在国际上的整体竞争力。

积极推动新闻交流　促进两岸和平发展

新华通讯社副社长　周锡生

“竹外桃花三两枝，春江水暖鸭先知。”近 30 年来，在两岸关系走过的风雨历程中，两岸新闻交流发挥了独特而重要的作用，成为两岸民众增进了解、沟通感情的重要桥梁，成为两岸关系发展的重要推动力之一。当前，两岸关系步入和平发展的轨道，正在不断破解难题，开拓前行。我们理应站在新的起点上，站在全民族发展的高度上，更加积极地推动两岸新闻交流与合作，尽快实现媒体常驻，深化彼此交流，拓展合作领域，提升合作层次，把两岸新闻交流推向新的更高的境界。

一、两岸新闻交流有力推动两岸关系发展

1987 年 11 月 1 日，中国记协负责人发表谈话，宣布中国记协受国务院办公厅委托，负责受理台湾记者来大陆采访事宜，欢迎台湾记者来大陆采访交流，两岸新闻交流的大门从此开启。20 余年来，两岸新闻交流虽然历经波折，但在两岸有识之士和新闻界的共同努力下，脚步从未停止，近年来更是加速发展，交流与合作领域不断扩大，形式日益多样，内容日益丰富。

目前，两岸新闻界高层、中层主管，编辑记者等多个层次的团组互访频繁；两岸新闻机构之间进行信息互换、委托采访、合作采访、稿件节目交换，共同举办文化学术研讨会、知识竞赛、大型文艺演出等多种形式的大型活动，新闻业务交流与合作进一步加强。截至 2008 年底，来大陆采访的台湾记者累计已达 16000 人次。大陆已累计批准十多家台湾媒体在北京、上海、福州、成都、广州、昆明等地驻点采访，每次采访时间可长达半年。2001 年 2 月，新华社两名记者赴台驻点，拉开了大陆新闻媒体赴台

驻点采访的序幕。目前，赴台驻点的大陆媒体已增至7家，每次采访时间也从一个月延长到三个月。

在两岸关系发展中，新闻媒体具有独特的优势，发挥着独特的作用。日益密切的两岸新闻交流，对增进两岸同胞的相互了解和感情，促进两岸其他领域的交流往来，产生了积极、重要的作用。在民进党上台的八年里，两岸媒体人特别是台湾媒体同行本着职业道德和社会良心，顶着巨大压力，客观反映台湾社会求和平、求安定、求发展的主流民意，反映台湾同胞反对“台独”分裂、要求两岸关系和平发展的强烈呼声，做了大量工作。两岸关系能拨云见日、雨过天晴，两岸媒体居功厥伟。

去年5月以来，台湾局势发生积极变化，两岸关系取得一系列重要进展。两岸媒体人以极大的热情，为两岸关系和平发展鼓与呼，对国共两党领导人两度会谈、两岸两会恢复商谈及此后的两次会谈、对两岸“三通”迈出历史性的步伐、对开启两岸民间交流大时代的首届海峡论坛等重大事件，都进行了充分及时的报道，既鼓舞了两岸民心，又影响了国际舆论，台海上空的舆论氛围为之大变，国际媒体、国际社会对台湾问题的关注重点发生了根本性的转变。可以说，两岸主流媒体的表现，无愧于受众，无愧于时代，无愧于民族。

二、两岸新闻交流还存在不少突出问题

但是，我们也应该看到，相比两岸交流交往空前活跃、两岸民众情感不断加深、共同利益不断增加的大好局面，当前两岸新闻交流与合作的步伐滞后，存在诸多不尽如人意的问题。

例如，大陆媒体赴台驻点人数、时间、采访地域还受到台湾方面的限制；两岸新闻媒体尚未开放常驻，无法展开较为全面的作业；大陆商业广告还不能在台湾媒体刊登、播放；两岸媒体人员交流还停留在联合采访、团组互访的浅层次，互相派员到对岸媒体见习、接受实务培训尚未开展，等等。

三、进一步推动两岸新闻交流的思考与倡议

随着两会会谈协议的生效与落实，两岸全面直接双向“通邮、通航、通商”很快就要实现了。我认为，在“三通”之外，还有一“通”也很重要，那就是两岸的“信息通”。两岸新闻界应该抓住当前两岸关系发展的大好时机，乘势而上，寻求新突破，创造新形式，开辟新领域，尽快实现两岸的新闻信息畅通。

1. 尽快实现两岸媒体常驻

对两岸媒体互相常驻，两岸新闻界多年翘首以待，大陆方面也是多年呼吁。现在的两岸记者驻点采访，不过是一个过渡性的安排。为了更有效地促进两岸新闻交流，减少新闻单位的作业成本，特别是有利于新闻采访的持续和深入，应当由驻点转向常驻。这是当前两岸新闻交流中的当务之急。我们希望两岸能尽快就此进行沟通协商，就事论事，将问题单纯化，争取优先解决两岸媒体常驻问题，尽快宣布开放，越快越好。

2. 两岸媒体应为两岸关系和平发展营造有利的舆论环境

媒体是社会公器，肩负着神圣的社会责任。两岸媒体是民族的公器，肩负着共同推动中华民族复兴的重责大任。两岸关系的和平发展，为两岸媒体报道与新闻交流合作，提供了更精彩的主题、更生动的形式、更丰富的内容和更广阔的天地。两岸媒体人应切实承担起自己的责任，聚同化异，“勿以善小而不为，勿以恶小而为之”，应发挥新闻媒体的独特优势和作用，多报道两岸关系改善、发展的积极进展与积极声音，少炒作有违民族大义、破坏两岸关系气氛的不理性言行，把两岸关系和平发展的良好势头延续下去、发扬光大，努力为关系两岸和平发展创造有利的舆论环境。

3. 创新合作形式，拓宽合作范围，提升合作层次

放眼信息科技突飞猛进的发展，两岸新闻界在巩固和丰富信息互换、委托采访、合作采访、稿件节目交换等传统合作形式的基础上，应着力抓住数字时代的媒体发展，在网络、视频等新媒体上尝试合作。

合作是两岸媒体的永恒主题，面对新形势，我们理应积极拓宽合作的范围，提升合作的层次。例如，可以探索互派人员到对岸合作媒体实习、调研，深入了解对岸媒体的运作模式；两岸新闻媒体可以探讨在文化、旅游、财经、体育、娱乐等领域开展实质性合作。

4. 积极参与社会公益事业

新华社社长李从军先生最近在北欧视察新华社分社时，曾提出媒体应成为人类共同价值的承担者、弘扬者。近年来，中央电视台等大陆媒体开展了“春暖2007”等慈善公益活动。在此，我们郑重建议两岸媒体可围绕和平、发展、妇女、儿童等主题，共同开展公益专题报道和公益活动。

5. 合作设立“两岸新闻报道奖”

两岸权威新闻媒体可与两岸新闻研究机构、新闻教育机构合作，每年开展一次“两岸新闻报道奖”的评选，对两岸媒体人展示两岸关系光明面的报道予以褒扬，倡导正面报道、正面思维，增进两岸新闻同行之间的交流与联谊。

“莫道君行早，更有早行人。”新闻媒体是报春的燕子、传书的鸿雁，理应开风气之先，走在时代的最前面。两岸新闻界的朋友们，让我们以此次两岸经贸文化论坛为契机，携起手来，以更加开放的态度，采取更加积极的措施，深化彼此交流与合作，为两岸人民的福祉、为两岸关系和平发展、为实现中华民族的伟大复兴，作出新的更大的贡献。

当前形势下台湾高等教育对大陆开放政策新思维
——基于"两岸高校学历互认"政策的分析

厦门大学台湾研究院　张宝蓉

2008年以来,两岸关系迎来了和平发展的全新契机,两岸民众、高校、学生及各类民间团体等对扩大交流与合作的诉求进一步提升,加之受国际或区域性跨境高等教育发展趋势及两岸高等教育内部改革与发展的影响,两岸高等教育相互开放的程度、范围、领域、层次等明显放大,两岸高等教育交流与合作随之持续升温,进入了半个多世纪以来最快速、最热络、最紧密的时期。"以扩大学术交流和教师互访为平台,以加强科研创新和课题联合攻关能力为动力,以建立稳定的校际合作关系为纽带,以开展两岸青年学生交流活动为载体,以大陆推广特色教育和招收台湾学生为主要内容,以开创两岸高级人才培养新模式为导向"的两岸高等教育全方位交流与合作的格局正在形成。在这样的大背景下,两岸学历互认、相互招生等深刻影响未来两岸高等教育相互开放走向及交流与合作活动往纵深领域发展的根本性问题再次成为两岸社会各界关注的热点。

一、台湾高等教育对大陆开放政策的历史演进及其影响

在两岸关系及两岸高等教育发展的历史进程中,两岸高等教育相互开放问题,尤其是高校学历互认问题既是个"新问题",也是个"老问题"。

自20世纪80年代中、后期两岸相互开放探亲以来，伴随着中断已久的两岸教育文化交流与合作的恢复、改善和发展，以及两岸相继加入WTO的客观现实，人们对于两岸高等教育相互开放、学历互认、相互招生等议题的期盼与讨论从未间断过。但是，由于各种历史机缘、两岸特殊的行政区划及敏感的政治生态，使得学历互认问题不可避免地受到牵制与影响。与世界其他国家或地区之间的学历互认发展状况相比较，两岸之间的学历互认问题承载了更多的“外在符合”和“政治意向”，因而，显得更加复杂与多变，长期而艰巨，有时甚至陷入迂回、停滞、反复的困境，进而导致两岸高等教育交流与合作缺乏稳定的发展环境和政策根基，两岸高等教育相互开放的空间受到严重的挤压和冲击。

在两岸高校学历互认问题上，大陆始终采取积极主动、开放包容的态度，努力为两岸学历互认及高等教育相互开放创设各种有利条件。2006年之前，虽然大陆尚未从法规、政策上对台湾学历给予正式的认可，但为满足越来越多来大陆求学的台湾学生的愿望和要求，大陆对台湾的学历采取了实际上的承认。2006年4月，在首届两岸经贸文化论坛上，大陆单方面宣布承认台湾教育行政部门核准的台湾高等学校的学历；2007年4月，在第三届两岸经贸文化论坛中，教育部袁贵仁副部长正式宣布，“欢迎台湾高校到大陆招收学生”。这两项重大政策的出台预示着大陆高等教育对台湾地区开放的进程迈进了一个全新的历史性阶段，在两岸高等教育交流与合作史上具有重要的里程碑意义。自此，大陆开始不断加大对台招生力度，以及扩增两岸高校交换学生的数量。2007年至2009年间，大陆高校向台湾地区招收本科生的院校数量迅速增加，其中，招收本科第一批次的院校从104所增加到119所；招收本科第二批次的院校从69所提高到78所（见表1）。2008年，大陆向台湾地区招收研究生的院校总数也高达131所，并主要集中在北京、上海、江苏、湖北、广东、辽宁等高等教育资源丰富的省、市（见表2）。

因而，我们现在所谈的两岸高校学历互认问题，其实就是指台湾地区对大陆高校学历的认可问题。一般而言，学历互认包括了查证与认定两个阶段，即在查明经当地国家或地区教育主管机关或专业团体立案或认可的各级学校毕业证书、学位证书、肄业证明书或成绩证明等学历证件是否属实的基础上，再对该学历与本国或本地区内同级同类学校相当的学历进行确认。本研究试图对台湾地区的大陆学历认可政策进行全景式扫描，以便更深刻地剖析台湾高等教育对大陆开放政策的特点及实质。我们可以将1987年以来台湾对大陆高校学历认可政策的历史演进划分为三个阶段。具体如下：

第一阶段：酝酿时期（1987－1992年）。1987年7月，台湾“戒严”解除并准许民众赴大陆探亲，宣告两岸关系长达近40年的“冰河期”成为历史。1988年11月，台湾公布《大陆杰出人士、海外学人及留学生来台参观访问审查原则》，开始有限制地开放大陆专业人士赴台访问。自此，两岸重新拉开了以人员往来为主的文化教育交流与合作的序幕。1991年4月，台湾当局正式宣布废除《动员戡乱时期临时条款》，结束了实行长达43年之久的“动员戡乱时期”。同年，李登辉要求“把两岸文化交流，列为最优先项目”，其中，就包括两岸学者和学生的交流。[①]他强调：“办理两岸学人及留学生的交流活动，促进彼此的了解，化解双方的敌意。”[②]1992年7月31日台湾当局公布的《台湾地区与大陆地区人民关系条例》第22条规定：“台湾地区人民与经许可在台湾地区定居之大陆地区人民，在大陆地区接受教育之学历检核及采认办法，由‘教育部’拟订，报请‘行政院’核定后颁布。”[③]这一“法令”的出台在一定程度上为两岸学历互认问题提供了“法源依据”。教育主管部门认为出台适度开放的大陆地区学历认可政策的时机也已经到来。于是，时任“教育部部长”的毛高文随即组织相关人士全面了解大陆高等教育发展、政策、管理机构、师资、管理、课程、教学、研究生教育、成人教育等情况，以便为两岸学历互认政策的制定提供信息，并开始酝酿、草拟《大陆学历检核及采认办法》。

---

① 陈怡桦：《大陆学历采认政策的环境与延宕因素之研究》，台湾铭传大学硕士学位论文，2004年6月，第67页。

② 曾文昌：《台湾当前大陆教育政策之研究》，台湾政治大学博士学位论文，2007年2月，第2页。

③ 袁坤祥：《大陆台湾两岸关系实用法典》，台北杰泰文化事业股份有限公司，1993年7月，第19页。

第二阶段:"合法化"时期(1993－1997年)。1993年,台湾对大陆高校学历认证问题进入"合法化"阶段之后,恰逢两岸关系出现了逐渐缓和的迹象。1993年的"汪辜会谈"开启了两岸"两会"制度化互动的先河。1994年,当局公布《台海关系说明书》,明确了"一个中国"的政策原则。教育主管部门也把两岸学术交流当成重点议题,着手为两岸文化教育交流合作创设良好的制度环境。1993年2月,郭为藩被任命为"教育部部长"后,即公布实施《大陆地区专业人士来台从事专业活动许可办法》。[①] 1994年12月,教育主管部门初步确定对大专以上学历的认可将采取"采认"及"检核"两种方式。1996年10月,"教育部部长"吴京就任后,更是积极推动大陆学历认可工作,特别指派"政务次长"杨朝祥,带领专家学者到大陆重点大学访问,期能了解大陆高等教育发展的本质,作为制订大陆学历认可办法的依据。期间,教育当局还多次与"陆委会"商讨有关大陆学历认可的具体事宜。[②] 终于,1997年10月,台湾教育主管部门正式公布《大陆地区学历检核及采认办法》,及"73所大陆地区高等学校认可名册"。该"办法"对大陆地区学历认可的主管机关、所需提交材料、不予认可的学历类型、台湾学生赴大陆就学的学历认可等都进行了明确的规定。但根据《两岸人民关系条例》第22条规定,学历认可的主要适用对象以台湾民众及经许可在台湾定居的大陆民众为主体,并不包括其他的大陆人民[③]。

第三阶段:停滞时期(1998－2007年)。《大陆地区学历检核及采认办法》刚颁布不久,随着李登辉所谓的"戒急用忍"政策的推行,1998年6月,大陆学历互认政策暂停,台湾教育主管部门以"两岸敌意仍浓、相关配套措施不够周延等理由,将相关办法退回专案小组,无限期继续研议"。[④] 从而导致该办法全面搁浅,最终成为一再延宕而无法执行的政策。2000

---

① 周祝英:《台湾教育怎么办》,台北心理出版社股份有限公司,2008年4月,第9页。

② 杨景尧:《开放采认大陆学历的挑战与省思》,台湾《政策月刊》,1997年第26期,第20－21页。

③ 曾文昌:《台湾当前大陆教育政策之研究》,台湾政治大学博士学位论文,2007年2月,第54页。

④ 曾文昌:《台湾当前大陆教育政策之研究》,台湾政治大学博士学位论文,2007年2月,第107页。

年，台湾政党轮替，陈水扁的种种言行使两岸互信基础危机重重。2003年底，台湾“立法”机构在审查2004年度教育经费时，全数删除大陆学历认证工作预算。[①] 2003年12月17日，陈水扁在南投面对全县劳工界“挺扁后援会”表示：“任内不会承认大陆大学学历，一切以台湾优先”。[②]这是他首次公开地、明确地反对认可大陆学历。2007年，陈水扁再次表示：“任内不采认大陆学历问题，不开放高校到大陆招生”。这是他就任台湾地区领导人以来第三次公开表示不承认大陆学历，同时也是对大陆所作出的“欢迎台湾高校到大陆招生”决定的回应。与以往不同的是，这一次他所提出的理由与前两次迥然不同。他在前两次说明不承认大陆学历的理由是“台湾的大学都快招不到学生了，不可能开放大陆的学历采认”。这一次则是除了不开放大陆学历认证之外，更增加“不开放台湾的大学招收大陆学生”。[③]

从分析中，我们可以看出，台湾对大陆高校学历认可政策的制定过程深受政党政治、两岸关系变化或政治人物个人意志的影响，学术与政治紧紧纠葛在一起，教育难以摆脱为政治服务的工具性宿命。就政策自身而言，明显欠缺对大陆的信任，带有极强的无序性、单向性、封闭性、保守性、非对等性等特点。一句话，由于该政策的制定过程及内容频繁变动，而且始终无法付诸实施，使得两岸教育交流与合作的步伐远远滞后于两岸经贸领域的互动。

二、当前台湾高等教育对大陆开放政策的主要内容、原则及特点

2008年，国民党在竞选台湾地区领导人的《政策白皮书》中明确指出：“将借由扩大两岸学术及教育交流，展布新局，凝聚共识，为将来推动大陆学历采认政策奠基”。[④] 2008年5月20日，马英九先生在其就职演说中再次重申：“两岸走向双赢的起点，是经贸往来与文化交流的全面正

---

① 《近三月大陆学历认证相关大事记》，《台湾立报》，2003－12－18。

② 纪文礼等：《扁：任内不会承认大陆学历》，台湾《联合报》，2003－12－18。

③ 杨景尧：《两岸高等教育交流的选择》，http://album. blog. yam. com/yangchingyao/

④ 《马英九竞选政策白皮书》。

常化”。[①]此外，马英九先生及当局高层领导人曾多次在媒体等公开场合强调进一步推动两岸文化交流合作、扩大两岸接触面的愿望。这些举措表明台湾当局及国民党对大陆的高等教育政策正有意朝向松绑、开放的方向推进。

2008年9月20日，台湾教育主管部门公布《大学法》与《专科学校法》条文修正案，决定将大陆地区与港澳地区学生，比照侨生、蒙藏学生与外籍生，增列为“特种考生”，未来台湾高等院校将可以援引此法源，以外加名额方式招收大陆学生。[②] 12月4日，台湾行政主管部门通过《两岸人民关系条例》第22条及22条之1的条文修正草案，决定“放宽在大陆地区接受教育的学历得予采认之对象范围，并授权订定其适用对象、采认原则、认定程序及其他应遵行事项之办法，且增列大陆地区人民经许可得来台就学的规定。”[③]同时，《大学法》第25条与《专科学校法》第26条的修正草案也获得通过。这标志着台湾地区高校开放大陆学生赴台就读及承认大陆学历自此正式进入“立法”程序。该修正草案一旦获台湾“立法”机构审议通过，台湾高等教育向大陆开放的政策即可迈入合法化的阶段。

与此同时，台湾教育主管部门还进一步延长大陆学生赴台进修期限，放宽高校境外办学限制，以加强两岸学生的交流互动。2008年10月，台湾行政和教育主管部门颁发的《大陆地区专业人士来台从事专业活动许可办法》、《各级学校与大陆地区学校缔结联盟或为书面约定之合作行为审查要点》及《大陆地区文教专业人士及学生来台从事文教活动审查要点修正案》明确规定：大陆学生赴台进修的期限由原先的4个月延长到1年，人数也由原来每学年数百人增加到1000人；放宽台湾高校赴境外（含大陆地区）办理推广教育教学的条件，取消境外推广教育教学师资比例限制和学员修读条件的限制 。[④] 可见，台湾政坛实现第二次政党轮替之后，

---

① 《马英九先生就职演说全文》联合早报网，http://www.zaobao.com/special/china/taiwan/pages11/taiwan080520e.shtml

② 徐和谦：《台湾高校将向大陆学生开放》，台湾《财经》，2008-9-21。

③ 黄维助：《陆生来台、大陆QDII买股“政院”通过法案》，台湾《自由时报》，2008-12-05。

④ 黄冠超、倪钰琦：《促进两岸文教交流 放宽陆生来台研修及大学赴大陆办理推广教育》，台湾“教育部”网站 http://www.edu.tw/mainland/index.aspx ，2008-10-21。

彼此释放出的互信逐渐替代了原先紧张的对峙气氛，为进一步实现两岸高等教育全方面、多层次、宽领域的合作交流提供了广阔的空间和可能。

但是，还没等这些政策正式出台，台湾地区社会各界对这一问题的评论赞成者有之，批评者亦有之。因此，台湾当局在拟承认大陆高校学历的同时还表示，要采取“三限六不”原则，渐进式推动这一政策。所谓“三限六不”原则是指：限制承认大陆高校数，限制赴台的大陆学生总量，限制医事学历的承认，大陆学生赴台考试不加分，不向大陆学生提供奖学金，不允许大陆学生到校外打工或兼职，在台大陆学生不享有健康保险，不可考专业证照，毕业后不可续留台湾就业。2009 年 5 月，台湾教育主管部门再次表示，“未来承认大陆学历，将不溯及既往。”[①]还强调，台湾对大陆学历的认证将实行“双证制”，即必须同时具备大陆高校颁发的毕业证及教育部颁发的学位证，方可获得认可，对于各类“未经正式入学渠道、函授或远程教学、自学考试取得的学历或成人自学、分校或独立学院、‘文革’期间取得的学历、医事人员或师资培育相关学历、在职进修或兼读取得的学历”等不予承认。[②]这意味着一万多名已在大陆取得高校正式学籍和学历、学位证书的台生及众多在大陆高校就读的在职进修生、非全日制台湾学生的教育权益将直接受到损害。

可以看出，当前台湾对大陆学历的认可及向大陆招生的政策中潜藏着各种相互博弈的矛盾关系，这些矛盾关系的相互作用以及台湾当局力图在动荡、争议中寻求最佳平衡点的行为致使台湾高等教育对大陆开放政策的制定一直处于摇摆不定的状态之中。这些矛盾关系主要体现为：

其一，开放与限制的关系。表面上，台湾高等教育对大陆开放政策已有较大松动，但很明显，其开放程度依然限制重重、审慎慢行，始终坚持“开放与限制并存”原则，在两岸高等教育交流与合作中人为地设置种种“差别化”待遇。然而，综观世界不同国家或地区学历互认中普遍存在的原则是：对于那些名副其实的、在一个国家或地区的官方教育框架下合法运营的教育机构颁发的学历、文凭与学位都进行认证。因而，这也可谓是

---

① 陈智华：《大陆学历不溯及既往 不准在职生》，台湾《联合报》，2009－05－05。

② 杨冲：《非正式管道取得大陆学历不采任》，台湾《少年中国晨报》，2009－05－07。

“戒急用忍”政策的“返魅之旅”。这种“开放与限制并存”的现象还体现在台湾在认可不同国家和地区学历的态度区别上。当前台湾只有对大陆、香港、澳门地区的学历认可问题从“法令”层面加以限定，而对其他国家和地区则参照2003年颁布的《国外学历查证认定作业要点》来实施，并没有对认可的国家或地区进行限定，而是依照个案原则，进行申请认可。也就是说，如有台湾学生到除大陆、香港、澳门等地区之外的国家或地区学习，只要其学历、学位、学习成绩经认定是真实的，就可获得承认。显然，相比较之下，台湾对其他国家或地区的学历认可要比对大陆、香港、澳门地区宽松得多。再比如，对“大陆赴台就读学生不提供奖学金”的规定也与台湾招收其他国家或地区的学生的待遇完全不同。早在2004年，台湾教育主管部门为了鼓励各高校招收更多的海外学生，颁布并实施了《奖励大学校院扩大招收外国学生补助计划》。2008年金融危机爆发后，台湾教育主管部门进一步加大补助力度，并为海外学生设立奖学金，以吸引更多海外学生前来就读。①

其二，整体与局部的关系。台湾高等教育对大陆开放政策作为整体大陆政策的一个重要组成部分，深受台湾整体大陆政策进程的影响，除考虑经贸、财金、交通、航运等政策外，还考虑到台湾目前乃至以后各领域高等教育人力的配置状况。因而，台湾当前大陆高等教育政策的制定必然受制于整体大陆政策。但台湾高等教育对大陆开放的程度还要受制于岛内高等教育发展特点、优势与不足等因素的制约。从台湾高等教育这一社会子系统的内部发展来看，对大陆高等教育开放程度又要遵循高等教育发展的内在规律和需求。从目前形势观之，承认大陆学历、开放台湾高校向大陆招生是台湾高等教育摆脱困境、寻求新的发展路径的必然要求。尤其是金融危机的突然来袭，使得台湾高等教育发展过程中已显现的及潜藏的矛盾与问题被进一步激发出来，比如高校毕业生就业、高校生源、高校内外部经营与管理等问题。这些问题的存在迫使台湾高等教育必须顾及发展需求、对外寻找新的扩展空间。

其三，传统与创新的关系。一方面，台湾当局为了寻找两岸学历互

---

① 林志成：《台湾外籍大学生2008学年创新高》，台湾《中国时报》，2009-01-03。

认、相互招生等政策的全新突破口，正紧锣密鼓地召开各种内部协调会议，开展各种民意调查活动，成立“两岸高校学历互认专案小组”等。但另一方面，从当前台湾当局出台的各种政策来看，带有明显的“路径依存”现象，其制度安排的路径和既定方向，大多以旧政策做基础，即因循着1997年颁布的《大陆地区学历检核及采认办法》的固有思维逻辑。比如说，对大陆高校数量的限制以及“未经正式入学渠道不予承认”等政策都是以《大陆地区学历检核及采认办法》的旧政策为基础，而且，从当前台湾教育主管部门透露的各种信息来看，在某种程度上，台湾当局对大陆高校学历认可及相互招生的限制似乎有逐步提高之意。

其四，规划与市场的关系。近十几年来，台湾高等教育自治精神备受强调与提倡，高等教育治理结构发生了很大改变，台湾当局更加强调和倡导教育服务的“去中心化”（Decentralization）和多样化（Diversification），高等教育市场力量日渐强大。高等教育市场化是当前乃至今后台湾地区高等教育发展主要趋势，也是一股影响台湾高等教育向除大陆地区以外的国家和地区开放的强劲动力。但很明显，两岸高等教育相互开放却依然属于台湾当局严格控制的领域，尤其在学历认证与相互招生上，个人或高校等认证主体仍然存在着严重的主体性缺失问题，有关两岸高等教育交流与合作的定位和发展长期受台湾当局强力主导，台湾民众、高校完全处于被动参与的局面。这种控制形态显然违背了台湾社会及高等教育发展进程中对拥有自主权的强烈诉求。

笔者认为，之所以台湾当局当前对“大陆学历认可及招生政策”带有明显的不确定性与模糊性，原因有很多。其中主要有：1. 政治上的考量。“政治至上主义”仍旧是当前台湾制定大陆高等教育政策的主导思想。两岸学历互认及相互招生议题已经成为当前台湾岛内各政党在处理两岸关系事务上相互角力的重要议题之一。岛内一些反对人士认为，全面开放对大陆高校学历的认可及向大陆招生将会使台湾民众尤其是年轻人的社会价值观受到大陆的冲击与影响，导致所谓的“一中教育”，进而涉及台湾地区的安危。2. 教育上的“威胁”。有人认为大陆庞大的高等院校市场和生源市场将会威胁到台湾高等教育的未来发展。大陆有些高校，如北大、清华等“985”高校对一部分台湾学生来说，很有吸引力。特别是在大陆就读的台湾学生可以享受到种种优惠待遇，比如“与大陆学生同等收费”、“设置奖学金”等。如果台湾地区认可大陆高校的学历，将会有更多大陆高校到台湾抢夺生源，大量台湾学生将流向大陆高等教育市场，因而台湾的高校尤其是一些所谓“后半段”的高校将会更难招到学生，处境也将更加艰辛。另一方面，如果开放大陆学生到台湾就读，将严重稀释台湾高等教育资源，从而“威胁下一代的生存权”。3. 质量上的质疑。有些人认为对大陆高等教育质量良莠不齐，尤其是1999年高校大扩招以后，大陆高等教育规模急速扩张，高校教学质量、生源质量明显下滑。4. 市场上的冲击。有些人认为大量不同学科、专业的台湾学生回流台湾后，会对台湾就业市场带来直接或间接的冲击和影响。如果允许大陆学生在台湾就业或兼职，冲击将更加明显。这些既表明台湾地区对大陆缺乏信任，更多从质疑和防范的角度来理解大陆，也表明自身信心明显不足。

三、形成台湾高等教育向大陆开放政策新思维的客观诉求与有利条件

基于对台湾有关方面“有限制”、“渐进式”的“大陆学历采认”政策及“台湾高校向大陆招生”政策的分析，我们又该如何客观评价？笔者认为，一方面，时隔十年之后，台湾有关方面能够顺应两岸社会发展的客观形势，重启“两岸学历互认”工作，以更加务实的态度承诺对大陆部分开放高等教育领域，在促进两岸关系和平发展深层次结构的重建上无疑具有重大的历史意义。但另一方面，由于限制太多，显然这些政策的出台与实施依然无法改变当前两岸高等教育单向流动的局面，这样既阻碍两岸高等教育相互开放的进程，不利于两岸高等教育交流合作正常发展，更不利于台湾地区高等教育的发展。台湾有关方面如果对大陆高等教育一再采取消极、防御的态度只会使台湾高等教育发展中面临的危机感和紧迫感不断增强。

那么，新形势下，台湾该如何把握机遇，在立足两岸现有高等教育交流与合作的现实基础上，突破传统的“两岸高校学历互认及相互招生”的

政策思维及合作模式，以一种更加宽广的视野去思考两岸高等教育相互开放的结构性变革、政策创新和制度安排呢？笔者认为，积极转变政府职能、放宽大陆学历限制、促进两岸学生双向流动、构建“海峡两岸暨港澳高等教育市场”既是当前乃至今后两岸高等教育充分利用彼此优势、共同谋求发展的内在诉求和理性选择，也是两岸关系常态化发展、两岸制度性经济一体化进程及中华文化整合与创新的客观需求。

首先，台湾高等教育对大陆开放或与大陆交流、合作属于世界区域高等教育交流与合作或跨境教育的重要组成部分，不能独立于高等教育全球化或跨境高等教育的发展大潮流。两岸学历互认、相互招生是顺应国际或区域高等教育合作的发展新趋势，深化两岸高等教育合作机制的重要环节。

从当前国际高等教育交流与合作的发展态势看，区域化的交流与合作或区域高等教育市场正在发挥着越来越重要的作用。比如，北美、欧盟、亚太地区就是当前世界上三个最主要的区域化高等教育市场①。开放性、选择性、流动性、竞争性、整合性是区域化高等教育市场的共同特征。具体而言：

1. 边界的模糊化与松散化。全球化、信息化的发展逐渐削弱不同国家和地区所设置的限制。高等教育活动正在跨越各种传统地域、隶属关系、意识形态的区隔，无论在观念上还是制度上都不断向“无边界”过渡。

2. 完善区域内学历、学位认证制度。每一个区域高等教育市场的建立无疑都把学历和学位互认问题当成首要任务。当前世界上比较典型的区域学历认证体系有，欧盟学历学位互认、亚太地区学位互认、非洲地区学位互认、阿拉伯地区学位互认等。以中国大陆为例，截止 2009 年 4 月，与中国大陆正式签署高校学位互认协议的国家或地区已高达 35 个（见表

---

① 李梅：《高等教育国际市场——中国学生的全球流动》，上海教育出版社，2008 年 6 月，第 73 页。

3)[①]。下一步,还要继续重点推动的有马来西亚、尼泊尔、印尼、墨西哥、阿根廷、巴西等国家和地区。[②]从与大陆签署学历互认协议的国家或地区分布上看,除了欧洲国家或地区占很大部分外,与亚太国家或地区开展学历互认是大陆当前及今后的重点推动方向。

3. 区域高等教育交流合作逐渐由原先的政治、文化理念为主导转变为以经济理念为主导。如果说,早期的国际或区域高等教育的交流与合作更多是源于政治或文化交流上的需要,那么,随着 20 世纪后期教育服务贸易在全球的日渐升温,经济力量已经逐渐成为推进国际或区域教育合作交流的主导力量之一。此外,各种区域经济合作组织和跨国组织,比如亚太经济合作组织(APEC)、东南亚国家联盟(ASEAN)、北美自由贸易区(NAFTA)和欧盟自由贸易区(EU),在区域高等教育市场的形成和完善中也发挥着越来越积极、重要的作用。[③]

4. 加强区域内学生双向流动是区域高等教育市场的主要运作形式。学生流动程度及其流向受各种因素的影响。根据麦克马洪(MCMAHON)的研究发现,学生流动模式可以用"推—拉"因素的综合作用来解释。[④]在很长一段时间内,由于世界主要发达国家或地区强大的拉力作用,学生主要向发达国家或地区流动。但随着区域高等教育市场的形成,学生的区域流动逐渐成为学生全球流动中的一个重要发展趋势。学生流动的教育成本分担形式也从以获得政府资助和奖学金形式转变为教育服务贸易和自费形式。当前两岸学生对于双向流动也充满期待。早在 2005 年,雅虎

---

① 注:现在国家或地区之间的学历、学位互认形式主要有两种:其一,不同国家或地区政府之间以签署协议的方式进行学历、学位互认;其二,不同国家或地区的学历、学位互认权限下放到高校、用人单位或个人,政府不直接参与其他国家或地区的学历、学位认证。如美国,各州教育高度自治,大学独立性又很强,因而,无论高校还是教育部门都不认为有必要与其他国家或地区签署学历、学位互认协议。

② 曹国兴:《推动学历学位互认 加速国际化人才培养》,《南京理工大学学报(社会科学版)》,2008 年第 1 期,第 14 页。

③ 李梅:《高等教育国际市场——中国学生的全球流动》,上海教育出版社,2008 年 6 月,第 73 页。

④ 李梅:《高等教育国际市场——中国学生的全球流动》,上海教育出版社,2008 年 6 月,第 60 页。

奇摩与TVBS网络民调显示，台湾地区赞成承认大陆学历的比例达61%[①]。

其次，加快两岸学历互认及相互招生进程，建立“海峡两岸暨港澳高等教育市场”，有利于两岸高等教育资源的优势整合，促进两岸高等教育生态环境的优化，推动两岸高等教育的健康发展，从而提升两岸高等教育的综合竞争力，共创“双赢”局面。从某种意义上说，台湾高等教育对大陆开放，给台湾地区高等教育自身发展带来的好处要远远多于大陆。比如：

1. 有助于解决台湾高校生源不足的问题，为台湾高等教育的发展增添活力。

从2008年台湾大学入学考试中心的统计可以看出，去年台湾报考普通高校的人数已经明显减少，仅9.4万人左右；而报考技职院校的人数也比2007年减少了2557人[②]。当前，已有很多高校面临着招生不足的问题，特别是一些新设立的私立院校，2008年秋季的新生报到率甚至还不到20%。如果连续几年这样，这些学校将直接面临着退场或转型的风险。

而相反，改革开放以来，虽然大陆高等教育取得了快速的发展，高等教育规模从过去的精英阶段向大众化阶段迈进，尤其是1999年以后，伴随着高校扩招步伐的加快，高等教育在相当程度上满足了社会的旺盛需求，在一定程度上适应了社会经济发展的需要。但同时，越来越多的专家、学者发现，大陆高等教育市场的供给不足与人们日益增长的多样化教育需求之间的矛盾愈加凸显，这一矛盾在今后很长一段时间内还将长期存在。因而，大陆除了加快高等教育内部市场的发展之外，也在积极开拓外部市场，满足学生对高等教育多样化的需求，赋予学生更多的教育选择权利，以真正促进“人的全面发展”。这种多样化需求即表现在对大陆学生对境外不同层次高等教育的需求上，也表现在对不同学科、专业的需求上。有关大陆学生在境外求学方面，已经积累了很多的经验，可以给台湾

---

① 曾文昌：《台湾当前大陆教育政策之研究》，台湾政治大学博士学位论文，2007年2月，第128页。

② 薛荷玉：《指考报名　首度跌破10万人》，台湾《联合报》，2008－06－16。

地区提供很好的借鉴和启示。

比如，近些年来，香港、澳门对大陆的招生规模和招生范围越来越大，招生制度也更加成熟、完善。以香港2006至2007学年度为例，香港大学等8所高校共招收大陆生5754人，占到香港所有非本地学生总数的92.6%（见表4）。与香港相比，澳门所招大陆学生的比重更大（见表5）。香港与澳门在大陆招生上之所以能够取得成功，当然有很多因素，但其中很重要的一点是，他们能够发挥自身优势，以多样化的高等教育选择机会及高额奖学金来锁定大陆某一特定生源市场，满足这些生源的需求。其中，香港以招收精英型的研究生和本科生为主，而澳门则以招收非全日制的、或要求较低的研究生和本科生为主。从这个意义上说，台湾高等教育向大陆开放、承认大陆学历并向大陆招生，并不会像某些人所认为的，学校反倒会招不到学生。笔者认为，重点是台湾高校要充分认清自身的优势，瞄准某些特定的大陆学生市场，以舒缓台湾地区高校生源不足、进退两难的尴尬局面。

2. 台湾优质高等教育资源将得到更好地利用。根据大陆学者刘扬等人对中国大陆高中生到境外求学的专业选择的研究来看，当前大陆高中生境外求学选择专业具有很明显的倾向性，即选择经济管理、社会科学和工程类等相关专业的学生最多（见表6）①。这些学科和专业在台湾已经有了相当的基础，是台湾高等教育优势所在。20世纪60年代开始，台湾的经济管理、工程教育等随着工业经济的起飞，取得了飞速发展，几十年来，在人才培养模式、校企合作、专业与劳动力市场衔接等方面都取得了很大的成绩。社会学科及专业方面，随着近年来台湾社会经济的转型，各种新兴专业如休闲管理、文化创意、保健服务等应运而生。这些新兴专业在大陆尚处于起步阶段，有的甚至还没出现。因此，如果台湾高等教育向大陆开放的速度更快些、范围更广些，既能满足大陆学生的需求，也能使台湾高等教育优质资源得到更好的利用，两岸高等教育也能收到很好的优势互补的效果。

---

① 资料来源：刘扬等：《中国大陆高中生海外留学高等教育的专业选择及其影响因素》，《高等教育研究》，2009年第4期，第47页。

3. 有利于提升台湾高等教育的品质。近十几年来，一方面，台湾高校迅速扩增，专业布点数和种类数急速扩张；另一方面，少子化到来后，学生数减少。因而，造成所谓的“零分也能上大学”的局面。高校的教学质量、学生素质日渐下滑。台湾高等教育向大陆开放后，随着大陆学生到台湾就读，无疑会给台湾高校带来更多、更好的挑选优秀人才的机会，也能使台湾高校在参与岛内高等教育市场竞争的同时，参与到与大陆、香港、澳门次一级高等教育市场竞争中来，从而提升台湾高等教育的品质。

4. 有助于缓解台湾高等教育经费投入不足的问题，推动经济的发展。由于经济的连年走低，台湾教育经费投入占 GDP 的比重已从 2001 年的 6.09% 下降到 2006 年的 5.76%。2006 年，高等教育经费占 GDP 的比率为 1.83%，远低于韩国的 2.9%。2008 年以来，由于金融危机的影响，台湾的高等教育经费更加困难，2008 年的高等教育公务预算经费保持在 76.8 亿元的低位上；2009 年的高等教育行政及督导预算经费也仅为 11.73亿元。这意味着作为台湾高校财务重要来源之一的奖、补助金也随之减少。承认大陆学历、开放大陆招生，可以在一定程度上减轻台湾高校的财务负担。

再次，加快两岸高校学历互认及相互招生进程，建立“海峡两岸暨港澳高等教育市场”，更是推进两岸关系常态化发展、两岸制度性经济一体化进程及中华文化整合与创新的客观需求。

1. 二十多年来，在两岸扑朔迷离的政治关系下，静默式的教育文化作为较不具政治性的活动领域，得到了大幅度的开放、交流与合作，构成了两岸关系的重要组成部分。新形势下，加快两岸学历互认，无疑将为两岸关系可持续的和平发展奠定更加坚实的基础。

2. 教育尤其是高等教育不仅仅停留为经济提供服务功能，还是促进经济发展的基本要素。从当前两岸经贸交流合作的发展趋势看，尤其是“两岸共同市场”、“两岸更紧密经贸关系安排”、“大三通时代”等热门词语的出现，标志着两岸经贸发展进入了更加紧密的时期，也说明越来越需要大量既掌握本行业专业知识和技能又熟悉两岸社会、政治、经济制度安排的人才。但从现有劳动力市场中人力资源的储备来看，这样的人才明显欠缺。只有加快两岸高校学历互认,加强高等教育与经济界、科技界和企业界的结合,才能为两岸经济持续发展及制度性经济一体化提供有力的人力资源和智力支持。

3. 在两岸长期分裂状态下和在两种不同社会制度下形成和发展的两岸高等教育,不管是理念、学制、管理模式、师资、政策等都存在较大差异,已经逐渐发展起各具特色的文化意涵。两岸高校学历互认以及高等教育的相互开放,有助于两岸建立起拥有"大中华"观念的文化整合与创新形态。

四、两岸高等教育相互开放的未来展望与实现路径

尽管说,台湾方面承认大陆高校学历阻力重重,但是我们可以预见,在当前两岸关系和平发展的大背景下,随着两岸高等教育的快速发展,以及两岸民众对台湾承认大陆学历诉求的不断提升,两岸终将以互惠互利、求同存异、优势互补、互相借鉴、共同提高为原则,共创两岸高等教育大合作、大交流的格局,进而共同建构开放性、选择性、竞争性、流动性、整合性并存的理想的海峡两岸暨港澳高等教育市场。为此,两岸学历互认不管是在目标设定、适用范围、保障措施,还是在实现路径等方面都应该有所调整和突破。在目标设定上,两岸学历互认应先着眼于以满足学生继续接受教育为出发点;在适用范围上,应以两岸教育主管部门各自认可的高校学历、学位为互认范畴,而非有限制、有选择的认可;在保障措施上,允许两岸高校在相互招生过程中,资助、奖学金、自费、教育服务贸易等多种教育成本分担形式并存。具体实现路径则应包括:

首先,学历采认应去政治化。两岸高校学历互认虽然是行政主管部门、高校和个人等多种利益主体共同作用的结果,但涉及更多的是互认双方学位制度、学位评定、课程设置、学术交流、人员互访、学生流动以及合作办学、机构用人等教育或学术权限内部的问题。因而,建议在这些议题上,两岸都尽量减少政治的干预,充分发挥市场、院校自身在学历认可问题上的主动性,行政主管部门应由原来的资助者、控制者转变为监督者、

调控者。

其次，建立互信、互利的双边学历互认政策协商机制，并签署两岸高等教育交流与合作协议。从当前两岸高等教育交流合作政策的制定来看，由于两岸缺乏有效沟通的宽广路径与对话空间，互信互利机制尚未建立，在这种情况下制订的两岸政策多数属于单边政策，缺乏两地共同认可，所以执行效果并不彰显。因此，在两岸学历互认问题上，非常有必要建立畅通的政策协调机制。建议建立"跨界治理组织"，或设置常设机构，如"两岸高等教育交流合作委员会"等，定期或不定期举行会议，沟通信息，商定两岸高等教育交流合作之间相关事务，确定学历互认的共同目标，处理两岸高等教育相互开放中可能出现的各类突发事件或危机，及时消除误解，扫除两岸学历互认过程中可能会产生的各种障碍。

再次，设立两岸共同认可的高校学术评审服务组织或质量认证体系。质量保证是两岸高校学历互认的基础。大陆与香港签署学历互认之后，香港即设立专门负责香港专业院校学术评审服务的、具备独立法人资格的中介机构——香港学术评审局，服务范围为"学历评估"，即对持有学历人士的学历、学位实施整体性与独立性评估。该局为大陆地区与香港地区相互承认高等教育学位证书备忘录制定的保障机制之一。两岸之间也可以通过建立共同的质量监控体系，培育高校质量认证的中介机构，邀请两岸社会各界或高等教育领域的专家、学者等共同参与质量管理，以促进高校学历互认等政策的推行。

表1　2007－2009年大陆向台湾地区招收本科生的院校数量　单位:所

类别	2007年	2008年	2009年
第一批次院校	104	105	119
第二批次院校	9	73	78
附设预科班院校	29	29	29

资料来源:中国高等教育学生信息网，http://www.gatzs.com.cn/gatpz/，2009－06－15。

表2　2008年大陆向台湾地区招收研究生的院校汇总　单位:所

地区	院校数量	地区	院校数量	地区	院校数量	地区	院校数量
北京	27	天津	6	重庆	4	黑龙江	2
上海	15	福建	6	吉林	3	安徽	2
江苏	9	浙江	5	云南	3	河北	1
湖北	9	陕西	5	广西	3	贵州	1
广东	8	山东	4	湖南	3	甘肃	1
辽宁	7	江西	4	四川	3		

资料来源:中国高等教育学生信息网,http://www.gatzs.com.cn/gatpz/,2009－06－15。

表3　与中国大陆签署高校学位互认协议的国家或地区名单(截止2009年4月)

洲别	国家或地区名称
亚洲	斯里兰卡、吉尔吉斯、乌兹别克、哈萨克、蒙古、泰国、韩国、越南、香港特别行政区
欧洲	保加利亚、罗马尼亚、俄罗斯、匈牙利、乌克兰、白俄罗斯、德国、英国、法国、奥地利、葡萄牙、荷兰、意大利、爱尔兰、瑞典、丹麦、西班牙
美洲	秘鲁、加拿大、古巴
非洲	阿尔及利亚、毛里求斯、埃及、喀麦隆
大洋洲	澳大利亚、新西兰

资料来源:根据中华人民共和国教育部国际合作与交流司公布的高校学位互认协议名单整理所得。

表4　2006－2007学年度香港大学资助委员会高校的内地学生在校生数

学生类型	内地学生数		非本地学生数(人)	内地学生占非本地本学数的比例	非本地学生占学生总数的比例(%)
	非全日制	全日制			
本科生	2973	–	3199	92.9	6
专业型研究生	55	4	97	60.8	2
研究型研究生	2693	29	2920	93.2	51
总计	5721	33	6216	92.6	9

资料来源:(香港)大学资助委员会网站,http://www.ugc.edu.hk/big5/ugc/stat/student_head.htm

表5　2007－2008年澳门高校招收内地学生的基本情况　　单位:人

		本科及预科课程			研究生课程			总人数
		预科	本科	小计	硕士	博士	小计	
2007	报名人数	–	16579	16579	769	94	863	17442
	录取人数	508	4497	5005	395	35	430	5435
	注册人数	175	1262	1437	254	24	278	1715
2008	报名人数	–	9682	9682	979	146	1125	10807
	录取人数	628	2411	3039	523	54	577	3616
	注册人数	152	1204	1356	336	44	380	1736

资料来源:澳门高等教育辅助办公室网站

http://www.gaes.gov.mo/big5/contentframe.asp? content =./mc_edu_info_main.html

表6　中国大陆高中生境外求学首选专业比例　单位:%

专业	整体有效比例	性别比例	
		男	女
经济管理	24.4	24.0	24.8
社会科学	23.0	14.9	29.6
工程	18.4	31.6	7.8
人文与艺术	18.1	11.1	23.9
医学	8.8	8.1	9.1
科学	4.3	6.6	2.5
其他	2.9	3.8	2.3
合计	100	100	100

资料来源:刘扬等:《中国大陆高中生海外留学高等教育的专业选择及其影响因素》,《高等教育研究》,2009年第4期,第48页。

两岸教育学术交流与合作

国政研究基金会教育文化组召集人　李建兴

一、两岸教育发展的契机

教育是百年树人的大计，是永续发展的事业。在民族存续，文化传承，经济荣枯与社会兴替上，教育永远扮演积极而重要的角色与功能。

大陆与台湾一向重视人才培育的教育工作，政府与民间皆以兴办教育，培养人力资源为最重要的任务。大陆从 1978 年改革开放 30 年来，推展九年义务教育极具绩效，中等及高等教育也极为发达，以今年（2009 年）高考报名人数为例，高达 1012 万人之多，录取率应有 62%。就台湾而言，大约在最初 20 年（1950 – 1970 年）重视初等教育（9 年国民教育），其次 20 年（1971 – 1990 年），发展中等及技职教育，最近 20 年（1991 – 2009 年）强化高等教育，以 2008 学年度为例，大专校院 167 所，学生人数共有 1337,455 人。可见大陆与台湾的教育发展皆有重大成就，进入一个历史发展的重要契机。

盱衡当前世界教育潮流，在全球化冲击下，高等教育已进入一个高度竞争的时代，教育的专业化、自由化与国际化已成为无可避免的趋势，大陆与台湾面对这些挑战，如何强化与深化学术内涵，开拓学生的视野，在国际竞争中取得优势地位，已成为教育发展最优先的课题，因此两岸的教育学术交流与合作，除了在两岸互动上具有划时代的意涵外，更具有“符合世界潮流，与国际接轨”的深长意义，并有助于两岸在全球化的永续发展。

二、两岸教育学术交流与合作的主要理由

过去数十年来，台湾学生赴大陆升学者估计约有1.4万余人，其学历尚未获得台湾的承认。台湾近几年也欢迎大陆学生赴台湾短期(一年内)研究与进修，最近则在研议开放陆生赴台，加强两岸教育学术交流与合作，其主要理由可分四项说明。

(一)就学生而言

1. 提供学生多元的升学与进修管道：教育应以学生为主体，大陆与台湾有许多世界著名的大学，两岸大学精英可在开放选择下，选取适才适所的学校就读，创造多赢的效果。

2. 增进两岸学生交流，拉近距离亦扩大视野：透过学生同校同班就读，使两岸学生直接有相互认识与交流的机会，扩大彼此之视野与见识。

3. 激发学生的互动，提升竞争力：透过来自不同背景的学生间切磋与互动，使学生产生自发性的学习动机，提升竞争力。

(二)就学校而言

1. 适当调节学校供需失调现象，促进学校正常发展：大陆与台湾近年来皆有少子化现象，台湾各大学生员不足，招生困难，大陆各大学供不应求，每年尚有数百万学子，望大学之门兴叹，适当调节供需，可创造双赢。

2. 强化两岸学校交流与互动，弥补教学资源之不足：两岸大专学校可建立合作机制，办理双联学制，促进学校资源相互连结，强化两岸高等教育的交流。

3. 提升大学的竞争力，激励大学与研究机构的进步：两岸各大学可促成良性竞争与合作，在师资、设备、资源与教学成果等方面，提升大学的教育水准与品质。

(三)就企业而言

1. 扩大企业选才范围，强化企业之体质：无论大陆或台湾企业，不管在大陆或台湾地区，企业必须不断甄选晋用人才，强化企业体质，两岸在教育学术交流与合作下相互采认学历，有利企业扩大人才晋用的管道与

对象。

2. 企业可增多产学合作机会，以创新育成新产品：大学与企业永远需要合作的机会，产学合作与创新育成在两岸企业的规模与产品，分享企业带来的成果。

3. 企业可与大学互助互利，提升高科技研发与创造新价值：高科技的研发，日新月异，企业可与大学共同追求高科技的知识与能力，以创造高科技的附加价值与高利润。

（四）就社会而言

1. 提升民众素质，加强竞争力：两岸教育学术交流与合作，可增加学生就学机会，促成学生素质向上提升，以宏观的角度思考，在现今全球一体的地球村氛围中，可增进民众的国际观，并加强全民在国际上的竞争力。

2. 解决民众因婚姻或就学伴随而来的升学与就业问题：自从两岸开放探亲、观光、小“三通”与大“三通”以来，逐渐累积伴随而来的升学与就业问题，日积月累，个案不断增加中，这些民众与社会困扰现象，可能解决，同时解除民困。

3. 增进两岸和平发展：对长远的社会目标而言，两岸学生来往就学，可能增进彼此生活、制度、价值观的了解，有助于消除歧见及建立两岸友好的关系，对两岸长久和平发展十分有利。

三、两岸教育学术交流与合作的共同模式

2002 年 7 月台湾公布“台湾地区与大陆地区人民关系条例”，两岸人民交流正式建立法律架构，也是两岸教育学术交流的关键转变。近年，台湾第二次政党轮替，两岸关系趋于缓和与和平发展，陆生赴台就学、学历采认、大陆学者聘任等议题，逐渐成为社会关注的焦点，两岸教育学术交流与合作，也进入新阶段。综观两岸教育学术交流与合作的共同模式，可分下列三项说明：

（一）两岸签署学术交流协议

两岸各级学校缔造联盟或为书面约定之合作，自2004年至2008年底止，共计726所学校，其中台湾地区计有103所，大陆地区学校计229所。

年份 地区	2004	2005	2006	2007	2008
台湾地区	50	56	72	87	103
大陆地区	104	115	143	181	229

这些缔盟合作案，有些采校级合作，有些采院级合作，甚至有些校内某一系所之合作。

（二）大陆学者赴台访问及讲学

大陆学者赴台讲学或研修停留时间不得逾1年，参加研讨会总停留期间每年不得逾4个月。自2002年至2008年底止，审核同意大陆学者赴台共计：

项　目		2002	2003	2004	2005	2006	2007	2008
身份别	教职员	6,242	4,660	5,436	6,009	7,619	9,404	10,200
	研究人员	1,133	920	632	784	414	80	209
目的别	讲　学	88	72	85	68	73	83	69
	研讨会	2,744	2,121	1,962	2,755	2,770	2,923	2,924

（三）大陆学生赴台研修

2008年开始台湾已放宽陆生赴台研修期限由4个月延长为1年。依现行法令规定两岸学生教育学术交流活动可采各种方式进行。例如：

1. 台湾各大学可赴大陆开设推广教育等学分班。

2. 台湾各大学可在金马地区设进修学分班。

3. 陆生赴台进行专题研究。

4. 大陆学生赴台短期实习。

5. 参加学术研讨会、学术会议。

6. 参加各种活动，如：参观、访问、比赛、演讲、领奖、示范观摩及其他公益性活动。

上述各种研修活动种类繁多，两岸每年交流学生人数，公私立各校多者数百名，少者十数名不等。

两岸教育学术交流与合作，目前系朝向鼓励交流的脚步迈进，双方应该继续在“尊严平等”、“互惠互利”、“开放管理”的原则下积极进行交流，两岸教育学术交流与合作是两岸关系的重要关节，借着两岸教育学术的交流与合作，两岸教育学术界对于亚太地区甚至全世界的繁荣与稳定进步发挥重大的影响与具体贡献。

四、两岸深化教育学术交流与合作的策略与展望

如上所述，数十年来两岸教育已都有重大发展与成就，现阶段且迈入历史发展的重要契机。此外，若两岸学历的相互采认成为事实，促使两岸互利互补的关系，将更加日益密切。须知两岸在共同文化背景下，教育学术的交流与合作必将创造无穷的利基，其后续的发展潜力，更足以乐观期待。

虽然如此，吾人深知两岸教育发展与学术交流与合作尚待努力之处仍多，举荦荦大者，具体建议如次：

第一，两岸教育、学术交流与合作须在正确的教育理念基础下进行。

第二，教育永远是国家最有利的投资，应重视各级各类教育的永续发展。

第三，教育、学术交流与合作必须遵守对等、尊重、互惠等原则，创造双赢的成果。

第四，高等教育的交流与合作必须尊重大学自主原则，政府可予监督，不宜干预。

第五，教育、学术交流与合作应重视办学理念、招生、师资、资金、图书设备与其他。

第六，教育、学术交流与合作的项目逐步可包括：相互招生、教师或学

生交换、短期交流活动、学术合作、合作办学、科研、职业培训与课程开发等。

第七，教育、学术交流与合作可由政府、学校与民间等共同参与。

第八，两岸为促进教育、学术交流与合作应充分提供信息，重视透明与公开的程序，取信社会大众。

总之，教育与人才都是国家竞争力的根本，借此两岸在教育有了重大发展与成就之际，强化与深化两岸学历采认与学术交流，乃两岸当前重大课题与当务之急，愿大家共同努力，为中华民族与中华文化创造辉煌的新页与篇章。

五、共同建议事项

（一）教育交流与合作

两岸应将教育交流与合作，各自列为当前重要教育工作。大陆对于台生宜订有优待及鼓励办法，台湾则通过修改相关条例，早日实现开放陆生来台，学历采认政策。

（二）学术交流与合作

两岸应将学术交流与合作，各自列为大学与学术机构长期而全面交流的重大事项。并重视下列建议：

1. 两岸应重视各级各类教育的永续发展，并强化两岸间之交流与合作。

2. 两岸学术交流与合作应本对等、尊重、互惠等原则，并创造双赢的效果。

3. 两岸高等教育的交流与合作应尊重大学自主原则，政府可予监督，不宜干预。

4. 两岸教育、学术交流与合作应重视办学理念、招生、师资、资金、图书设备及其他。

5. 两岸教育、学术交流与合作的项目逐步可包括：相互招生、教师或学生交换、短期交流活动、学术合作、合作办学、科研、职业培训与课程开发等。

6. 两岸教育、学术交流与合作可由政府、学校与民间共同参与。

7. 两岸为促进教育、学术交流与合作应充分提供信息，重视透明与公开的程序，取信社会大众。

两岸高校携手　共创美好未来

吉林大学校长　展　涛

两岸高校的交流与合作在过去20多年两岸关系的发展变化中发挥了不可替代的促进作用。特别是在2000年以后两岸关系面对诸多困难和挑战的时候,两岸高校师生的交流与合作仍然在困难中摸索、前行。去年以来,两岸关系出现重大积极变化,面临难得的历史机遇。在这样一种形势下,对比两岸经贸关系的深入发展,对比世界其他国家和地区优化办学资源,拓展合作空间的积极努力,两岸高校的交流与合作又显得落后于形势的发展了。两岸高校交流与合作深入发展的障碍更为突出的显现在人们面前。突破这种障碍,两岸高校不仅能够实现优势互补,而且还能够推动两岸高校的改革和创新,为两岸青年一代创造更多相互了解与学习的机会和空间,培养出更多为两岸经济与社会发展所需要的人才,从而让两岸同胞共同拥有一个更加美好的明天。

一、两岸高等教育交流的突出贡献

20世纪70年代末,大陆开始了改革开放的历史进程,经济和社会都逐渐发生了深刻的变化。1979年,全国人大发表《告台湾同胞书》,明确提出尽快实现两岸同胞探亲、旅游等直接往来,开展两岸经济、文化、学术、体育等交流,实现两岸通航、通邮、通商。在两岸同胞的共同努力特别是在台湾同胞的强烈要求下,1987年,台湾方面开放两岸人员往来,两岸间隔绝已久的闸门被打开。两岸高校间的交流与合作逐步展开,并在两岸接触交流的初期发挥了重要作用。

首先是引领作用。两岸接触交流初期,随着台湾老兵返回大陆探亲的热潮,两岸高校间的交流也悄然展开。1987年大陆方面颁布了《关于对台湾进行教育交流的若干规定》。台湾方面则于1988年底公布《大陆杰出人士、海外学人及留学生来台参观访问审查原则》，开放大陆学者及海外留学生赴台参访。在两岸主管部门的支持下，两岸高校开始了多形式、多领域的交流活动，在两岸经贸交流尚未热络之际，为两岸关系初期的平稳发展起到了引领作用。

第二是沟通作用。海峡两岸同文同种，共同的文化积淀与传承是联结两岸同胞的根基。而此种便利，更是在两岸高校的交流与合作中起到了难以替代的作用。两岸经过长达近40年的隔绝，在诸多领域都存在差异，但共同的文化传承却使两岸在交流过程中独享优势。两岸高校许多领域的师生都能够在相遇之后一拍即合，建立起交流关系，拓展合作领域，从而为两岸同胞建立起了沟通与理解的平台。

第三是学习和借鉴作用。80年代中后期，大陆的改革开放战略初见成效。但仍有诸多领域仍落后于世界先进水平。高等教育更是如此。而此时的台湾已完成经济起飞，经济实力位居亚洲四小龙之首。高等教育领域也建立起一套成熟、先进的教育理念与管理模式。两岸恢复接触交流后，台湾高等教育领域的先进经验在不断的交流合作过程中为部分大陆高校所了解，学习，从而为这些高校教育理念与管理模式的更新发挥了积极作用。当然，大陆高校在人才培养和学科建设方面的一些做法也得到台湾高校的高度评价。

回顾20年来两岸高校间交往，通过讲学、学者互访、联合举办研讨会等方式，不断扩大交流范围，提升交流层次，为增进两岸同胞相互理解，拉近两岸同胞情感，发挥了不可替代的促进作用。

据统计，仅2007年度，大陆教育系统应邀赴台交流人员近8000人次；应教育部直属高校邀请来大陆参加各种活动的台湾师生达3000多人次；大陆高校招收各类台湾学生共计2235人，在校台生达6858人。海峡两岸已有400多所高校签署校际交流合作协议。每年约有2000至4000名台湾学生到大陆报考大学，报考硕士班、博士班的在职人士数量也呈持续增长的趋势。

在2008年年末到吉林大学工作之前，我曾在山东大学做过两任校长。在我领导山东大学期间,从2000年开始,便与部分台湾高校开展了多种形式的交流与合作。例如,通过举办"海峡两岸师生孔孟故里寻根夏令营"活动,增进两岸青年的了解。同时,每年都选派优秀教师、学生赴台交流,并与台湾高校举办多领域、多层次的学术交流活动,取得了良好的效果。

吉林大学则是目前是大陆地区办学规模最大、学科门类最全的大学。从地理上看,我校可能是大陆距离台湾最远的综合性重点大学,但我们恰恰又是大陆开展对台交流项目最多、最为丰富多彩的重点大学之一。自2002年至今,吉林大学已连续成功举办了七届台湾学生"北国风情冬令营"活动,吸引了来自台湾本岛的1000余名师生参加。2007年8月,我校承办了第二届"海峡两岸名校两岸事务部门负责人研讨会"。来自台湾的11所高校代表与众多大陆重点高校代表座谈,表达了利用互补优势,进一步加强合作的愿望。2008年7月,我校又承办了第四届"海峡两岸大学校长联谊活动",来自两岸四地22所知名高校的校长参加了此次活动。台湾联合大学系统、台湾大学、台湾成功大学、台湾清华大学、台湾逢甲大学、台湾东海大学、台湾阳明大学、台湾中兴大学、台湾元智大学等岛内高校校长出席会议。期间,校长们以"两岸四地高端人才的合作培养"为讨论主题,就两岸关系的最新发展趋势为合作培养高端人才提供良好机遇达成了共识,并签署了《海峡两岸暨港澳地区高校联合培养高端人才合作意向书》。

吉林大学自2007年春季学期开始向台湾高校选派交换学生,至今已向10所高校派出学生近百人,接待台湾来我校就读的交换学生30余人。2002年以来,吉林大学已接待各种活动团组人数千余人次,派出访问团组百余人次,并多次邀请台湾学者到我校交流访学。2006和2007年,时任国民党副主席关中先生和逢甲大学校长刘安之先后被我校聘为名誉教授。2006年以来,共有7名台湾学生获得我校博士学位;目前仍有13名学生在我校攻读博士学位。此外,我校还与台湾各高校在社会科学、医学、工学等诸多领域与台湾高校开展交流与合作。

山东大学、吉林大学和两岸其他高校在高等教育领域的交流与合作的经验充分说明，历经20余年的发展，两岸高等教育交流在增进两岸师生和教育界人士的交流和了解等方面发挥了难以替代的作用。目前，两岸关系已发生重大积极变化，面临着难得的历史机遇，两岸教育交流合作应该也面临着新的挑战，更需要两岸教育界同仁携起手来，把两岸文化教育交流推向深入。

二、两岸高等教育交流的新趋势

在2005年，国共两党便提出“促进两岸同胞的交流与往来，共同发扬中华文化，有助于消弭隔阂，增进互信，累积共识”。2008年3月以来，台湾局势发生重大变化，两岸关系发展取得重大突破。把握两岸关系和平发展主题、开创两岸关系和平发展新局面，成为两岸各界应当共同承担的历史重任。新的形势也为两岸高等教育交流与合作提供了新的历史契机。

首先，胡锦涛总书记在纪念《告台湾同胞书》发表30周年座谈会上的重要讲话中指出“两岸同胞要共同继承和弘扬中华文化优秀传统，开展各种形式的文化交流，使中华文化薪火相传、发扬光大，以增强民族意识、凝聚共同意志，形成共谋中华民族伟大复兴的精神力量。尤其要加强两岸青少年交流，不断为两岸关系和平发展增添蓬勃活力”。

作为两岸交流与合作的先行者，两岸高校更应该把握历史契机，在既有成果的基础上，寻找差距，总结经验，继续大力发扬中华传统文化在维系两岸同胞民族感情方面的纽带作用，发挥两岸中国人同宗同源的优势，把两岸高等教育交流与合作推向深入，为两岸社会各界培养出更多优秀人才，使两岸在激烈的世界竞争中赢得先机。

第二，在两岸双方的努力下，两岸关系正在进入大交流、大合作、大发展的新时期。一年来，两岸已经签署九项协议并达成一项共识。两岸“三通”顺利实施，两岸间人员往来日益频繁，两岸经济合作逐步朝制度化方向迈进。可以说，两岸经贸关系的发展已深入到不可分割的地步，实际上已经为两岸关系奠定了一种新的基础，这是两岸开放初期所不存在的。

同时，两岸双方也都认识到加强两岸文化教育交流的紧迫性。胡锦涛总书记同中国国民党主席吴伯雄会谈时表示，“新形势下，开展两岸文化教育交流，既有巨大需求和潜力，也显得更为重要。我们要比以往更加努力地开展两岸文化教育交流，共同传承和弘扬中华文化，增强中华文化认同、中华民族认同”。在此条件下，大力加强两岸高校交流与合作，可谓正逢其时。两岸高校应该不失时机，顺势而为，为两岸交流与合作的可持续发展增添一分力量。

第三，冷战结束之后，尽管局部冲突不断，但世界总体和平得到了维持，多数国家都把经济发展、科技创新和人才培养作为最重要的政治议程。高等教育在经济与社会发展中的作用尤为重要。换言之，在这样一个全球化的时代中，任何国家和地区要适应全球化冲击并从中获取发展的机遇，就必须努力寻求新形势下自身的发展之路，而高等教育正是推动持续发展，提升竞争力的动力来源。为此，世界各国各地区都把吸引优秀人才资源作为促进智力发展的优先战略加以考虑。高等教育国际化的不断发展，正是为了应对不断拓展的全球一体化、寻求优秀人才资源而采取的策略。

内外环境的变化都促使着两岸各界和高等院校顺应时势，实现历史性突破，推动两岸高校交流迈上更高层次。如何把握机遇，使高等教育的交流与合作重新在两岸交流与合作中走在前面？我认为有这样几个方面的趋势已经不可避免：

1. 放宽大陆学生赴台交流时限

随着两岸高校交流的不断开展，越来越多的大陆学生赴台湾进行短期学习交流。然而，目前 4 个月的时限难以达成更好的学习效果，更难以满足青年人了解台湾、亲近台湾的美好愿望。我希望，台湾方面从鼓励两岸青年交流的角度出发，尽快调整大陆学生赴台交流时限，并相应提供一些更为便利的配套措施，以使两岸青年更深入地了解彼此。

2. 实现两岸学历互认

长期以来，在两岸教育交流中一个重要特点就是大陆方面向台湾单向开放。大陆方面早在 1985 年就开放台湾学生报考大陆高校，并陆续出台一系列措施吸引台湾学生到大陆就学，2006 年宣布开放承认台湾学历。而台湾方面至今尚未开放大陆学生赴台就学及承认大陆学历，严重阻碍了两岸教育交流。

开放大陆学生赴台及承认大陆学历是两岸交流现状使然。马英九先生曾表示，开放大陆学生赴台是希望两岸青年人在学生时代就有交流，……有机会相互认识、相互激励，一起追求学术的卓越。当前，两岸经贸交流如火如荼，顺势开放大陆学生赴台就学及承认大陆学历，将对激励两岸学生的互动、促进两岸青年互信产生积极作用。我们了解到，台湾方面已经着手采取措施，研拟大陆学生赴台学习，承认大陆学历的相关措施。这对发挥两岸教育资源优势互补，加强两岸民众深度理解与交流必将产生深远影响。

在当前两岸关系迅速发展的良好势头下，最终实现大陆学生赴台就读及承认大陆学历，开启两岸文化教育双向交流，是两岸高等教育界人士的共识。希望能有更多的大陆学子早日赴台求学，承担起两岸文化使者的角色，为两岸青年一代的交流贡献力量。

3. 拓宽两岸高校合作的形式和内容

出于各方面的因素，在当前两岸高校互动上，重“交流”，轻“合作”是我们不得不面临的一个现实，热热闹闹的交流活动多，常规性的合作少；一般性的学术访问多，基于长远规划的深度合作少。以大陆各高校承办的各种两岸学生联谊活动为例，在大陆短期的参访学习普遍给台湾学生带来了很大的震撼，引起他们渴望进一步了解大陆的意愿。作为教育工作者，我们就必须思考如何能够将这种渴望延续下去，将青年人的好奇心转换为两岸交流持续不断的动力之源。科研领域，两岸日常学术交流也许可以迸发出学者思想上的火花，而如何将这种思想的灵动转变成两岸学术界共有的智力资源，也逐渐成为两岸教育管理者面临的现实。

为此，在两岸高等教育交流过程中，应该进一步解放思想，以应对全球化挑战，着眼中华民族发展的战略高度看待两岸高校交流与合作。建立长效合作机制，通过合作办学、教师互派、联合及合建科研机构，实现科研信息、科研资源共享等手段，增加互动，增进了解，使两岸学者和青年更好地吸收两岸高校在传统、多元、创新等方面的优势与经验，取长补短，成为两岸间经济与社会发展所需要的优秀人才。

三、建议两岸共同组建“海峡两岸教育交流基金会”

为了使两岸高等教育能够扎实、稳健、深入地开展下去，重新对两岸关系的发展发挥牵引作用，两岸教育交流需要一个长期、稳定和制度化的平台，我认为，两岸共同组建“海峡两岸教育交流基金会”是一个必要和可行的方案。“基金会”的建立必将在以下方面产生发挥积极作用：

1.“基金会”作为两岸教育交流合作的共同平台。组建由两岸共同出资，具备实体意义的“海峡两岸教育交流基金会”，作为两岸教育交流合作长期、稳定和制度化的平台，并由两岸共同管理运作，必将为两岸高等教育的交流与合作注入新的活力。

2.“基金会”作为支持两岸学者交流合作及两岸高校联合培养学生的平台。“基金会”在成立之初可每年支持1000名学者到“对岸”合作交流3个月以上；每年支持1000名研究生到“对岸”联合培养半年以上；每年支持1000名本科生到“对岸”交流学习一个学期以上；每年支持1000名中小学生到“对岸”短期交流；每年支持1000名学生参与的各类短期文化交流项目。以后随着两岸教育交流的深入，不断扩大支持的规模。有了这样指标性的目标，两岸教育交流的数量和质量就会在短时间内产生一种质的飞跃。

3.“基金会”作为两岸教育高层交流与对话的平台。通过组织论坛和研讨会议、通过支持两岸大学和中小学校长之间的交流互访，推动两岸校长之间的交流；通过组织教育高层论坛，建立两岸高层教育对话与协商机制。实际上，随着二十年来两岸各界交流交往的不断扩大，两岸在很多领域都建立了民间性质的交流机构。依托这些平台，两岸业者和主管部门间通过及时沟通，解决了交流中面临的问题，有力地推动了两岸交流交往的发展。而组建“海峡两岸教育交流基金会”也完全是顺应交流形势发展的重要举措。

4.“基金会”作为支持两岸学者共同研究重大教育和文化课题的平台。两岸同属骨肉同胞，共同的历史、语言为两岸文化教育交流奠定了坚实的基础。然而，几十年的政治对立隔绝，客观上造成两岸在政治制度、思维习惯、生活习俗等方面的差异，也使两岸同胞在情感上有一定的隔膜。因此，两岸教育界理应充当化解两岸心理隔阂的先锋，运用各自智慧，共同发挥中华文化精髓，从心理上不断拉近两岸同胞感情。

比如，大陆已在海外启动孔子学院建设，并在大陆建立了十多所汉语国际推广基地。吉林大学牵头建立的东北的基地刚刚获得批准。作为中华文化的传承者，台湾在保存中华传统文化方面具有独到的优势，如两岸在汉语国际推广方面能够携起手来，必产生强烈的补强效应，使孔子学院和其他汉语国际推广事业不仅增加包容力和吸引力，更会成为两岸精神纽带的重要角色。

再如，大陆高校正面临新一轮体制改革和创新的考验。作为大学校长，我们迫切希望能够从台湾高校学到经验。同时，我们也不断听到台湾各界要求台湾高校进行体制改革创新的呼声。两岸校长聚首，往往有谈不完的心里话，都在大学如何应对全球化挑战的问题上。基金会的建立将会使这样的对话机制化，并可以就重大改革问题联合进行课题研究，从而逐步为两岸高校特别是重点高校探索出一条走向世界一流大学的道路。

5.“基金会”作为支持两岸合作前瞻性研究与探索的平台。一年来，两岸协商对话成果丰硕。未来，两岸协商过程中，将会不断遇到新问题、新情况。对此，两岸高校、研究机构应该发挥两岸大学与学者优势，针对两岸交流中面临的重大战略性和政策性问题开展前瞻性研究，在两岸协商过程中发挥重要作用。

最后，关于“大学的使命”，已有多种高论传诸于媒体。在这里我想说的是，我们海峡两岸高校的使命可能更为艰巨、也更为伟大和光荣。这就是在为两岸的经济与社会发展培养更多专业人才的同时，还要为增进两岸同胞互信发挥积极作用。在这一点上，两岸高校能够并且应该为两岸学子的交流开拓更为广阔的空间，成为连接两岸人民的纽带和桥梁。

两岸同胞血脉相连，骨肉相亲。尽管长期的隔绝使两岸在诸多方面存在差异，但两岸各界应秉持求同存异的理念，体察珍惜彼此的同，理解尊重对方的异，携手应对未来的挑战。为两岸同胞永远的幸福与安定培养理解、互信的新一代青年，从而为两岸同胞塑造一个更加美好的未来。

两岸高等教育发展与合作

台湾高等教育学会理事长　亚洲大学讲座教授　杨国赐

一、前　言

21 世纪是一个知识经济的世纪,也是一个全球化的时代,更是一个竞争激烈的时代。一个国家或地区经济的发展,财富的增长以及社会的繁荣,主要依赖于知识生产的水准,知识进步的程度与知识创新的能力。而这一切又直接有赖于高等教育的发展与改革。换句话说,高等教育能否健全的发展,将是影响国家竞争力提升的关键。

当前两岸高等教育的发展,正从精英走向普及,从管制走向开放,从一元走向多元。同时,也由于社会的变迁,产业的转型,观念的更新,将对高等教育产生巨大的冲击。放眼全世界的高等教育,各国亦都朝着更开放的方向发展,尽可能让更多的国民共享学习的机会。因此高等教育机构宜谋求调整功能并建立新的运作架构,以因应社会变迁与发展的需求,作适时而必要的全面调适。尤其是,新世纪的高等教育宜营造更具前瞻性、理想性与务实的发展环境,以适应新时代、新社会的需求,使高等教育机构更能发挥其应有的功能,培养专门人才,服务社会,进而导引社会进步与国家发展。

二、两岸高等教育交流与合作的意涵

两岸于 2002 年初正式加入世界贸易组织(World Trade Organization,简称 WTO)之后,与全球经贸体系的关系更加密切,但也对两岸的经济、产业、教育、文化及个人的冲击,日趋严重。在全球化的新时代里,由于

WTO 将高等教育重新定义为服务业,更加剧高等教育机构间的竞争,促使世界各国的高等教育逐渐打破国界藩篱,跨越了种族、国界、文化、思想等有形无形的界限,透过各种管道推动各项学术交流与合作。

WTO 负责执行的各项贸易协定,主要是根据 1994 年重新签订的"关税及贸易总协定"(General Agreement on Tariffs and Trade, GATT)以及乌拉圭回合谈判(Uruguary Round)完成"服务业贸易协定"(General Agreement on Trade in Service,简称 GATS)。根据正式的 GATS 协定所称"教育服务类"商业贸易,是指以下四类的商业服务活动:(1)提供远距教育服务,即提供远端教育课程服务;(2)鼓励出国留学,是指鼓励公民到其他会员国家留学、进修;(3)提倡境外办学,是指会员国应允许其他会员国的教育机构到本国开设学校,从事教学、研究与文化交流等商业服务活动;(4)鼓励专业人才流动,是指鼓励本国教育机构接受其他会员国的公民前来从事专业教学工作。

从上述的教育服务活动,充分显现 WTO 所秉持的贸易自由化精神。根据 WTO 的协定,可知两岸必须对外开放高中职以上的教育市场,在"对等承认"与"学术认定"的情形下,势必对两岸高等教育的经营与发展形成严峻的挑战。因此,两岸大学校院应采取主动积极的创新精神,有效因应 WTO 所来的全球化的挑战,以开拓高等教育的新境界。

众所周知,大学向来就是世界文化交流融合的一个重要管道。伴随着全球经济一体化和资讯社会的来临,以及国际间交流与合作的不断扩大,两岸高等教育也不能例外。同时知识的传输已经超越了疆界的限制,各民族间的政治、经济、文化、教育等的相互交流、相互依赖的关系也愈加密切。尤其重视追求卓越,提升教育品质与竞争力的现代高等教育,将更加重视两岸高等教育的交流与合作。

现代高等教育的主要任务,在于教育、研究与服务。易言之,大学以研究学术、培育人才、提升文化、服务社会,促进国家发展为宗旨。由此推论,两岸高等教育的交流与合作,其内涵不外学术的交流、学者的交流、学生的交流,以及课程的交流。

1. 学术的交流:透过两岸高等教育机构研究议题的合作,举办研讨会、期刊及书籍等交换和推广研究成果。

2. 学者的交流:包括两岸大学教师的短期访问和征聘。

3. 学生的交流:两岸大学互相招收学生前往就读,包括短期和长期停留。前者属于交换或游学性质,着重获得文化经验和生活体验;后者主要为取得学位或文凭。

4. 课程的交流:两岸大学透过远距或网路修习彼此所开设的课程,并承认修习科目学分。

三、两岸高等教育交流与合作的策略

两岸加入 WTO 之后,面对高等教育全球化与国际化所带来的冲击与挑战,即将面对许多接踵而来的问题,亟需两岸采取理性而稳健的态度,虚心检讨,从事合理的协商与规划,以建立一套完善的公平竞争与合作的机制。尤其是,两岸的各大学校院必须更加努力,强化大学本身的体质与竞争力,同心协力共同重新塑造大学的新价值与新文化,发展两岸高品质的教育水准,以迎接新世纪的挑战。为加强今后两岸高等教育的交流与合作,个人试提出下列策略藉供参考,并敬请指教。

(一)两岸积极推动有助于高等教育交流与合作计划

1. 两岸尽速签署协定,双方共同协议高等教育交流与合作计划。

2. 鼓励两岸大学采取跨校的合作策略,将教学、研究与服务活动,经由两岸适当的政策与行政系统的运作而加以建制化。

3. 推动跨机构的合作与交流,也是两岸大学校院重要的资源和资讯沟通的管道。可经由台湾高等教育学会与大陆中国高等教育学会作为桥梁,提供两岸大学交流与合作的机会,包括经常举办两岸高等教育论坛,推动两岸大学机构的学术合作,以及研究出版有关高等教育发展与推动大学革新策略的专书或报告。

4. 扩大两岸人才交流,主要包括学生互换、教师互派和学者互访。一般分为短期进修学习和长期攻读学位两种形式。

5. 加强两岸高等教育机构双边的研究合作,主要方式包括:两岸各大学之间互相开放，双向开展校际学术交流；出资邀请两岸学者专家参与集体或个人重大科技的合作研究；跨校设计与组织相关研究课题的共同探讨；按照学科或专业领域建立资讯网路，实施跨校教育资源的互补和援助，如建立远距教室、网路大学、电子图书馆；通过国际互联网进行交流、传播、开发科学研究成果和创新性知识；两岸大学对等合作共建文化或科技研究中心等，均有助于两岸大学提升学术研究水准。

6. 两岸互相承认学历，也是促进两岸高等教育交流与合作的重要措施之一。甚至未来两岸大学教师可在各大学校院间互相聘用，学生也可在两岸大学校院中交流，双方可以相互承认所修课程学分，并可获得对方大学的学位证书，将会逐步实现。

7. 设立两岸高等教育交流与合作促进中心，负责执行两岸高等教育计划，提供各项交流活动，包括与两岸相关文教机构合作、各大学校院互访、研习或训练，以及最佳实务交流等。

（二）两岸大学本身应有的积极作为

两岸高等教育的交流与合作，除有赖两岸相关机构的大力支持外，更须两岸大学本身扮演更积极的推动者角色，期望全面有效推动两岸高等教育的交流与合作。

1. 积极发展两岸大学各自的特色。现代化的大学特色发展，标榜以开放化、多元化、民主化、人本化与国际化为基础。因此大学特色的型塑，应以增进学生学习成效与教师专业发展为主轴，以全面提升大学教育品质为核心。

2. 推动两岸大学校院的策略联盟。签订策略联盟伙伴，通常以跨校的资源分享及整合产官学的合作，期能提升大学校院整体竞争力。其具体作法为：结合大学的师资人力，建立以市场趋势、产业求和大学研发力的三角结盟关系与人才交流，创造人才及知识整合的市场价值。此外，亦以策略联盟措施提升两岸高等教育合作与交流的竞争优势，并积极鼓励合作办学或双联学制。

3. 落实自我评监机制，增进大学校院竞争力。两岸大学为追求卓越与多元发展，提升学术水准与研究深度，做好自我管控工作，大学评监实为达成此一目标的重要途径，亦为提升与保证大学教育品质的必要措施。此外，高等教育面对全球化的国际竞争，两岸更应积极合作建立评监机制，了解各大学校院办学绩效，激励各校充分利用教育资源，不断改进创新，以提升整体高等教育素质。

4. 两岸高等教育共同追求学术的卓越发展。随着教育自由化与国际化的趋势，两岸高等教育的发展应以追求卓越的目标，培养与国外大学相互竞争的能力。两岸大学宜重点选择具备发展潜力的特定领域，加强学术交流合作，建立直接而密切的合作关系，并寻求共同培育人才及合作研究的计划，全面提升两岸大学知识创新与国际竞争力。

四、结　语

因应知识经济时代的来临，在全球化与国际化的严峻冲击下，高等教育市场未来会更加开放、更具挑战性。两岸也应尊重市场自由竞争的机制，加速推动两岸高等教育的交流与合作，以培养两岸大学具备全球竞争力，同时提升两岸高等教育的服务品质与国际知名度，进而掌握高等教育国际化的优势地位。

以职业教育为突破口
推动两岸教育合作共赢

海峡两岸职业教育交流合作中心副主任　孙芳仲

海峡两岸同文同种，文化习俗一脉相承。两岸的教育发展走过了不同的道路，但具备许多相同的特点。近年来，在两岸同胞的共同努力下，两岸教育界的合作与交流日益频繁，内容广泛，效果显著，目前教育已成为两岸交流中最活跃、进步最显著的领域之一。职业教育与经济社会发展联系最直接、最密切，在社会经济发展中的地位与作用毋庸置疑。两岸职业教育的互补性问题突出，如能以职业教育为突破口，开展两岸职业教育的交流与合作，必将实现两岸教育的合作共赢。

一、开展两岸职业教育交流合作势在必行

职业教育与经济社会发展关联度最大，担负着培养高素质劳动者和各类技能人才的任务，也担负着多种形式、多种层次职业培训的繁重任务，其在社会经济发展中的地位与作用十分重要。台湾职业教育起步早、发展快，成果显著，在台湾的经济、社会发展中发挥了重要作用。其办学理念比较先进，职教体系、办学设施、师资队伍、校企结合等积累了许多经验，值得我们研究与借鉴。但也存在一些问题，主要表现在教育资源过剩，生源不足等。大陆职业教育虽起步较晚，但发展很快，目前高职院校1184所，在校生910万人，占高等学校本专科生数的47%，近几年加快改革步伐，加强内涵建设，提高教学质量，出现了良好的发展态势。但存在资源有限，东西部不平衡、办学条件不足、特色不明显、校企合作不紧、师资队伍素质有待提高等问题。显然，两岸职业教育的互补性很强，如能以

职业教育为突破口，开展两岸职业教育的交流与合作，必将实现两岸教育的合作共赢。

二、构建两岸职业教育交流合作先行平台

开展两岸职业教育交流合作，构建先行先试平台，着力先行先试十分必要。今年5月，在教育部、福建省以及台湾有关方面的支持下，海峡两岸职业教育交流合作中心正式成立。中心立足福建、面向两岸、服务两岸，旨在聚集两岸职业教育界优秀人才，在共同致力于两岸职业教育研究的基础上，努力推动两岸教育交流合作。中心承担三大任务，一是开展两岸职业教育研究。研究台湾职业教育的历史、现状、发展轨迹和成功的办学经验；比较和研究两岸职业教育的政策、法规和办学模式；借鉴台湾职业教育发展的成功经验，研讨探索加快职业教育改革与发展的新模式和新路子；为制订推动两岸职业教育交流合作的政策法规、特殊政策和灵活措施提供研究成果支撑和理论依据。二是推动两岸职业教育双向交流。建立与台湾职业院校、台湾企业和在大陆台资企业的联络机制，组织、策划和对接两岸职业教育合作交流项目，预测和评估两岸职业院校之间拟开展的合作项目的规模、经费和效益。具体组织、协调与实施两岸职业教育交流项目，着力推进和实施人员交流，师资培训，引进课程和教材，选派学生赴台学习和进入台湾企业参加实训，推动台湾方面承认大陆职业院校的学分和学历。三是推动两岸职业教育合作办学。引进台湾职业教育先进的办学模式和办学理念，借鉴和引进“产、学、研”相结合的职业教育办学模式，探索建立产学结合、校企合作的办学新模式；积极推进台资、台企与福建职业院校联办二级学院或专业，闽台职业院校联合培养大陆台资企业和外资企业急需的人才；拓展对台教育交流模式，把学历教育延伸到实施继续教育。

海峡两岸职业教育交流合作中心成立以来，先后开展以下几项突破性的项目，在两岸职业教育界引起热烈反响，为推动两岸职业教育交流合作开展实质性工作发挥了应有作用。

一是组织选派福建省200名高校学生赴台学习。今年秋季，福州大学、福建师范大学、福建农林大学、福建交通职业技术学院等14所高校将首批选派200名学生赴台湾中兴大学、中洲技术学院、建国科技大学、朝阳科技大学等4所高校学习，学习时间为一年，学习专业是闽台产业对接服务的电子信息工程、机械设计及其自动化、数控技术、软件技术、农学、园艺、旅游管理等专业。这是大陆首批成批次选派高校学生赴台湾高校进行为期一年的学习。

二是组织实施闽台高校和台资企业“校校企”联合培养人才项目。组织福建信息职业技术学院、黎明职业大学等11所高职院校与朝阳科技大学、建国科技大学等15所台湾高校和50家在大陆的台资企业，在产业发展急需的28个专业开展合作办学，办学规模将达3000人，校校企合作三方联合制定人才培养方案，联合开展专业、课程、教材等教学资源库建设，联合开展实训基地建设，联合实施“订单式”人才培养，联合培养一批高素质的技能型人才。

三是组织实施闽台高校“分段对接”联合培养人才项目。组织闽江学院与中国文化大学、万能科技大学等3所台湾高校在工商管理、艺术设计等4个专业领域，采取“3+1”方式进行人才培养对接，选派学生至台湾高校进行为期一年的学习，开展闽台高校联合培养人才。

四是启动台湾职业教育研究工作。2009年度中心组织申报闽台高职教育专项研究课题共14项，全部列为福建省教育科学“十一五”规划委托研究项目，由福建省教育科学研究所、福建交通职业技术学院、漳州职业技术学院等8个单位承担。研究课题有：台湾职业教育的发展历史与现状、台湾高等职业教育体系研究以及对我们的启示、台湾高等职业教育的专业设置、专业建设、专业评价研究以及对我们的启示、台湾高等职业院校“双师型”教师队伍培养研究以及对我们的启示等。

五是启动闽台高职院校联合培训师资工程。中心制定闽台高职院校联合培训师资规划（2009－2012年），计划用四年时间，聘请台湾师资对福建省高职院校校长、教学管理人员、相关专业骨干教师进行轮训。本年度，计划举办校长培训班1期，教学管理人员培训班2期，电子信息大类、制造大类、土建大类、农林牧渔大类、旅游大类等相关领域骨干教师培训班各1期,计划培训人员500人。

三、两岸教育交流合作展望

开展两岸教育交流与合作,对于包括大陆人民和台湾人民在内的整个中华民族而言,是功在当代、利在未来的事业。两岸教育交流合作空间巨大,前景广阔,我们认为:

一是要形成开展两岸教育交流合作重要性的共识。要放宽视野,从战略高度认清开展两岸教育文化交流,对于促进教育的发展,促进两岸经济发展,促进两岸关系发展的重大意义。经济社会的发展需要教育的支撑,两岸经济交流越来越密切,对职业教育会提出更多的人才需求。

二是要探索建立两岸教育交流的长效机制。制定具体的政策措施,大力推进两岸教育实质性合作,以实质性的项目带动两岸教育交流合作,特别是职业教育和培训的全面交流与合作,实现两岸职业院校的优势互补,推进两岸职业教育的共同发展。

三是建立两岸师生互访制度。开展形式多样的师生互访活动,放宽相关的政策规定,简化相关手续。

四是呼吁台湾方面尽早开放大陆学生赴台就学,开放大陆学历认证。

两岸教育交流已有了良好的发展势头,我们有理由相信,只要我们以弘扬民族精神为目标,以全体人民福祉为依托,以优良资源互补为基础,推进两岸职业教育交流合作,互利共赢的局面一定可以实现。

两岸技职教育交流与合作

李大伟　冯丹白

一、前　言

中国大陆改革开放30年(1978－2009)来,教育投资与教育发展亦有空前的变化,政府与民间重视教育成长不遗余力,沿海各省尤为显著,其中技职教育与民办教育的提倡与办理,可谓一日千里,突飞猛进,值得道贺(李建兴,2009)。台湾技职教育在20世纪80年代资本及技术密集阶段,高职与高中人数比为7∶3,为台湾的经济发展建立深厚的基础,也为产业及社会培育了无数优秀人才。新进台湾更提出技职教育再造方案,对技职教育提出十项改造策略,其中强化教师实务教学能力、引进产业资源协同教学、落实学生校外实习课程等计划备受瞩目,期望借此展现技职院校学生务实致用之精神,扩展产学紧密结合培育模式、缩短学用落差,增加学生就业机会,储值就业人才,提升台湾竞争力。

台湾技职教育一向在台湾建设及社会发展扮演的重要功能,尤其是近年技职教育政策在产学各界支持及参与下,已经获得许多良好的绩效和成果,本文就两岸教育交流措施、陆生来台之政策与进展略作说明,并对两岸技职教育交流之政策提出六项建言,期能对两岸技职教育交流与合作,推展新的模式,使两岸技职教育更为精进。

二、两岸教育交流措施

台湾近年在学术教育交流活动上,积极推动各项措施,期能提升两岸技职教育的交流与合作,为两岸技职教育发展引领新的契机,以下就现行两岸教育交流措施简略说明。

(一)台湾与大陆地区学校交流原则

依据两岸关系条例33条之3,办理各级学校与大陆地区学校缔结联盟或为书面约定合作,现阶段之交流原则为:(1)关于教师交流部分,仅限于一般交流常态之短期客座讲学,未开放涉及聘任双方人员担任教职或研究职务之事宜。(2)学生交流部分,迄未采认大陆地区高等学校学历,未开放承认学分及授予学位等情事。(3)交流名称问题,使用全衔,以对等立场;例如国立学校,交流文件内删除“国立”字样;私立学校校名前冠上台湾或台北文字。

(二)鼓励两岸学术教育交流活动

为鼓励两岸学术教育交流活动,台湾每年均编列经费,用以补助学校、学术机构与民间文教团体办理类如学术研讨会、教育参访或教学观摹、学艺竞赛、展览或研习以及社教艺文活动,借助此类活动促进两岸之了解与合作。

(三)延长陆生来台短期研修期限

为提升两岸学生之实质交流,建构两岸青年学生互相砥砺、良性竞争之学习环境,并使陆生能够深入体验、认识台湾之民主社会及文化价值,于2008年10月24日修订相关法规,将陆生来台短期研修期限由4个月延长为1年。依据教育主管部门统计,2008年第1学期计有820名陆生来台短期研修,其中24名研修期限为1年。

(四)放宽推广教育限制

核定“大学推广教育实施办法”及“大学办理推广教育计划审查要点”。2008年11月3日修正大学推广教育实施办法。2008年11月6日修正大学办理推广教育计划审查要点,放宽台湾之大学赴大陆及金门马祖地区办理推广教育限制,使台湾高等教育机构之高阶师资可实际参与大陆地区之高等人才培育工程,对两岸人才培育之互动,点亮璀璨的明灯。

三、陆生来台之政策与进展

据大陆官方统计，在大陆念大学、研究所且有正式学籍的台湾学生人数约有6,400人，各省台商协会则估计约有7,000人；而近五年，台湾一般大学校院赴大陆地区研习学生数为3,098人（学士班2,239人、硕士班799人、博士班60人），而大陆来台研习陆生人数为1,705人（学士班1,332人、硕士班309人、博士班64人），陆生来台研习人数相对较少（何卓飞，2009）。

目前台湾因尚未开放采认大陆学历，导致陆生无法来台修读学位，进而影响两岸学术及文教之正常发展，为促进两岸文教交流，教育主管部门业于2008年6月开始，针对“开放陆生来台就学”筹组跨部会专案小组，并研拟相关具体执行策略及相关配套措施，唯因大陆学历采认非单纯之教育议题，涉及安全、社会发展以及高等教育结构层面之问题，须采取渐进、稳定之原则，参酌其他国家之办理经验及实际了解大陆高等教育之状况，配合整体大陆政策据以审慎推动。

目前台湾对大陆地区学生来台就读之政策初步采三限六不原则，所谓三限原则指“限制采认高等学校”、“限制来台陆生总量”、“限制学历采认领域”，限制采认高等学校指仅认可学术声望卓著、办学品质绩优之大陆地区高等学校，以确保来台学生有齐一品质；限制来台陆生总量为招收大陆地区学生总数将有所限制，原则上各校招生人数在核定招生总数之2%以内，但来台陆生总数不得逾台湾核定招生总数之1%，约计2,000人；限制学历采认领域系不开放大陆地区所有涉及台湾证照考试有关高等教育医事学历之采认领域。

六不原则为“不会加分优待”、“不影响岛内招生名额”、“不编列奖助学金”、“不允许校外打工”、“不会有就业问题”、“不得报考公职人员考试”等六项。不会加分优待指陆生来台就读或考试均不给予加分优待。不影响岛内招生名额为陆生来台就读采申请制，并以外加名额录取，不会排挤现有台生之升学机会。不编列奖助学金系政府不编列预算作为陆生奖助学金。不允许校外打工是指来台之大陆学生不得于校外打工或兼职,来台陆生需准备在台生活费及学杂费。不会有就业问题为陆生停止修业或毕业后不得续留台湾。不得报考公职人员考试指大陆地区人民依法不得报考我们的“公务人员考试”与“专门职业及技术人员考试”,如公务人员高等或普通考试、会计师、建筑师、律师等执业资格考试。

三限六不原则是因应台湾现阶段之教育环境及经济、社会所需而研拟之原则,监于大陆高等教育品质快速提升,世界各国多予以承认,预期台湾采认大陆高等教育学历之效益除符合世界潮流外,亦可促进两岸文教交流将有助于两岸之和谐发展,未来两岸学历采认应朝共惠互利方向努力,为两岸高等技职教育开展一片蓝天。

四、对两岸技职教育交流之政策建议

(一)建立学历证件查核机制

大陆地区学生来台就读,常发生之困扰为学历证件之查证问题,未来大陆地区学生之毕业证书建议须经大陆官方机构认证,如“全国高校学生资讯咨询与就业指导中心”,台湾学校亦可在大陆“高等教育学生信息网”线上查询学生之毕业证。此外,台湾亦可要求申请大陆高等教育学历采认当事人必须同时向大陆“学位与研究生教育发展中心”办理成绩单及学位证认证,以供台湾官方查明证实当事人之修业期限、修习课程及是否具备相应之学力。另公证处系大陆政府认可之机构,其所公证之资料具有法律效力,因此,台湾教育主管部门亦将规定申请大学高等教育学历采认者,其成绩单、毕业证及学位证均须经大陆公证处公证属实,建立严密之学历查核机制提高公信力,将有助于学生交流之推动,亦是两岸学生交流的基本配套措施。

(二)公办科技大学建立交换学生、互采学分及双联学制

双联学制是指签有合作协定的两校间之大学生或研究生,在原本学校修业至少两学期后,即可免考托福、GRE、TOEIC或其他相关入学测验而直接至有合作协定的学校就读,继续修习未修毕的相关学分,只要符合

双方学校的毕业资格后，就可以较短的修业年限同时取得两校的学位。双联学制不仅提供海外学生来台就学的另一管道，而台湾学生亦可循此模式赴海外学习。

双联学制是将签有合作协定的两校学程视为一体，两校间的所有学分、学程互相承认，由于合作层面过于深入，因此学校所签署的大多为需要另外通过合作学校教授之审查，或其他相关入学测试的双学位制。由于双联学制涉及学位的授予，与一般交换学生仅止于学分的授予大不相同，因此对于所合作学校的学生程度必须得要有相当的信赖度。

台湾双联学制目前分别有 1 +2 +1 学士、2 +2 学士、3 +1 学士、1 +1 硕士和 3 +2 学硕士及博士双联等模式，但大陆依目前规定，只有政府选派出国的学生，方能采用双联学制模式同时取得国内外大学的学位，大陆教育部对于双联学制仍在评估规划，两岸大学要透过学术交流来互相授予学位，大陆并无这种制度，大陆所谓 2 +2 或 3 +1 双联学制，目前以交换生性质居多，高校彼此签订协定，到对方高校就读一段时间，学分可相互抵免。真正授予国内及国外学位的案例较少，而只是拿到原学校的学位。两岸公办科技大学交流，短期建议先由交换学生、互采学分作起。

台湾公办科技大学接受行政部门大量补助，台生与陆生学杂费收取标准不一相同，但应如何区分，恐不易合理订定，另两岸公办大学学生素质较为均一，采用交换学生或双联学制者，学生学习较无阻碍，故建议在四年制公办科技大学，采“1 +2 +1 学士”制试办交流，将较易于推动。

（三）私立学校二技学制开放招收陆生

两岸高等技职教育供需状况，存有明显之差异，大陆技职教育现阶段仅延续至专科阶段（大学专科、高等职校），学士学位（大学本科）层级的就学机会则处于短缺状态，另台湾近年则因开通高等技职教育升学进路，大量提供科技大学学士学位层级之就学机会，故技职教育在二年制技术学院或科技大学可衔接大陆的专科毕业生来台就读，建议两岸可规划推动此类学制之合作，增进大陆职业教育体系学生之技艺技能。

本项政策涉及大陆学历采认问题，初期台湾在三限六不原则下，未纳入大陆专科学历（高等职校、大学专科）之采认，短期权宜之计，台湾技专院校可采境外开班方式，办理推广教育二专学分班+二技学士学位班，或于大陆开设推广教育学分班，修习推广教育学分达二专毕业学分者，得以同等学历(力)就读台湾二年制技术学院，短期可解决学历采认问题。

(四)台生至大陆台商企业进行研习

台湾近期启动之“技职教育再造方案”中，最受瞩目的策略之一为“落实学生校外实习课程策略”，该策略主要内容为公私立技专校院为主体，安排各校大学部及专科学校(五年制、二年制)日间部(不含夜间部、进修部、研究所)，利用暑期或学期中一定期限，弹性赴企业实习，并列入毕业学分。目前台湾技专校院办理实习之种类包含参访、校内实习(课堂教学)、校外实习及海外实习，其中技专校院办理学生校外实习及海外实习系所仅占约10%，为协助学生提早体验职场，养成正确工作态度及提升就业力与国际竞争力，推动学生校外实习课程有其迫切性。

教育主管部门初步规划，未来技专院校日间部学生毕业前应有半数以上毕业生必须至产业界修习企业实习学分，以现阶段每年约有10.5万位技专院校日间部学生毕业，若半数需至企业实习，台湾企业每年需要提供5万个实习机会，是否能足额提供尚有疑义，加上两岸经济交流日趋平凡，台湾毕业生到大陆就职比率逐渐增加，为利两岸技职教育交流，建议可选派台湾技专院校学生至大陆台商企业实习，除了解专业实务外，亦可增进学生对两岸文化之了解。

(五)两岸学生专题竞赛

技职教育学生之交流与合作，除上课外，可举办专题制作竞赛方式，邀集台湾与大陆技职院校学生共同参与，在竞赛活动中可相互观摩彼此的技艺技能、思考方式、沟通互动模式，并激发彼此的创意与思路，技职教育务实致用的精神融入竞赛活动中。两岸在本类专题竞赛尚属缺乏，为促进两岸技职教育交流与互动，建议可考量办理本类竞赛活动。

(六)延揽大陆技术教师来台进行实务教学

对一向注重实务教学之台湾技专院校而言，技专校院教师实务经验可谓重要的人力资本，为提升技专校院教师及学生实务教学及实作能力，台湾积极鼓励学校聘任具与任教领域相关之工作经验者，其主要目的有为深化技职教育之实务教学，培育具有实作力及就业力之优质专业人才及加强技职教育与产业接轨，提供学生零距离之产业科技认知，缩短学校教育与业界人才需求之距离。

现阶段未开放大陆教师来台任教，建议可先开放具技艺技能之技术教师，如文艺、戏曲、舞蹈类实务教职，可优先延聘来台，传授特有技艺技能，延续文化传承，也为台湾目前积极推展的文化创意产业，注入创新与创意的新血。

五、结　语

职业教育体系的建构在台湾远比大陆为早，台湾从1950年代逐步推动高职、五专、技术学院而科技大学，大陆迟至改革开放后，约1990年代开始才有职业教育大规模改革，相距达40年之久（李建兴，2008）。台湾职业教育起步早、发展快、办学体体系完整、成果显著，在长期发展中积累了丰富的办学经验。现阶段两岸技职教育都在改革发展，追求卓越，为追寻技职教育更高之教育品质、进行体制改革，调整供应社会所需之人才；两岸应持续建构交流与合作模式，共创两岸双赢局面。

参考文献

江文雄 王义智等着（2004）。两岸技职教育。台北：师大书苑。

全球台商服务网 http://twbusiness. nat. gov. tw/main. asp

李建兴（2008）。两岸职业教育交流平台。财团法人国家政策研究基金会。2009年6月17日 取自 www. npf. org. tw/post/1/4715

李建兴（2009）。加强两岸技职教育交流平台。财团法人国家政策研究基金会。2009年6月16日取自 www. npf. org. tw

何卓飞、朱俊彰、李政翰（2009）。日韩招收大陆学生情形及大陆高等教育实务考察报告。“教育部”出国报告，未出版，台北市。陈元和（2008）。大陆生来台就学方案评估。“教育部”研究报告，未出版，台北市。

国家政策研究基金会全球资讯网 http://www.npf.org.tw/

台湾“教育部”网站 http://www.edu.tw/

技专校院国际合作与交流中心网站 http://ice.lhu.edu.tw/

华夏经纬网 http://big5.huaxia.com/index.html

台生会 http://www.twsu.org.tw

基础教育发展与文化创新

上海市教育委员会副主任　尹后庆

一、立足文化基因，推动教育改革

一个民族的文化就是这个民族成员共同表现出来的思想观念和行事方式，推动文化的发展，本质上是推动人的发展，因而发展教育和弘扬文化有共同的价值追求。文化本身具有巨大的教育功能，教育发展始终离不开一个"基因"，这个"基因"就是民族悠久的历史底蕴和文化传统。

中华民族文化已经历时五千年，博大精深，其深厚底蕴和悠久传统是推动民族发展与社会进步的巨大力量，是教育事业的宝贵素材和内在动力。我们始终站在文化传承与创新的高度，深刻解读文化和教育的交互价值，以此确定基础教育的改革方案、政策设计和制度安排。

（一）弘扬民本思想，推进教育均衡和公平

在中华民族的发展历史上，形成了一种特有的文化价值观，这就是儒家的民本文化。儒家民本文化的核心思想是，国家的治理应以民为本。而教育涉及千家万户，惠及子孙后代，教育事业发展和受教育权益的保障是体现民本文化的重要方面。

鉴于此，我们认为，保证人民享有接受教育的机会，是政府义不容辞的职责；因此，各级政府高度关注民生、推进义务教育均衡发展，促进教育公平，让每一个孩子都有书读、读好书。我们以"普及、发展、提高"为主要任务，建立健全保障教育优先发展的机制和制度，实施多项惠民举措，促进教育公平和社会公平。一是推进义务教育均衡发展，将义务教育全面纳入公共财政保障范围，确保"三个增长"；国家制订义务教育基本办学标准和质量标准，省级政府负责统筹规划实施，县级以上政府要均衡配置教育资源;制订出台了生均公用经费基准定额,提高农村和郊区义务教育阶段中小学公用经费保障水平。二是推进教育惠民政策,全面免除义务教育阶段学杂费;以流入地政府为主、以公办学校为主,保障进城务工人员子女平等接受义务教育;向全国农村义务教育阶段学生免费提供教科书(上海等部分省市已经全面免除义务教育阶段学生教科书费用);完善家庭经济困难学生资助和寄宿生生活补助政策,健全国家助学体系。

(二)坚持与时俱进,推进课程改革

中华民族五千年以来始终屹立于世界民族之林,其中很重要的一条经验就是我们始终坚持一以贯之和与时俱进的文化传统,它帮助我们时刻以一种历史的厚度和时代的步伐迎接任何挑战。

教育能否与时俱进,首先要看课程改革,因为课程涉及教育的目标、内容、过程和方式,是教育发展的核心领域。

我们一直重视通过课程改革,培养与时俱进的时代弄潮儿。20世纪80年代,社会发展对人才培养提出了更高的要求,我们坚持教育要"面向现代化、面向世界和面向未来",通过课程和教材改革,提出了"加强基础,培养能力,发展智力"的要求,"加强双基,发展智力"的思想得到进一步的发展和落实。这一轮改革中成长起来的学生,成为之后90年代改革开放的生力军。新旧世纪之交,面临知识经济和全球化的挑战,传统单一的人才规格和培养模式已经难以适应时代要求和国际竞争的需要,我们果断推出新一轮课程改革,提出了以学生为本的理念,从知识与技能、过程与方法、情感态度和价值观三个维度,深化培养目标、课程内容、教育方式的改革,不仅重视学生知识与技能的掌握,而且强调培养学生创新精神与实践能力,通过引导学生形成正确的人生观、价值观而为其终身发展服务。

(三)效法自然规律,深化素质教育

道法自然是中华文化中一种重要的思想,其精髓,通俗地讲,是做事的方法顺应自然客观存在的规律。这个理念在今天获得了越来越广泛地接纳和实践,在教育领域也得到了更深刻的贯彻。

当前,基础教育正在从以数量扩张为特征的外延发展转向以质量提升为特征的内涵发展阶段。内涵发展阶段的教育，更加要求从教育规律和学生身心成长规律出发开展教育教学工作，教育决策和教育实践都要遵循这两条"自然"规律。我们倡导并以立法形式确定的素质教育，就是遵循这两条"自然"规律后的一种选择。

素质教育勾画的不是一种理想的教育，而是人需要的教育，其核心是要解决好培养什么人、怎样培养人的重大问题。面临新的时代要求，我们提出以培养学生的创新精神和实践能力为重点，面向现代化、面向世界、面向未来的素质教育理念，并将其贯穿于基础教育的各个阶段和各个方面。在实践中，我们着力构建德育为先、创新精神和实践能力为本的育人体系，深化基础教育课程改革，创新人才培养模式，改进考试评价制度，打造高素质师资队伍，着力提高学生综合素质，培养全面发展的人。

（四）倡导尊师重教，提升教师队伍文化素养

在中国传统文化中，尊师重教历来备受政府和百姓推崇，并成为治国、立家的重要指导思想。其文化价值在于，教师以自身教育行为开导和影响民众，以此完成文化传承和社会进步的历史重任。尊师重教作为中华民族优秀的文化传统所具有的历史价值，以及在今天教育活动中具有现实的指导意义。对于此，我们主要做了三个方面：

一是制订了教师法，以立法的形式保障教师的各项权利和义务。

二是加强教师专业能力培养，国家层面上，一方面改革师范教育体系，提高师范教育质量，从而加强教师职前教育；另一方面健全教师培训制度，抓好在职教师岗位培训、骨干教师研修提高、新任教师培训和班主任培训、校长培训等。地方层面也相应开展了专题和综合培训，如上海连续多年开展暑期教师轮训，设立了名师名校长工程等专门项目，多方位、多层次提高教师队伍的质量。

三是国家和地方随着经济实力的增强，不断提高教师待遇，增强教师职业的吸引力和成就感。

二、依托教育功能，推动文化发展

教育不只是在社会文化圈定的轨道上承担使命，相反，它对文化具有

积极、能动的功能，它可以传播和更新文化，可以净化和升华文化等。人们常以教育发展状况衡量一个国家或地方的文化水平。为了更好地承担文化传承与创新功能，基础教育主要依托学校，通过课程、教材、教学等多个渠道直接或间接地进行民族文化的教育与渗透。

（一）利用基础型课程进行渗透

课程与教材是民族悠久文化的重要传播载体，是教育内容的主要依托，通过课程与教材渗透的形式进行民族文化教育，是当前我们采用的主要手段。

新一轮课程改革，设立了基础型、拓展型和研究型三类课程（必修、选修、研修），基础型课程着眼于促进学生基本素质的形成和发展，体现国家对公民素质的最基本要求，是全体学生必修的课程。

我们非常重视利用基础型课程对全体学生进行文化传统教育。我国一些优秀的、传统的、经典的民歌民乐、民舞、戏曲、剪纸、国画等内容相继编入了音乐、美术和艺术教材，作为基础型课程（必修课）内容。2008 年，教育部在北京、天津、上海、江苏等 10 个省区市开展试点，在音乐课程中增加京剧教学内容，让孩子从小就认识到京剧之美，以此加强中华民族优秀传统文化的保护和传承。各省市也纷纷出台一些促进民族传统文化教育的政策和规定。上海制定了《上海市学生民族精神教育指导纲要》，把民族语言、民族历史、革命传统、人文传统等纳入教育的重要内容，要求加强对学生进行优秀人文传统的教育和熏陶，帮助学生认识和学习中华民族优秀文化传统。

（二）开设民族文化教育专门课程

弘扬中华民族传统文化关键在教育，教育的重点在广大青少年。为使传统文化代代传承，实现中华文化的振兴和发展，在中小学开设专门的传统文化教育课，是重要的途径。通过教育，使学生学习传统文化知识，领悟传统文化精华，弘扬传统美德，激励民族精神，成为有理想、有道德、有文化、有纪律的新型人才。

政府和学校等都结合民族文化教育开展了大量工作。以上海为例，随着中小学课程改革的推进，上海结合拓展型课程建设，编制与中华传统文化教育相关的教材供学校和学生选用。目前，已经编辑的有《中华传统文化》、《语文综合学习》、《高中文化读本——走近经典》系列、《文明的长河》、《礼仪美育》等教学用书；还有一些与传统文化教育相关的教材正在编制之中。

此外，全国各地不少中小学校开设了传统礼仪等与传统文化教育有关的拓展型课程（选修课），从培养学生的兴趣出发，加深学生的传统文化底蕴。许多学校也通过主题班会、主题活动等形式，大力开展弘扬传统文化的教育活动。

（三）结合节日与活动开展文化专题教育

传统节日以及重大活动等都是进行民族文化教育的有利时机和典型素材。国务院决定，自 2008 年起，在法定假日中增列传统节日。据此，国家有关部门联合开展了以清明、端午、中秋和春节四个传统节日为内容的"中华经典诵读"和"中华赞——诗词歌赋创作"活动，旨在弘扬中华优秀传统文化，鼓励人民群众，特别是青少年认真学习、了解中国传统节日的历史沿革和文化内涵，增强民族的凝聚力、自信心和自豪感。

活动方面，配合北京奥运会的举办，全国广泛开展了"迎奥运、讲文明、树新风"专题教育活动，在中小学生中广泛深入地开展奥运精神、文明礼仪教育实践活动，帮助广大中小学生进一步理解奥运会"更高、更快、更强"和"团结、友谊、拼搏"的精神，引导学生注重礼仪、热情友善、文明和谐。

再如，目前我们结合上海世博会筹办，在全市中小学全面开展世博主题教育，并以"精彩世博，文明修身"为主题，广泛开展各类"迎世博，讲文明，争当合格小公民"公益性主题活动；各中小学校整体规划与世博会相关的各项教育活动，将其作为学校课程的组成部分，并将世博主题教育的相关要求课程化、专题化、活动化。

三、思考与建议

台湾在哲学理念上，继承了中国传统的哲学思想；在社会伦理道德方面,主要以中华民族传统的伦理道德观念来规范思想和言行。台湾文化丰富了中华文化的内涵,是中华文化的重要组成部分。

今天,大陆和台湾共同面临着知识经济、全球化、信息化、文化多元化的现状和挑战,中小学生的生活和生存环境已经发生了改变,我们如何在引导学生对外来文化树立“开放、理解、共存”的胸怀的同时,又能够使其更深入地接纳本民族的悠久文化,承担起传承与创新的重任?在文化多元、信息多元、价值观多元背景下,如何成为更好的中国人?这是我们共同的任务,对此,我建议:

1. 共同致力于汉语的普及推广。全世界使用汉语的人口众多,我们应该积极努力地探索向全世界推广汉语的新渠道、新方式,让世界人民在学习汉语的过程中更加深入地了解中国优秀的文化。

2. 围绕“如何做一个中国人”的主题,加强学生交流。青年人是我们共同的未来,“如何做一个中国人”是我们共同的教育方向。可以通过各种形式和途径,加强两岸学生之间的交流,增进互信、增进友谊,为做一个中国人而自豪,为促进中华文化和世界文明发展而努力。

3. 增加学术交流,繁荣教育、文化事业。两岸学术界可以就当前教育发展中的一些共性问题展开充分的讨论,如多元文化和传统文化对学生教育的影响、如何正确看待网络文化的影响等,这些问题都是我们共同关注的现实,加强学术讨论有助于形成共识,采取对策。

最后,我真心期望台湾的朋友经常来大陆,看看我们的学校,看看我们的孩子,给我们多提一些宝贵意见。我们教育界的同行也应该多到台湾宝岛走走,我们也有许多改革的经验可以提供给台湾教育界朋友参考。我想,只要我们不断地真诚合作,“双赢”的局面就一定会形成。

两岸中小学校互访机制之研析

陈伯璋

一、两岸中小学校交流现况

台湾自 1987 年开放大陆探亲后，即颁发两岸地区教育交流的若干规定，而大陆教育部“教育委员会”也有相关规定负责管理大陆人士来台教育参访，并协助台湾人士赴大陆的学校、教育机构学习、进修、讲学、研究，及与大陆进行教育交流、合作等相关事宜。近年来，两岸文教活动交流活动频繁，人数屡创新高。依据统计资料显示，大陆地区人士来台从事文教活动由 2005 年的 12，315 人、2006 年 14，775 人、2007 年 16，226 人到 2008 年的 20，546 人（“大陆工作委员会”，2009）。依照此一趋势看来，两岸交流活动日益趋多，有增无减。

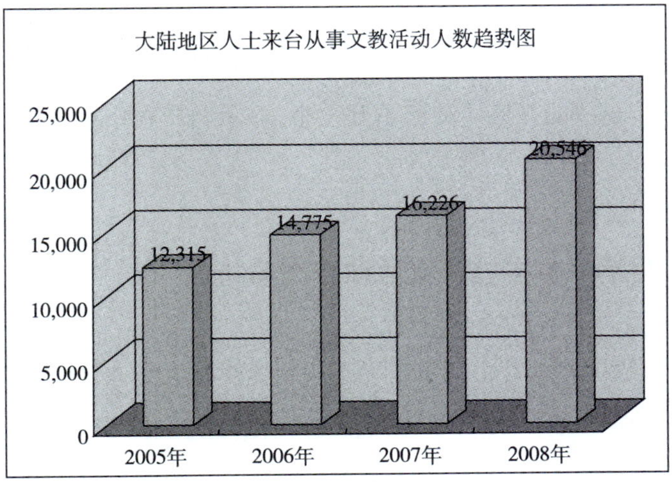

图 1　大陆地区人士来台从事文教活动人数趋势图

当前两岸教育，均受到世界潮流的影响，对于人才的培育格外重视，尤其在中小学阶段，更是人才培育的基础，所以透过两岸彼此的交流，对两岸文教发展更进一步促进。有关两岸中小学校交流活动方面，台湾于1992年6月16日订颁《台湾地区与大陆地区学生交流活动作业要点》，规范与促进两岸学生交流活动。支持两岸青年进行学术性、功能性与服务性之双向交流。台北市第一女子中学乐仪队是台湾地区第一个学生团体前往大陆地区访问，访问地点包括北京、上海、南京等城市进行23天交流活动后返台。而举办营队活动最多的“夏潮联合会”，十年之中成行32团。2003年台湾地区科学教育人员交流参访团21人，包括武陵高级中学校长吴正牧、丽山高中校长郑显三、新竹园区实验高中数学教师庄添丁、师大附中物理教师黄淑芬、花莲高中化学教师吴福章等。他们参观了四所大学和五所重点中学，并出席北京大学举办的“海峡两岸大学及中学科学教育与改革（数学与自然科学）研讨会”，自此开启了两岸学术交流，更开展日后的“海峡两岸大学及中学科学教育论坛”，促进两岸科学教育的定期交流与对话（刘胜骥，2007）。有关两岸中小学的学术交流，2005年2月13－20日在沈阳举行“海峡两岸中小学校教师冬令营”；2007年在嘉义大学举办“海峡两岸中小学校教育发展学术研讨会”；同年于致远管理学院举办“共构幼教新境界：探寻幼儿园实践智慧——2007年两岸幼儿教育学术交流活动”。其中最为盛大的是2007年8月举办首届的“海峡两岸百名中小学校长论坛”，2008年10月在台湾台中明道中学举办第二届。这些的交流活动已不胜枚举，显示两岸在中小学交流上已非常活跃。

二、两岸中小学校交流活动型态与特性

台湾于2004年2月26日订颁《各级学校与大陆地区学校缔结联盟或为书面约定之合作行为审查要点》，规范与促进两岸学校交流，截至2009年5月，大陆298所高校与台湾108所高校签署校际交流议。两岸中小学交流虽然未像高等教育如此频繁，不过学生与教师的访问，还是不在少数。双方交流的活动型态，大略有下列几项：

（一）教学研究交流：20 多年前，两岸学人基本上处于隔膜的状态，今日两岸中小学校长、教师可透过交换讲学、教学参观、分享教学心得、重点研究合作，以及共同举办学术研讨会的方式，进行两岸的交流。

（二）学术资料交换：两岸教育交流中，相互提供学术资料受限最小，但受益最为可观。除了分享学术研究心得与成果，更达到知识传递的功用。具体而言，两岸交换学术资料的形式有三：（1）单位之间交换学报刊物。（2）团体之间集中赠送学术著作。（3）个人之间彼此交流研究资讯。透过上列形式的资料交换及资讯传递，达到教育交流的目的。

（三）学生学习之旅：不论是大陆地区，还是台湾地区，都会举办两岸学生学习之旅。主要以学校作为媒合的单位，进行的方式有学生的交换、移地学习，或是游学参访，透过类似活动，提供学生另一种学习的空间与方式。

（四）学生竞赛活动：除上述静态性的交流活动频繁之外，动态性的交流活动也不少。如学术竞赛、体育竞赛、辩论比赛等，借由竞赛活动，提供两岸中小学间良性互动及交流的机会。

（五）学校行政参访：此类型的参访，团员主要是以学校行政人员居多，参访内容主要是针对校园的建设、行政措施、教师任用、教师训练、学生学习评量等为主题，进行观摩，分享彼此的办学经验，并了解两岸教育行政上的问题及解决之道，以深化交流效益。

（六）文化学术展览：过去两岸对于彼此文化的不了解，所以对于彼此的艺文发展，并不是十分了解。借由文化活动的展览，是消泯“文化屏障”的方式之一。不论是文化学作品艺术创作，透过文化活动的展览达到两岸交流的目的。

从 1992 年两岸学术交流开放至今，两岸中小学校交流则呈现下列几点特性：

（一）寒暑假为交流的旺季：由于寒暑假是学校专属的假期，且假期较长，较适合远距离的活动。两岸学生于寒暑假期间相互参访，进行文教交流活动。

（二）活动主题趋于专业化：若以地球村的角度来看，两岸学生彼此处于一种“竞合关系”。由于是两岸学生在国际学科竞赛中彼此竞争，都屡获大奖，受到西方国家的注目。但每到假期，透过民间团体的举办，两岸学生会针对一些专业议题进行研讨与对话，增进两岸学生专业成长。台湾学生出国可向教育部门申请补助，对于具有学术性、专业性、主题性的优质活动，都给予支持及鼓励。

（三）交流呈现“去多来少”：两岸交流 20 年，但一直呈现“去多来少”的情形，目前两岸交流的比例处于一种高度倾斜的状态（参照表 1 及图 2、3）。台湾人民赴大陆地区，不论是人数或是比例，都远高于大陆地区人民来台。依据海峡两岸基金会的研究结果显示，台湾地区学生前往大陆地区人数明显高于大陆地区学生来台人数（张璞先，2007）。大陆自举办第一届台胞青年夏令营开始，每年均持续举办类似活动，办理规模年年扩大，以落地接待的方式邀请台湾学生赴大陆参加夏冬令营活动（例如：2004 年全国台联督办的夏令营，全大陆共有 19 个省市区举办，参加者共 1,200 余名，其中 558 人来自台湾，在大陆就读的台生 343 人、大陆台籍大学生 202 人，还有部分台商子女）。由此可知，两岸学生交流，大陆地区举办活动较台湾地区频繁（刘胜骥，2007）。

表 1　大陆台湾历年往来人数统计表

年份	台胞来大陆人数	增长率（%）	大陆居民赴台人数	增长率（%）	赴台交流专案数	增长率（%）	赴台交流人数	增长率（%）
1987	46679	－－	－－	－－	－－	－－	－－	－－
1988	446000	855.46	－－	－－	－－	－－	－－	－－
1989	551800	23.72	－－	－－	－－	－－	－－	－－
1990	890500	61.38	8545	－－	13	－－	13	－－
1991	946632	6.30	9005	5.38	18	38.46	27	107.69
1992	1317770	39.21	10904	21.09	155	761.11	920	3307.41
1993	1526969	15.88	14615	34.03	507	227.10	3309	259.67
1994	1390215	－8.96	17583	20.31	563	11.05	3396	2.63
1995	1532309	10.22	42180	139.89	787	39.79	5210	53.42
1996	1733897	13.16	65205	54.59	971	23.38	5592	7.33
1997	2117576	22.13	56570	－13.24	1257	29.45	8707	55.70

续表

1998	2174602	2.69	78423	38.63	1746	38.90	11462	31.64
1999	2584648	18.86	103977	32.58	1816	4.01	13554	18.25
2000	3108643	20.27	102933	-1.00	1787	-1.60	13623	0.51
2001	3440306	10.67	122198	18.72	2915	63.12	24719	81.45
2002	3660565	6.40	138981	13.73	4384	50.39	38259	54.78
2003	2730891	-25.40	124616	-10.34	2847	-35.06	24480	-36.02
2004	3685250	34.95	144526	15.98	4475	57.18	30728	25.52
2005	4109188	11.50	159938	10.66	5902	31.89	33421	8.76
2006	4413238	7.40	207650	29.84	7243	29.97	40981	22.62
2007	4627881	4.86	229877	10.70	7471	3.15	41766	1.92
2008	4367594	-5.60	278712	21.20	8393	12.34	46832	12.13
累计	51403153	--	1916438	--	53250	--	346999	--

资料来源：国务院台湾事务办公室（2009，索引日期2009年6月13日）

历年台胞来大陆人数(单位:万人次)

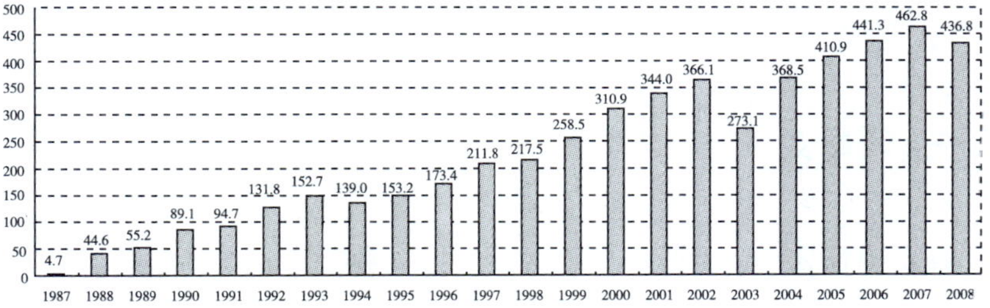

图2　历年台湾人民赴大陆人数

资料来源：国务院台湾事务办公室（2009，索引日期2009年6月13日）

历年赴台交流项目数(单位:个)

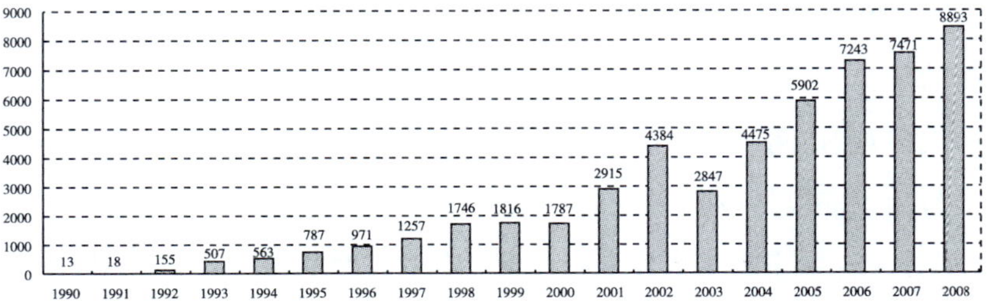

图3　历年大陆人民赴台人数

资料来源：国务院台湾事务办公室（2009，索引日期2009年6月13日）

（四）法令制度的规定：两岸关系是互动的关系，不可否认，两岸在政治上仍有其复杂度，台湾于1992年7月21日公布，同年9月18日施行“台湾地区与大陆地区人民关系条例”以此为主要规范。目前已申请访问的难易度来看，大陆地区学生申请来台的困难度似乎比台湾学生来的高，与两岸庞大行政机器所制定的法规有关，两岸交流已逾20年，双方在各层面的往来日益频繁，面对新局，两岸事务法制必须与时俱进，规范两岸人民往来相关事务，维持两岸交流秩序，提升交流品质。

（五）文化参观多于教育体验：大陆地区中小学访问团来台参访，行程安排主要是以台湾地区文化知识考察为主，增进团员们对于台湾地区的文化了解，实际对于台湾的课程教学的体验不多。可能是目前两岸交流活动属于民间性质，多以单一组织进行安排，缺乏整体性与系统性组织办理两岸中小学校访问事宜。且如前述，活动时间多在于寒暑假之中，更难以安排教育体验，实为遗憾，未来双方可在课程教学、教育改革等进行更深入的探讨。

三、两岸文教交流之限制

如现况所述，两岸学术交流仍存在许多法制上的“限制”，兹分列如下：

（一）台湾地区方面

1992年开放两岸交流之后，台湾地区有监于两岸文教交流日益频繁，特于1999年2月5日制定“大陆地区文教专业人士及学生来台从事文教活动要点”。文教活动内容包含学术、文化、教育、或与学校体育相关性质之参观、访问、比赛、演讲、领奖、示范观摩、表演、展览及其他公益性之文教活动。以下就条文中，有关中小学交流的部分进行说明：

第三条：大陆地区文教专业人士及学生来台从事文教活动，其邀请单位须为与申请专业活动领域相关之机关（构）、学校或依法立案之团体。

第六条：第八款来台从事文教活动之中小学教师、校长任职满三年以上者。第九款大陆地区各级学校学生皆可申请来台。

第九条：大陆地区文教专业人士及学生来台从事表演、展览活动，其场所以社教机构、学校为原则。大陆地区文教专业人士及学生来台从事文教活动，自入境翌日起不得逾二个月，依本办法第十二条第一项规定申请延期者，总停留期间每年不得逾四个月。大陆地区文教专业人士及学生来台研修者，自入境翌日起不得逾六个月，依本办法第十二条第三项规定申请延期者，总停留期间每年不得逾一年。

（二）大陆地区方面

1999 年之前，教育人员赴港澳台参访，须经由教育部同意，1999 年 7 月 1 日以后，人员赴港澳台地区和邀请港澳台地区人士来访的审批工作委托给所在地的省、直辖市人民政府，由所在地人民政府按国务院有关规定办理审批手续。相关规定如下：

应邀赴台交流（通称公务），指团组或个人应邀赴台进行文化、教育、科学、技术、卫生、体育、新闻等各项交流和参观、访问、考察、举办展览以及进行经济贸易等活动。赴台交流需经过立项、报批两个程式。

1. 立项程式：(1) 申请立项材料：申请立项请示报告、台方邀请函、在台期间日程安排、台方邀请单位背景及资信情况、拟赴台人员情况等材料。(2) 交流项目经批准立项后，被邀请单位和个人方可回复对方接受邀请，并通知台方办理入台手续。(3) 立项材料按行政隶属关系上报。

2. 报批程式：上报审批资料：申请赴台请示报告、台方邀请函、在台活动日程、赴台人员名单。必要时应提供台方政治社会背景、资信和赴台人员参加研讨会的论文或论文提纲以及台方邀请其他大陆人员的情况。

赴台人员名单按规定填写，即如实填写清楚赴台人员的姓名、性别、民族、出生年月日、工作单位和职务、赴台身份、户口所在地等，按户口所在的省、自治区、直辖市分别填写，各一式四份。交流项目批准后，国台办开具“赴台批件”。

以上述的内容来看，大陆中小学校如欲来台进行交流活动，审批工作委托给所在地的省、直辖市人民政府，由所在地人民政府按国务院有关规定办理审批手续。协助办理的对口单位须为台湾地区之学校，或是专业的社教机构。教师、校长任职需满三年以上，停留时间不超过两个月。现行的体制框架下，两岸在中小学上的交流，还是遭受局限，影响教育交流的成效。

四、两岸中小学交流之问题

依据上述的文教交流之限制来看，两岸中小学校交流的问题则有下列几点：

（一）台湾地区对于中小学交流事务较为保守

依目前教育现况分析，升学主义（应试教育）对两岸教育的影响仍大，教学事务已让学校耗费绝大部分的人力与资源，所以无暇进行交流事务。但不同的是，大陆地区由各省市区办理两岸的学生活动，在交流的态度上，较为积极。反观台湾，目前对于中小学交流事务，大都透过社团或民间团体办理，由于学校专职办理两岸交流事务的人力不足，态度及作法上较显保守。

（二）大陆地区来台形式审核较为严谨

以现行大陆法规来看来台参访人员，需经过两项程序（立项程序与报批程序）后，接受邀请单位或个人回复后，使接受邀请，立案时须提供台方政治社会背景及资信情况，在这样的条件下，大陆人士台来的程序较台湾赴大陆复杂许多，无形中会降低来台的意愿。

（三）台湾缺乏专职单位进行有系统之交流安排

现在大陆地区中小学访问团来台交流，大多为台湾个别学校协助安排，各校办理条件不一，差异性较大。反观大陆地区，各地都有“台办”，对于相关事物都有既定的规范与流程。由于现阶段民间交流仍是两岸交流的主体，台湾目前尚缺乏一个专职行政单位办理两岸中小学交流事务。

（四）法令制度的“松”与“绑”

大陆地区学生来台，需要地方行政机关签准之后，再请台湾对口单位协助申请。程序较为繁琐且时间冗长，因此降低双方交流的意愿。目前两岸对于人民的交流，不可避免的，法律条文的限制存在依旧。不过就目前两岸和缓的情势来看，相关法令的松绑，实有调整空间。

五、展　望

面对上述的现况与问题，尤其在全球化的时代，国际间的交流已不可避免。过去两岸教育交流囿于政治因素，交流的形式及幅度相对较为保守。未来如何在中小学交流中突破僵局，开创新局面，这是值得两岸教育工作者共同思考的地方。以下提供四点建议：

（一）定期举办两岸中小学教育论坛

有鉴于大陆地区举办两岸交流活动频繁，台湾方面亦可定期举办学术交流活动，例如台北教育大学于 2008 年办理“台湾师范教育学术研讨会”则邀请南京师范大学吴康宁副校长及相关学者共同参与，分享研究成果。会中提到师范教育宜整合中小学教育，继续扩大办理。至于中小学教育相关议题甚多，如九年一贯课程、教师专业发展、精进教学、教学评量等，实可办理相关教育论坛，教学、教材、教法精进工作访谈或研讨会。借由这些活动的举行，广邀两岸四地的中小学领域之学者、校长、教师促进两岸四地在中小学层级之交流。

（二）设置专业的对口交流单位

台湾目前有关大陆人员访台审查事务的工作，系由相关主管部门共同审理，有关中小学教育交流事项，尚还停留在各校或民间团体自行邀请的阶段，缺乏设置专业的对口单位统一办理。为提升交流品质，可考虑就现有的行政部门的业务整合及适切分工之必要性，例如事务性工作可由教育部门（大陆工作小组）负起办理两岸中小学交流之业务。其主要在于行政单位可运用行政资源，办理品质较佳的交流活动，此外亦减轻学校不必要的行政事务，可以专心课程教学上，达成学校应有的绩效责任。至于政策及法规修改，则由大陆委员会负责统筹，如此亦可让两岸中小学校交流事务更为顺畅、圆满。

（三）姐妹校缔结机制的建立

有鉴于学生交流多数内容还是在参观居多，对于实质的教学内容，凭借着短时间的学校参观，是无法得知“课程内容在地化”后教学之奥妙。

两岸可借由姐妹校的缔结加强教师教学的观摩，交换学生的活动，以及课程内容的讨论，建立交流机制。透过深入的动态教学活动，达成实质学术交流的功能。

（四）简化两岸交流访问手续

两岸应以更积极、更开放的态度多鼓励民间性质的交流活动，为鼓励活动的进行，形式上首先须放宽审批的尺度与条件的限制，将批审权力下放，精简批审手续，缩短批审时程。

两岸面对交流可以用更积极、更开放的态度。两岸中小学生的交流不是零合，而是一种竞合关系，华人的世界中，因为文化相近、语言相同，面对的教育问题，其实都大同小异。借由双方经验交流，提供相关资讯互为参考，以找出最佳的解决方法，让两岸教育环境更加完备。

参考文献

大陆地区人士来台从事文教活动人数统计。索引日期 2009 年 6 月 12 日。http://www.mac.gov.tw/big5/statistic/ass_ce/ce9804a.pdf. 大陆台湾历年往来人数统计。索引日期 2009 年 6 月 13 日。http://www.gwytb.gov.cn/jlwl/rywl1.htm

张璞先（2007）。两岸青年交流。2007 年大专校院办理两岸文教交流业务研习手册。页 15。

刘胜骥（2007）。两岸教育交流的法令与发展。研习资讯，24（6），24－30。